AS DIVAS
DO RÁDIO NACIONAL

Este livro foi revisado segundo o Novo Acordo Ortográfico da língua portuguesa.

Direção editorial
Martha Ribas

Editora
Anna Buarque

Produção editorial
Leonardo Alves
Mônica Surrage

Produção gráfica
Meyrele Torres

Copidesque
Mariana Rimoli

Revisão
Guilherme Semionato
Tereza da Rocha

Projeto gráfico
Retina 78

Diagramação
Filigrana

Arquivo Nacional – Ademilde Fonseca, Dircinha Batista, Elizeth Cardoso, Emilinha Borba, Inezita Barroso, Isaurinha Garcia, Linda Batista, Maysa, Nora Ney e Zezé Gonzaga
Instituto Moreira Salles – Angela Maria, Dolores Duran e Marlene
Agência O Dia – Dalva de Oliveira

CIP -BRASIL. CATALOGAÇÃO -NA -FONTE
SINDICATO NACIONAL DOS EDITORES DE LIVROS, RJ

A61d

Aguiar, Ronaldo Conde
As divas do rádio nacional: as vozes eternas da Era de Ouro / Ronaldo Conde Aguiar. - Rio de Janeiro : Casa da Palavra, 2010.

Inclui bibliografia
ISBN 978 -85 -7734 -138 -2

1. Cantoras - Brasil - Biografia. 2. Rádio nacional (Brasil) - História. 3. Música popular - Brasil - História e crítica. I. Título.

10 -0285 CDD: 927.8242164
CDU: 929:78.067.36

CASA DA PALAVRA PRODUÇÃO EDITORIAL
Av. Calógeras, 6, sala 1.001 Rio de Janeiro 20030-070
21.2222-3167 21.2224-7461 divulga@casadapalavra.com.br
www.casadapalavra.com.br

AS DIVAS DO RÁDIO NACIONAL

As vozes eternas da Era de Ouro

RONALDO CONDE AGUIAR

Casa da Palavra

AS DIVAS
DO RÁDIO NACIONAL

1

Dolores Duran

Maysa

2

3

Zezé Gonzaga

Ademilde Fonseca

4

5

Angela Maria

Emilinha Borba

6

7

Marlene

8

Dalva de Oliveira

9

Elizeth Cardoso

10

Nora Ney

11

Linda Batista

12

Dircinha Batista

13

Isaurinha Garcia

14

Inezita Barroso

"Leniza ouve tranquila. Seu Alberto louva-lhe o sucesso, as qualidades, o futuro – seria brilhante! A luz amarela pisca. O rádio enche o ar com a melodia de uma valsa triste, uma valsa antiga, que traz uma saudade indefinida de outras épocas, de outra gente, de outros costumes. Dona Manuela levantou-se para ir arranjar um cafezinho. 'O que é preciso é a senhora não dormir sobre os louros. Ensaiar sempre. Arranjar novidades. Repertório sempre novo!'"

Marques Rebelo – *A estrela sobe*

"Nós somos as cantoras do rádio/Levamos a vida a cantar/ De noite embalamos teu sono/De manhã nós vamos te acordar/Nós somos as cantoras do rádio/Nossas canções cruzando um espaço azul/Vão reunindo/Num grande abraço/ Corações de norte a sul."

Braguinha, Lamartine Babo, Alberto Ribeiro –
"Cantoras do rádio"

SUMÁRIO

13 | **Introdução:** Elas levam a vida a cantar e a embalar nossos sonhos

18 | **Dolores Duran**

34 | **Maysa**

54 | **Zezé Gonzaga**

66 | **Ademilde Fonseca**

76 | **Angela Maria**

96 | **Emilinha Borba**

118 | **Marlene**

138 | **Dalva de Oliveira**

158 | **Elizeth Cardoso**

180 | **Nora Ney**

194 | **Linda e Dircinha:** as irmãs Batista

210 | **Isaurinha Garcia**

222 | **Inezita Barroso**

237 | **Bibliografia geral**

243 | **Índice onomástico**

Às cantoras brasileiras, de todas as épocas.
E mais uma vez: aos residentes atuais e
antigos do Retiro dos Artistas.

INTRODUÇÃO

Elas levam a vida a cantar e a embalar nossos sonhos

Bastava ligar o rádio. Um gesto simples de girar um botão, ouvir um "trique" abafado, e pronto! As vozes invadiam o ambiente. Ninguém ficava indiferente. A verdade é que, de tanto ouvir, sabíamos todas ou quase todas as letras das canções. Minha mãe, ao contrário do meu pai, sabia e gostava de cantar – e cantava fazendo duo com a voz que vinha do rádio. A televisão é incapaz de fazer esse milagre. A TV nos impõe a tirania da imagem, das cores, do visual, dos efeitos técnicos, que, por sua vez, impõem uma atitude passiva diante da telinha. Sentado diante da TV ninguém é capaz de cantar em duo com a cantora ou o cantor que aparece na tela. Duvido.

O rádio era apenas som, que corria manso pelo ar como nos velhos desenhos animados, lembram? Os ouvintes usavam a imaginação. Som (do rádio) e imaginação (do ouvinte) compunham um mundo de magia. Ouvíamos uma cantora ou uma atriz e nossa imaginação ia longe. Não sei se as gerações televisivas e computacionais de hoje compreenderão o mistério e o encantamento que havia nisso.

Ninguém era indiferente às vozes das grandes cantoras. Uns amavam Marlene; outros adoravam Emilinha Borba. Havia, ainda, os que ficavam no meio do caminho, com as irmãs Linda e Dircinha Batista, Dalva de Oliveira, Elizeth Cardoso e Angela Maria. Algumas divas percorriam trilhas que não se confundiam com o amor extremado dos fãs-clubes – era o caso de Zezé Gonzaga e de Nora Ney. Bem verdade que a Rádio Nacional sabia explorar seu *cast* de estrelas: Marlene e Emilinha Borba ocupavam principalmente os programas de Paulo Gracindo, Manuel Barcellos e César de Alencar, que superlotavam o auditório da emissora. Admiradoras e fãs, vulgo "macacas de auditório" (hoje, tietes), se esgoelavam, choravam e se emocionavam diante de sua rainha. Qual delas foi, de fato, "a maior", Marlene ou Emilinha? A história jamais resolveu (ou resolverá) tal pendenga, mas todos têm uma resposta à candente pergunta.

Este livro é mais que uma homenagem às divas do rádio. Ele é uma espécie de viagem a uma época em que tínhamos menos pressa e mais amor pela arte nacional. Logo, uma época em que tínhamos mais tempo para ouvir as canções do rádio e aprender suas letras. Uma época nem melhor nem pior que a atual - apenas diferente. Épocas tão diferentes que chegamos a pensar que o ontem e o hoje não pertencem à história do mesmo país. Duas realidades que não parecem ser dois momentos históricos de uma mesma sociedade.

As divas do rádio. Lá em casa, se a memória não me falha, todos torcíamos pela Emilinha Borba. Nada tínhamos contra a Marlene, mas os sucessos da Emilinha - músicas como "Escandalosa" (Djalma Esteves e Moacyr Silva), "Chiquita bacana" (João de Barro), "Se queres saber" (Peterpan) e tantas outras - nos emocionavam mais que as canções interpretadas por sua rival. Bem verdade que Marlene era mais exuberante, interpretava mais que Emilinha. As músicas cantadas por Marlene, inclusive, quase sempre tinham mais apelo social, como "Lata d'água" (Luís Antonio e J. Júnior), "Lamento da lavadeira" (Cartola e Monsueto) e "Zé Marmita" (Luís Antonio e Brasinha), mas a preferência familiar não se explica por argumentos lógicos. Pelo menos lá em casa, a Emilinha era a maior!

Angela Maria, a Sapoti, era a preferida de Ary Barroso, que, juntamente com Vinicius de Moraes, compôs especialmente para ela quatro canções: "Já era tempo", "Em noite de luar", "Rancho das namoradas" e "Mulata no sapateado". Angela Maria recebeu, nos anos 1950, o título de Rainha do Flamengo por interferência de Ary Barroso.

O *affaire* Dalva-Herivelto, com acusações de parte a parte, foi complicado. Amigos se dividiram. O público não sabia exatamente a quem apoiar - um bode daqueles! A briga entre Dalva de Oliveira e Herivelto Martins, contudo, enriqueceu o cancioneiro pátrio. "Caminhemos" (Herivelto Martins), "Errei sim" (Ataulfo Alves),

"Segredo" e "Cabelos brancos" (ambas de Herivelto Martins e Marino Pinto), entre muitas outras canções, são algumas das heranças musicais do barraco que emocionou o Brasil.

Eu gostava – e gosto – imensamente da Nora Ney. Além de possuir um porte refinado, uma elegância charmosa e altiva, uma estampa algo esnobe, mas sedutora, Nora Ney era uma mulher politicamente engajada. Ela e o marido, o cantor Jorge Goulart, pertenciam ao Partido Comunista Brasileiro – eu os admirava também por isso. Lembro-me ainda do jeito rouco que Nora Ney tinha de cantar o clássico de Antônio Maria e Fernando Lobo: "Ninguém me ama/ Ninguém me quer/Ninguém me chama/De meu amor". Na época do golpe militar, Nora Ney e Jorge Goulart foram demitidos da Rádio Nacional. Como tantos outros brasileiros, tiveram, inclusive, que sair do país.

Sou apaixonado pela Elizeth Cardoso, de quem possuo todos os LPs, compactos, CDs e alguns 78 rpm. Um dia, conversei com ela na praia do Flamengo. Elizeth estava de maiô inteiro, vermelho. Ela foi muito simpática, ouviu pacientemente os meus elogios e só não me deu um autógrafo porque nem ela nem eu tínhamos caneta e papel na hora – afinal, estávamos na praia. Elizeth, a Divina, a Enluarada, tinha luz própria. Nunca mais a vi pessoalmente, mas estou sempre ligado no seu imenso talento. (Agora mesmo, no momento em que escrevo este texto, ouço Elizeth cantar "Quem foi?", de Nestor de Holanda e Jorge Tavares.)

Dolores Duran era uma cantora excepcional. E uma notável compositora. Morreu cedo. Tinha 29 anos. Ficou com a fama de mulher triste, baixo-astral e "fossenta", tudo por conta do espetáculo *Brasileiro, profissão: esperança*, de Paulo Pontes, e dos textos de Maria Izilda Santos de Matos. Mas Dolores não era a mulher sofrida que os autores citados pintaram. Era uma mulher risonha, zombeteira, adorava conversar e contar e ouvir histórias. Quem conviveu com ela sabe disso. Escreveu verdadeiras obras-primas, como "Noite de paz", "A noite do meu bem", "Ternura antiga", "Ideias erradas", as duas últimas com o pianista José Ribamar.

Ademilde Fonseca e Inezita Barroso eram – e são – duas cantoras muito especiais. A primeira tornou-se conhecida como a Rainha do Chorinho; a segunda, como a grande intérprete do folclore brasileiro. Ademilde gravou "Delicado" e "Pedacinhos do céu", de Waldir Azevedo. Inezita gravou "Lampião de gás", de Zica Bergami, e "Moda da pinga", de Raul Torres e Laureano. São duas excepcionais cantoras, que optaram pela música mais autêntica do Brasil.

Dircinha e Linda, as irmãs Batista, ocupavam lugar especial no gosto familiar. Meu pai gostava da Linda, minha mãe gostava da Dircinha, eu gostava das duas, meu irmão não gostava de nenhuma delas. Dircinha e Linda eram grandes cantoras – tanto de canções de meio do ano como de marchinhas carnavalescas. Quem não se lembra da Linda Batista cantando "Vingança", de Lupicínio Rodrigues, e "Nega maluca", de Fernando Lobo e Evaldo Rui, e de Dircinha interpretando "Aperto de mão", de Horondino Silva, Jayme Florence e Augusto Mesquita, e "A mulher que é mulher", de Armando Cavalcanti e Klécius Caldas?

Isaurinha Garcia e Maysa, juntamente com Inezita Barroso, formam o time paulista do livro. Eu, pessoalmente, gosto do sotaque da Isaurinha, que, segundo um amigo, é o sotaque típico das pessoas oriundas dos bairros italianos de São Paulo, como o Brás, o Bexiga e a Barra Funda. Isaurinha e Maysa tiveram vidas atribuladas, ambas viveram ardentes (e nem sempre correspondidas) paixões. Há quem as compare à cantora francesa Edith Piaf. Eram duas mulheres corajosas: enfrentaram situações tensas e difíceis, mas marcaram a sua trajetória como duas notáveis cantoras.

Quando li o noticiário sobre a morte de Zezé Gonzaga, fiquei triste. Eu a tinha entrevistado para o meu *Almanaque da Rádio Nacional* e ficara extremamente impressionado com a sensibilidade da cantora. Senti a sua morte como uma grande perda. Achei-a também muito frágil: era baixinha, magrinha, tinha sofrido um acidente em que lesionara o esterno. Vivia sozinha num apartamento minúsculo e muito simples de um bairro de classe média baixa do Rio de Janeiro. Deu-me de presente o CD que gravara com Jane Duboc, no qual autografou: "Sou apenas uma senhora que ainda canta", belíssimo. Uma pessoa encantadora.

Não cometi, no presente livro, nenhum estudo sociológico das grandes cantoras brasileiras, mas, em alguns momentos, tentei compreender como e por que elas eram capazes de arrebatar e emocionar milhares de fãs. Não sei se consegui, mas isso, a rigor, pouco importa. O importante é ouvir e – por que não? – amar as vozes eternas e inesquecíveis das divas da canção brasileira.

• • •

Não pude, como queria, homenagear tantas outras cantoras brasileiras. Por questões de espaço e tempo, fui obrigado a concentrar meus esforços (o de pesquisar e o de escrever) em apenas 14 estrelas do nosso cancioneiro. Espero que os leitores e os fãs compreendam – e perdoem as minhas omissões.

CAPÍTULO 1

DOLORES DURAN

Poucas vezes passou pela música popular uma mulher de tanta sensibilidade.

Antônio Maria

Quem ouve as canções de Dolores Duran imagina, de cara, uma mulher sofrida e triste, permanentemente afundada em crises de melancolia. Uma mulher com um copo de uísque na mão trêmula e um cigarro no canto da boca. Uma mulher vítima de amores impossíveis. Uma mulher abandonada e depressiva, à beira do precipício.

Pois Dolores não era exatamente a mulher deprê e *down* que as letras das suas canções sugerem. Era uma mulher bem-humorada, comunicativa, adorava um papo descontraído com amigos jornalistas e escritores, gostava de uma boa história, e suas gargalhadas, que contagiavam os próximos, eram ouvidas a quilômetros. Bem verdade que, como qualquer ser humano, tinha lá seus momentos de tristeza, mas nada que possa ser caracterizado como um estado de espírito permanente. Reparem com atenção nas fotos disponíveis de Dolores: seu olhar era travesso, e não triste, como afirmam erroneamente alguns dos seus biógrafos.

O jornalista Walter Silva, conhecido como Pica-pau, criticou acertadamente o teatrólogo Paulo Pontes, que no espetáculo *Brasileiro, profissão: esperança* teria plantado e propagado a ideia de que Dolores era amarga, triste e "fossenta". Pontes, segundo Pica-pau, nada sabia sobre a cantora. "Quem vê o espetáculo (...) nem fica sabendo, por exemplo, que nunca dava para se ver essas bochechas tristes. Elas riam, e alto."

Walter Silva identificou em *Brasileiro, profissão: esperança* a fonte onde os estudiosos da vida e obra de Dolores foram buscar inspiração e informações erradas sobre a cantora. Nilde Hersen Aragão e Maria Izilda Santos de Matos, duas autoras de livros sobre Dolores, seguiram as pegadas de Pontes e analisaram o percurso artístico da cantora sob o ângulo da sua "imensa melancolia expressa nas canções que fázia e interpretava". A verdade é que Paulo Pontes criou um estereótipo, que foi propagado por todos que escreveram sobre a autora de "A noite do meu bem". Menos, é claro, pelos que a conheceram.

Dolores morreu do coração aos 29 anos porque tinha uma disfunção cardíaca que, nos anos 1950, desafiava médicos e curandeiros. Hoje, em razão do avanço da medicina, tal disfunção, provocada por uma febre reumática mal curada na juventude, seria tratada como um resfriado. Um ou dois comprimidos diários de uma droga qualquer e certos cuidados básicos (nada severos ou extenuantes) teriam evitado a morte prematura de uma mulher talentosa, que nos deu, além de obras-primas como "A noite do meu bem" e "Ternura antiga" (em parceria com Ribamar), sambas-canções antológicos como "O negócio é amar" (com Carlos Lyra), "Por causa de você" e "Estrada do sol" (ambos com Tom Jobim). Como Noel Rosa, que morreu de tuberculose aos 27 anos, a cardíaca Dolores viveu numa época em que a medicina apenas engatinhava. Nos dois casos, uma pena.

Chamava-se Adiléia da Silva Rocha. Era carioca, nascida na rua do Propósito, no bairro da Saúde. Tinha o rosto redondo (daí os apelidos de Bochecha e Caxumba). Os dentes frontais superiores eram discretamente separados. Em 1940, com 10 anos de idade, enfrentou o mal-humorado Ary Barroso no programa *Calouros em desfile*, que o autor de "Aquarela do Brasil" comandava na Rádio Tupi. Como reza o folclore, Ary era chato, irascível e intolerante, mormente quando defendia a música brasileira. Cobrava do calouro o título certo e o nome completo do autor (ou autores) da canção que ia interpretar. Tivesse tempo, pediria o peso, a altura e a folha corrida do dito-cujo, mas o que Ary exigia mesmo do candidato era respeito ao compositor. É conhecida a história de um calouro que informou a Ary que ia cantar um "sambinha" de "Lourival" Caymmi chamado "Risque". Ao ouvir tais blasfêmias, Ary subiu nas tamancas e por pouco não enxotou do palco o calouro. Vingou-se ao seu estilo: gongou-o mal o sujeito abriu a boca. Alguém capaz de dizer tantas besteiras não podia ser um bom cantor.

Pois bem, a menina de 10 anos foi lá, disse tudo o que Ary esperava que ela dissesse, cantou em espanhol e português o bolero "Vereda tropical", sorriu e, cheia de dengo e graça, embolsou a nota máxima do programa, o que lhe valeu 500 mil réis de prêmio, "uma gentileza da Toddy do Brasil S.A.". Um assombro. Embora estivesse sempre a um passo de explodir, Ary sabia das coisas: "Esse tiquinho de gente vai longe, tomem nota", disse ao microfone. A menina morreu cedo, mas sua obra tornou-se eterna.

Aos 16 anos, Adiléia da Silva Rocha transformou-se em Dolores Duran, nome talvez inspirado nos bolerões que, a pedido do público, cantava nas boates de Copacabana. Na verdade, Dolores brincava nas 11, ou seja, cantava todos os gêneros musicais e em diversas línguas, inclusive o esperanto (um disco de 78 rpm que a cantora gravou em 1955 traz, em uma das faces, uma versão nesse idioma do fado "Coimbra", de R. Ferrão, J. Galahrde e Othon Baena). Era inteligente e autodidata, aprendeu tudo sozinha ou conversando com os amigos, gente talentosa como Sérgio Porto, Fernando Lobo, Nestor de Holanda, Paulo Mendes Campos, Antônio Maria, entre outros. Sabia falar muitas línguas. Durante um show que apresentava na boate Baccarat, Dolores cantou o clássico "My Funny Valentine", de Richard Rodgers e Lorenz Hart. Presente na ocasião, a diva Ella Fitzgerald não resistiu e declarou em alto e bom som que aquela fora a melhor interpretação que ela já havia escutado da música. E olha que só cobras, como Billy Ekcstine, Frank Sinatra, Bill Evans e ela própria, Ella Fitzgerald, a tinham gravado. Bem, a história pode até não ser verdadeira, mas ninguém a inventaria se a protagonista não fosse mesmo uma estrela de primeira grandeza como era Dolores.

Adiléia era a terceira dos quatro filhos da dona de casa Josefa ("Zefinha") Silva da Rocha. Não conheceu o verdadeiro pai. Quem a criou foi o padrasto, Armindo José da Rocha, sargento aposentado da Marinha, cujo salário era baixíssimo. Morou nos longínquos subúrbios cariocas de Irajá e Pilares, e nunca soube o que era moleza na vida. A morte de Armindo, em 1942, complicou ainda mais a vida de dona Zefinha e seus filhos. Aos 12 anos,

Adiléia fazia parte do *Teatro da Tia Chiquinha*, um programa de histórias infantis da Rádio Tupi, onde ganhava um cachezinho, que repassava integralmente à mãe. Assim, seus anos de criança transformaram-se de repente: tornou-se responsável pelo sustento da família. Teve que abandonar os estudos, sem concluir sequer o primário.

A responsabilidade era pesada, mas Adiléia encarou tudo com relativo prazer. Afinal, ao contrário de outras crianças na mesma situação, que foram obrigadas a mourejar em fábricas, lojas e botequins, varrer ruas e frequentar ambientes sórdidos, Adiléia foi trabalhar justamente onde mais desejava: na Rádio Tupi – e como atriz. Continuou, porém, a frequentar programas de calouros e a ganhar prêmios e recompensas. Em meio à adversidade, estava traçando seu caminho.

Um dos concursos de que participou, embora não o tenha vencido, abriu grandes perspectivas para a jovem cantora. Organizado por Renato Murce, um ícone do rádio brasileiro, o concurso "À procura de uma cantora de boleros" foi vencido por Jussara de Melo Vieira, que adotaria na vida artística o nome de Rosita Gonzales (1929-1997). Embora derrotada, Adiléia foi convidada por Lauro Pais de Andrade, que a ouvira, a fazer um teste na boate Vogue, na época a casa noturna mais sofisticada do Rio de Janeiro. A jovem não perdeu tempo: foi, disse a que vinha, cantou em português, inglês, francês e espanhol, foi aprovada e, na hora, ganhou um contrato de *crooner*. Começava, assim, a carreira de Dolores Duran, que, além de cantora de raro talento, seria uma das grandes compositoras da música brasileira, autora de canções inesquecíveis.

• • •

Aos 16 anos, portanto, lá estava Dolores a se apresentar na Vogue, cantando um repertório variado, que ia do baião ao blues, do samba ao bolero, da canção francesa à italiana, tudo ao gosto eclético dos frequentadores de boates. As oportunidades não paravam de surgir: uma noite, o apresentador César de Alencar assistiu a sua apresentação, ficou encantado e decidiu levá-la para a PRE-8, seu famoso programa dos sábados na Rádio Nacional. O salário – 150 cruzeiros – não era lá essas coisas, mas o emprego daria a Dolores uma visibilidade que ela não tinha nas boates, cujo público era naturalmente restrito.

Foi, aos poucos, conhecendo pessoas – e delas se tornando amiga: Sérgio Porto (Stanislaw Ponte Preta), Nestor de Holanda, Fernando Lobo, Mister Eco (Eustórgio de Carvalho). Antônio Maria registrou, em crônica, o momento em que a conheceu: "Via-a, pela primeira vez, na Vogue. Cantava escondidinha, fora de luz, atrás do saxofonista. Quase não se lhe via o rosto. Faz muito tempo. Mais tarde, fizemo-nos amigos."

A temporada na Vogue deu a Dolores algo que ela saboreava com imenso prazer: a paixão pela noite, o que incluía frequentar e se apresentar em boates, encontrar amigos, gente que admirava, e observar figuras estranhas, folclóricas. Depois da temporada na casa do barão Von Stuckart, Dolores cantou em várias casas noturnas, como Beguine, Little Club, Baccarat, Casablanca, Acapulco e Montecarlo. No Little Club, no Beco das Garrafas, Dolores Duran reparou que um sujeito ia vê-la cantar quase diariamente. Ele aparecia de segunda a quinta, mas folgava às sextas, aos sábados e aos domingos. O sujeito parecia ser formal, ia sempre só, vestia-se de paletó e gravata, bebia generosas doses de uísque escocês legítimo, sentava-se

Curiosidades DAS DIVAS
fatos & histórias

A boate Vogue foi um dos principais templos da noite carioca nos anos 1950. A chamada "casa do barão Von Stuckart", seu fundador, ficava na avenida Princesa Isabel, bem em frente ao atual Hotel Méridien. Além de Dolores, por ela passaram o pianista Sacha, Aracy de Almeida, Linda Batista, Angela Maria, Silvio Caldas, Jorge Goulart, Inezita Barroso, a cantora francesa Patachou, entre muitos outros. No dia 14 de agosto de 1955, um incêndio destruiu o hotel e a boate Vogue e matou cinco pessoas. Como disse o cronista Antônio Maria, frequentador habitual da boate, "o incêndio da Vogue encerrou uma etapa da história da noite carioca". O incêndio prejudicou a estrutura do prédio, que precisou ser demolido. Hoje, em seu lugar, há um pequeno e triste jardim de concreto.

às mesas próximas ao palco. Não conversava com ninguém. Uma figura. Às vezes, ele chamava o *maître*, Alberico Campana, futuro proprietário do restaurante Plataforma, e ordenava: "Manda a 'negrinha' cantar 'Menino grande'." Alberico ia lá e pedia: "Dolores, o sujeito pediu para você cantar 'Menino grande'. Canta, canta, por favor, que ele está gastando uma nota preta!" Mesmo contrariada, Dolores cantava. Às 4 horas, o garçom trazia para o sujeito um sanduíche de filé embrulhado para viagem. Ele pagava a conta, se levantava e saía na frente, com o pobre garçom atrás, levando o embrulho até o carro dele. Só faltava exigir que o chamassem de buana.

• • •

A cena enfurecia Dolores, mas ela não podia fazer nada. "E o safado ainda me chama de 'negrinha'. Pombas, se ainda fosse 'neguinha', tratamento carinhoso..."

Um dia, ela contou a história para Billy Blanco, que, ao seu modo, resolveu se vingar do sujeito. Compôs "A banca do distinto", que Dolores passou a cantar todas as noites, olhando para o bonitão, que se limitava a fazer cara de "não estou nem aí", como se o recado não fosse para ele.

Não fala com pobre,
Não dá mão a preto,
Não carrega embrulho,
Pra que tanta pose, doutor?
Pra que esse orgulho?

Dolores adorava um namorico, de preferência, mas não exclusivamente, com homens mais moços que ela. Sabe-se que, entre outros, a cantora namorou Fernando Lobo, Billy Blanco e Nonato Pinheiro, garotão e craque da pelota nas areias de Ipanema e Copacabana. Com Fernando Lobo, Dolores passou a frequentar a Casa Villarino, uma uisqueria localizada na esquina das avenidas Calógeras e Presidente Wilson, no centro do Rio de Janeiro. Ali, nos anos 1950, jornalistas, poetas, músicos e curiosos, boêmios cativos e bissextos se reuniam após a faina diária, entornavam tonéis de Black Label, falavam mal e bem dos ausentes e do governo, faziam planos, contavam e inventavam histórias, riam – divertiam-se, enfim. Uma fotografia da época mostra Dolores Duran sentada ao fundo, entre Fernando Lobo e Elizeth Cardoso. Nas mesas, garrafas e copos aos montes abasteciam, além dos citados, Flávio de Aquino, Antonio Bandeira, Nestor Leite, Di Cavalcanti, José Sanz, Carlos Thiré e Lígia Clark, entre outros. Conta-se que foi no Villarino que Tom Jobim foi apresentado por Lúcio Rangel a Vinicius de Moraes, recém-chegado do Uruguai.

Na época, Vinicius procurava um parceiro que musicasse a sua peça *Orfeu*. Lúcio achava que Tom preenchia todos os requisitos exigidos pelo poetinha. Tom Jobim viu, no convite, uma oportunidade de ganhar um "dinheirinho" que o ajudasse a pagar o aluguel do apartamento. Topou – e nasceu assim uma das parcerias mais bem-sucedidas da música brasileira.

Billy Blanco foi namorado de Dolores no início da carreira de ambos. Depois, tornaram-se grandes amigos. Os dois, desde cedo, se ajudaram muito. Dolores gravou "Outono", estreia de Billy como compositor. As canções dele eram figurinhas carimbadas dos shows de Dolores, que não perdia a oportunidade de elogiar o talento do amigo. Até hoje, Billy não disfarça a emoção quando fala ou escreve sobre ela.

Nonato Pinheiro, oito anos mais moço que ela, foi, talvez, a última e maior paixão de Dolores. O romance, contudo, não prosperou porque a diferença de idade entre os dois foi mais forte que o sentimento e, também, porque a família dele encrespou feio. Afinal, além de mais velha que Nonato, Dolores era tudo o que a família de classe média carioca rejeitava: mulata e cantora de boate. Tudo indica que, diante da reação familiar, Nonato amarelou. Na verdade, Dolores amava Nonato, que apenas gostava da cantora. A diferença entre o amor de um e o gostar do outro fortaleceu a oposição da família de Nonato – e acabou por separá-los.

Dolores fez "A noite do meu bem" para ele. Pode haver maior prova de amor?

• • •

Dolores gravou em fins de 1951 seu primeiro disco 78 rpm, lançado para o carnaval do ano seguinte, com os sambas "Que bom será", de Alice Chaves, Salvador Miceli e Paulo Marques, e "Já não interessa", de Domício Costa e Roberto Faissal, dois galãs das novelas da Rádio Nacional. "Apesar de ser a minha primeira gravação", comentou em entrevista ao jornal *Última Hora*, "levo muita fé nas duas músicas. São dois sambas com boas possibilidades de vencer. Sei que o carnaval é uma guerra terrível, especialmente para cantores novos."

Em 1952, Dolores gravou os sambas-canções "Outono", de Billy Blanco, e "Um amor assim", de Dora Lopes. Os discos seguintes tiveram boa aceitação popular, principalmente as faixas "Bom é querer bem", de Fernando Lobo, e "Canção da volta", de Ismael Neto e Antônio Maria, que ela viu ser composta e da qual foi a sua primeira (e melhor) intérprete.

As gravações se sucediam. Em 1955, ano em que gravou quatro 78 rpm, Dolores esteve em Punta del Este, no Uruguai. Fez muito sucesso – mormente porque, além de cantar seu repertório, ela fazia notáveis imitações de cantoras de todo o mundo, reproduzindo com perfeição o timbre de voz de cada artista. No palco, Dolores era endiabrada: cantava, dançava, imitava, ria, saracoteava – e agradava multidões.

Dolores conheceu o ator Macedo Neto, com quem iria se casar, durante a gravação de "Pra que falar de mim", canção que ele fez com Ismael Neto. O casório ocorreu em 8 de julho de 1955. Dolores e Macedo foram morar no edifício Majestic, na rua Gomes Carneiro. Como Dolores não podia ter filhos, o casal adotou Maria Fernanda Virgínia da Rocha Macedo, a quem dona Josefa iria dedicar amor quase maternal. Na época, Macedo Neto foi trabalhar na recém-inaugurada TV Continental, enquanto Dolores partia em excursão à União Soviética e a outros países, em companhia de Jorge Goulart, Nora Ney, Conjunto Farroupilha, Maria Helena Raposo, Paulo Moura, entre outros.

A excursão foi, para Dolores Duran, um completo desastre. Ela desentendeu-se com os companheiros de viagem e passou a frequentar a embaixada americana, onde reclamava das regras estabelecidas pelas autoridades soviéticas, da comida, do hotel, de tudo e de todos.

Acabou por discutir violentamente com os companheiros, que, àquela altura, estavam de malas prontas para viajar para a China. Dolores resolveu desistir da turnê. Sozinha, seguiu para Paris, onde permaneceu por um mês, apresentando-se num pequeno bar frequentado por brasileiros. Ao retornar ao Brasil, concedeu entrevistas criticando a União Soviética, uma das quais à *Revista do Rádio*. Ao jornalista e escritor Nestor de Holanda, comunista e autor dos livros *Diálogo Brasil-URSS*, *O mundo vermelho* e *Como seria o Brasil socialista*, ela disse: "Gostei do povo. É bom, humilde, simples. Mas as autoridades são horríveis. Tenho pena daquela gente, do povo russo!"

Ideologias à parte, Nestor de Holanda relevou a bronca da cantora em nome da amizade que os unia. Foi a ele, por sinal, que Dolores confiou seus primeiros poemas. Holanda achou-os excelentes, mas ela os achava fracos, e não permitiu que o amigo os publicasse ou mesmo os divulgasse.

fatos & histórias **Curiosidades DAS DIVAS**

***Revista do Rádio*, nº 513 (18 de julho de 1959)**

Dolores Duran e Macedo Neto viveram bem até o período que antecedeu à viagem de Dolores à União Soviética. Depois do seu regresso ao Brasil, as coisas começaram a desandar para o lado dos dois artistas, que não mais se entendiam como antes. Finalmente ambos concluíram que a solução estava no desquite, que foi feito em caráter amigável.

Mais ou menos nessa época, dois fatos importantes marcaram a vida de Dolores. Primeiro, ela compõe sua primeira música, "Se é por falta de adeus", em parceria com Tom Jobim. Segundo, ela e Macedo Neto se separam, confirmando as suspeitas e os boatos que corriam. Em entrevista à *Revista do Rádio*, Dolores explicou:

Estamos realmente nos últimos detalhes do desquite. Quando desmentimos o fato, foi porque estávamos querendo dar uma última oportunidade a nós mesmos. Estávamos vendo que não dava certo, mas procurávamos ver se haveria alguma fórmula salvadora para o nosso casamento. Não houve.

E não podia mesmo haver salvação possível. Macedo Neto era turrão, grosseiro e incapaz de compreender uma mulher como Dolores, sensível, alegre, amante da vida.

"Se é por falta de adeus" é uma bela canção – e, de certa forma, reflete esse período conturbado da vida pessoal de Dolores. Com certeza, não possui o mesmo brilho das duas outras músicas que Tom e Dolores ainda fariam, mas sua qualidade é indiscutível.

Se é por falta de adeus
Vá-se embora desde já
Se é por falta de adeus
Não precisa mais ficar

• • •

Em março de 1957, Tom Jobim mostrou a Dolores uma composição feita poucos dias antes com Vinicius de Moraes. Ela ficou encantada com a melodia e, ali mesmo, rabiscou num lenço de papel outra letra. Tom Jobim tocou ao piano a música e Dolores cantou uma, duas, três vezes, ao mesmo tempo em que ia ajustando e melhorando a letra que escrevera: nasceu assim, quase por acaso, a deslumbrante "Por causa de você".

Os dois festejaram, mas havia um problema a resolver: Vinicius de Moraes. Como o poetinha reagiria à intromissão de Dolores? Por sugestão de Tom Jobim, ela escreveu um bilhete ao poeta: "Esta é a letra que fiz para esta música. Se não concordar, é covardia!" Vinicius foi elegante: reconheceu e elogiou a beleza da letra de Dolores e, sem mágoa ou rancor, jogou a sua no lixo. Atitude digna de um grande poeta.

Contudo, uma questão na letra de "Por causa de você" incomodava Dolores, sempre muito rigorosa com o que fazia. No bar da Rádio Nacional, ela perguntou a Nestor de Holanda e a Mário Lago:

– Há algum erro de português nessa letra?

Os dois leram e observaram um erro no verso "Não deixe o mundo mau *lhe* levar outra vez". Mas disseram:

– Não. Está tudo certo.

– E esse "*lhe* levar"? – insistiu Dolores.

Nestor de Holanda e Mário Lago acabaram por convencer Dolores de que naquela bela canção até mesmo a regência imprópria ficava bonita.

– É melhor não mexer. Ninguém vai perceber – disse Mário Lago.

– E se me atacarem pelos jornais?

Nestor de Holanda foi taxativo:

– Não se preocupe. Os críticos não sabem nada de regência.

Dolores deu uma das suas famosas gargalhadas. E ficou mais aliviada.

Em 1958, Dolores compôs com Tom Jobim "Estrada do sol", a última música que fizeram juntos. A canção, letra e melodia, é uma obra-prima – e segue na contramão de tudo que se escreveu sobre a tristeza permanente de Dolores. A letra é, como diz, ensolarada e alegre.

É de manhã
Vem o sol, mas os pingos da chuva que ontem caiu
Ainda estão a brilhar
Ainda estão a dançar
Ao vento alegre que me traz esta canção
(...)
Me dê a mão vamos sair pra ver o sol

Ao todo, Dolores compôs 25 canções: três com Tom Jobim, quatro com Edson Borges, seis com Ribamar, uma com Edson França (do Trio Irakitan), uma com Carlos Lyra, uma com Fernando César, uma com Chico Anísio. As oito restantes ela, mesmo sem saber música, fez sozinha, entre as quais "Noite do meu bem", "Fim de caso", "Solidão" e "Castigo", canções eternas. Em "Castigo", segundo Antônio Maria, ela disse expressivamente o que nenhum compositor ou letrista soube dizer antes: "A gente briga/Diz tanta coisa que não quer dizer/Briga pensando que não vai sofrer/Que não faz mal se tudo terminar". Pois é: há coisa mais simples e bonita que isso?

• • •

Na madrugada de 24 de outubro de 1959, depois do espetáculo na boate Little Club, a cantora saiu com amigos para uma festa no Clube da Aeronáutica, onde riu muito, dançou muito, fumou muito e bebeu muito. Sentia-se alegre, solta. Estava apaixonada – e isso lhe fazia bem ao espírito e ao corpo.

Ao sair da festa, ela e os amigos resolveram esticar no Kilt Club e, novamente, Dolores riu, dançou, fumou e bebeu superlativamente. Exausta mas feliz, a cantora chegou ao apartamento da rua Gomes Carneiro às 7h. Antes de ir para o quarto, disse à empregada: "Não me acorde, estou muito cansada. Vou dormir até morrer." E sorriu.

Foi o último sorriso de Dolores. Tinha 29 anos.

Discografia selecionada

78 rpm

1951. "Que bom será" (Alice Chaves/Salvador Miceli/Paulo Marques), "Já não interessa" (Domício Costa/Roberto Faissal) – Star

1952. "Outono" (Billy Blanco), "Um amor assim" (Dora Lopes) – Star

1955. "Nigraj manteloj (Coimbra)" (R. Ferrão/J. Galahrde/Othon Baena), "Sinceridad" (G. Perez) – Copacabana

1956. "A fia de Chico Brito" (Francisco Anísio), "Na asa do vento" (Luiz Vieira/João do Vale) – Copacabana

1958. "Por causa de você" (Antonio Carlos Jobim/Dolores Duran), "Estatutos de boate" (Billy Blanco) – Copacabana

1959. "A noite do meu bem" (Dolores Duran), "Fim de caso" (Dolores Duran) – Copacabana

LP/Compacto/CD

1955. *Dolores Duran viaja* ("Sinceridad"/"Ma cabane au Canada"/"Kaiser Waltzer"/"No Other Love"/"Nigraj manteloj (Coimbra)"/"Vieni sul mar"/"Ojos verdes"/"Canção da volta") – Copacabana

1959. *Dolores Duran* ("A noite do meu bem"/"Fim de caso"/"Solidão"/"Não me culpes") – Copacabana

1959. *Esse norte é minha sorte* ("Te cuida, Zeca"/"Saudade ingrata"/"Prece de Vitalina"/"Minha toada"/"Tá nascendo fio"/"Zefa Cangaceira"/"Quando se tem amor"/"Não se avexe não"/"Esse norte é minha sorte"/"Quase louco") – Copacabana

Filme

Rico ri à toa (1957). Brasil Vita-Filme. Direção de Roberto Farias. Com Zé Trindade, Violeta Ferraz, Armando Camargo, Silvinha Chiozzo, Apolo Correia, Dolores Duran. Num cenário estilizado de favela, Dolores canta o samba "Tião", de Wilson Batista e Jorge de Castro.

CAPÍTULO 2

MAYSA

Nem melhor nem pior/Maysa não é corpo/
Maysa são dois olhos e uma boca.
Manuel Bandeira

1957. Local: TV Rio. Mais ou menos 21h.

O prefixo do programa *Encontro com Antônio Maria* entra no ar. Alguém berra no estúdio: "Silêncio! Vai começar o programa!" No aquário, um homem ergue o polegar direito: "Tudo pronto!" O produtor, Carlos Alberto Lofler, um tipo chegado ao esoterismo, leitor do escritor alemão Hermann Hesse, olha em torno e grita, ao mesmo tempo em que enxuga o suor do pescoço: "Silêncio no estúdio! Vai em frente, Maria! No ar!"

A noite estava quente e abafada. O ar-refrigerado do estúdio tinha pifado, os holofotes aumentavam o calor. Muito suado e gordo, Antônio Maria conversava com a cantora Maysa. Bem, conversava é modo de dizer. Na verdade, o jornalista – ao vivo e em preto e branco – jogava descaradamente charme e sedução sobre a cantora, que, num dado momento, balbuciou sem graça: "Maria, o que é isso?"

Antônio Maria estava impossível. Elogiou os olhos verdes de Maysa, comparou-os a dois oceanos misteriosos e não pacíficos, imagem que tomara do famoso poema de Manuel Bandeira. Afirmou que a alma da cantora era azul, cor das pessoas boas, segundo ele. Houve um momento em que Maria segurou e acariciou as mãos de Maysa, que, surpresa e divertida, apenas ouvia, sem saber o que dizer. No estúdio, alguém sussurrou: "Só falta beijo na boca." E outro: "Periga ela aceitar a cantada e ficar nua em cena."

A cantada, pelo que se sabe, não rendeu nada ao autor de "Ninguém me ama", mas foi inesquecível.

• • •

24 de janeiro de 1954. Véspera da comemoração oficial do Quarto Centenário da cidade de São Paulo.

Foi um acontecimento de tirar o fôlego. A noiva desembarcou sorridente de um Mercedes-Benz preto – e os curiosos que se amontoavam em frente à Catedral da Sé, no centro da capital paulista, não controlaram a emoção diante da beleza da moça e dos *flashes*, que lembravam uma cascata de fogos de artifício: "Oh! Que linda! Que beleza! Que mulher bonita, meu Deus!"

A noiva, belíssima, chamava-se Maysa Figueira Monjardim, 18 anos, nascida no Rio de Janeiro, raízes familiares no Espírito Santo, mas criada em São Paulo. O noivo que a aguardava no altar era o empresário André Matarazzo, 36 anos, um dos homens mais ricos do Brasil.

Noiva e noivo haviam se conhecido em Poços de Caldas cerca de 13 anos antes: ela aos 5 anos, ele aos 22. André, filho do conde Andréa Matarazzo e da condessa Amália Ferreira Matarazzo, sobrinho do conde Francisco Matarazzo, era amigo dos pais de Maysa, Alcebíades Guaraná Monjardim, o Monja, e Inah Figueira Monjardim. André frequentava a casa dos pais de Maysa em noitadas alegres de baralho e uísque. Ele vira a futura esposa crescer e ganhar corpo, como um lobo a espreitar a futura presa.

A cobertura que a imprensa deu à cerimônia foi espetacular. Bem verdade que na Sé estava presente a nata da sociedade de São Paulo, e ela, com seus quatrocentões, velhos e novos ricos, gente desfrutável e curiosa, era sempre notícia. No altar, o cardeal-arcebispo da cidade, dom Carlos Carmelo de Vasconcelos Mota. Na primeira fila, o governador Lucas Nogueira Garcez, acompanhado de quase todo o secretariado e assessores diretos, sorria e distribuía simpatia. Deputados. Senadores. Empresários. A representação política e o PIB industrial de São Paulo compareceram em massa. Cronistas sociais observavam as grã-finas, que exibiam vestidos e chapéus importados, excitadas diante da possibilidade de uma nota especial ou de uma foto exclusiva nas colunas dos principais jornais da cidade.

A lua de mel do casal foi na Europa, mais especificamente no eixo Roma-Paris. Quando retornaram, vinte dias depois, Maysa e

André foram morar numa casa da rua Traipu, no elegante bairro do Pacaembu. E, mal desfizeram as malas, deram partida a uma verdadeira maratona de jantares e coquetéis – afinal, dondocas e maridos queriam compartilhar a vida do casal. Maysa e André iam às vezes à boate Cave, na rua Nestor Pestana, esquina com a rua da Consolação, ponto nobre da vida noturna paulistana da época.

Maysa, porém, não curtia propriamente essa vida de badalações. Preferia ficar em casa, atenta aos musicais da TV Record (inaugurada em 1953). Gostava de ouvir na vitrola Philips as grandes novidades da época: as canções de Antônio Maria, de Ismael Neto, de Fernando Lobo, de Lupicínio Rodrigues, de Dorival Caymmi. Adorava Dick Farney e Lúcio Alves, que barbarizavam cada qual com sua voz ou juntos – quando cantavam em dueto as venturas de "Teresa da praia", de Billy Blanco e Antonio Carlos Jobim. Sentia admiração por Dóris Monteiro, Dolores Duran, Nora Ney, Linda e Dircinha Batista, Angela Maria, Elizeth Cardoso. Maysa não se sentia atraída propriamente pela vida artística, mas pela alegria de cantar, de manifestar em acordes e letras os sentimentos mais íntimos do ser humano. Cantar e compor – suas paixões mais íntimas.

A verdade é que Maysa era feliz no casamento, mas algo acontecia no seu coração – e não quando cruzava a Ipiranga com avenida São João. Mas quando punha a vitrola para funcionar e ouvia as vozes eternas das divas.

• • •

Em 1955, a vida de Maysa começou a mudar. Exibindo um belo barrigão de grávida, mas seguindo na rotina de pôr a radiola para funcionar. Uma noite recebeu a visita dos pais, do produtor Roberto Corte Real, que Alcebíades conhecera na festa de aniversário da boate Oásis, e do cavaquinista José do Patrocínio Oliveira, o Zé Carioca, integrante do Bando da Lua, que acompanhara Carmen Miranda nos Estados Unidos. Oliveira ficou rico e famoso com as dublagens que fez do Zé Carioca (daí o apelido) para os desenhos da Disney. Alcebíades queria que os amigos ouvissem a filha cantar, "uma menina muito talentosa", assegurou. Os quatro já haviam derrubado inúmeros uísques, sentiam-se desinibidos e à vontade – e se dirigiram à casa da rua Traipu por volta da meia-noite. Maysa e André ainda estavam acordados.

De olhos arregalados, Corte Real ouviu Maysa cantar, em inglês, grandes sucessos da música americana, tais como "I Love Paris", de Cole Porter, e "The Lady Is a Tramp", de Richard Rodgers e Lorenz Hart. Depois, a pedido de Monja, a jovem cantou algumas de suas composições, entre as quais "Adeus" e "Marcada", que compusera aos 12 anos. Emocionado, Corte Real perdeu o fôlego. Tanto que, mais tarde, na contracapa do disco de estreia de Maysa, não controlou o entusiasmo:

> *Chegamos (...) a duvidar que pudesse existir alguém que houvesse absorvido, com tanta singeleza e sinceridade, os ensinamentos do cancioneiro romântico do Brasil, deixados por tantos compositores de fama, dentre eles o grande Noel, de quem Maysa, apesar de não o ter conhecido, guarda na mente e no coração um verdadeiro relicário, isto é, todas as suas mais inspiradas páginas musicais. Mas acontece que esse alguém existia e se chama Maysa.*

Mais que depressa, Corte Real procurou a Columbia e ofereceu a cantora. Recebeu um sonoro "não" como resposta. "Por quê?", quis saber. O diretor da gravadora fez um gesto de enfado: "Ora, uma grã-fina cantora!... Só se o marido comprar todos os discos!" Gargalhadas na sala.

Sério e desapontado, Corte Real engoliu em seco, mas preferiu não insistir. Foi conversar com José Scatena, que possuía um pequeno estúdio de gravação de *jingles*, a Rádio Gravações Especializadas. Scatena ouviu o amigo, acendeu um cigarro, olhou para o teto, pigarreou – mas resolveu apostar na dondoca. Afinal, Corte Real tinha bons olhos, nariz e ouvidos. E, ali mesmo, decidiu criar um selo musical: nascia assim a RGE, nada mais que as iniciais de seu estúdio.

O bode veio da família Matarazzo, que não desejava um dos seus no mundo pouco recomendável e profano da música, dos shows e dos camarins dos teatros. André Matarazzo foi definitivo: "Não, Maysa não vai gravar disco coisa nenhuma! Estão pensando o quê?"

Maysa mantinha-se distante do olho do furacão, ou seja, do debate que corria solto entre Monja, Inah, Corte Real, Zé Carioca e

André. Distante, mas não indiferente. Ela – só ela – já tinha tomado uma decisão: a despeito de André, da família Matarazzo, dos pais, ela gravaria o disco, sim; mas só depois do nascimento de seu filho.

• • •

A insistência acabou dando certo: André concordou finalmente com a gravação do disco, mas impôs duas condições inegociáveis. Primeiro: o percentual de vendagens da cantora seria transferido para o Hospital do Câncer, entidade que a família Matarazzo ajudava a manter havia anos. Corte Real suspirou: "O.k." Segundo: na capa do disco não haveria imagem, foto ou desenho da – pausa – "minha mulher" (André evitou dizer a palavra "cantora"). "O.k.", repetiu Corte Real.

Aceitas as duas cláusulas por todos, mãos à obra. Maysa não pretendia mesmo ganhar dinheiro com o disco, mas atravessar uma porta. Por outro lado, ela, que já era gorducha antes de engravidar, engordara outros dez quilos durante os nove meses anteriores ao nascimento, em 19 de maio de 1956, de Jayme – o hoje conhecido diretor de televisão Jayme Monjardim. Nada de fotografias, portanto. Tudo resolvido, Maysa, Scatena e Corte Real foram discutir a produção do disco.

A ideia, aprovada por todos, não exigiu grandes debates: seria produzido um disco no formato dez polegadas contendo oito músicas, todas da cantora. Prensariam apenas 500 cópias. A capa, tal como exigia André, teria a foto de um arranjo de orquídeas e avencas sobre o qual repousaria um cartão com os dizeres: *Convite para ouvir Maysa*. Mais simples e protocolar que essa capa, impossível.

O disco foi gravado e distribuído. Após algumas semanas, Scatena encostou a cabeça no ombro de Corte Real e choramingou: "Encalhe absoluto! O disco da sua protegida não vende nada!" Na imprensa, no rádio e na televisão ninguém dizia uma só palavra sobre o disco, que dormia nas prateleiras das lojas. Nem mesmo as senhoras da elite paulistana demonstraram possuir o necessário *esprit de corps* – nem elas correram às lojas em busca do disco de estreia da então dondoca Maysa. As dondocas, pelo visto, não são solidárias na música.

O milagre veio justamente do Rio de Janeiro, onde as possibilidades de sucesso da cantora eram tidas como equivalentes a zero.

O jornalista e dramaturgo Henrique Pongetti, que mantinha uma página na revista *Manchete*, ouviu o disco, adorou e escreveu uma crônica endeusando a cantora e o repertório. Como um milagre, as rádios cariocas começaram a tocá-lo, as pessoas começaram a falar "numa tal de Maysa Matarazzo, uma ricaça de São Paulo que canta pra burro!". Outro que escreveu sobre o disco foi Ricardo Galeno, no *Diário Carioca*. Disse ele: "Maysa é uma artista de fato, de voz bonita, de interpretação deste tamanho e que faz inveja a muito medalhão que anda por aí, de garganta profissionalizada às pampas, mas transmitindo muito pouco."

O público correu às lojas e, em questão de dias, o disco esgotou no Rio de Janeiro. Scatena enxugou as lágrimas e, envergando um baita sorriso de alívio e alegria, mandou prensar mais e mais discos, que não paravam de vender. Maysa virou sensação – tanto que a TV Record ofereceu-lhe um programa semanal, por um cachê de 100 mil cruzeiros por mês (cerca de 2 mil dólares na época). André voltou a chiar, a dizer novamente "não", mas, dessa vez, Alcebíades e Inah jogaram pesado: "Sem essa! Minha filha não pode recusar tal oferta! Cantar é a vida dela, pombas!" André engoliu em seco.

• • •

Em 1957, a grande coqueluche era ouvir Maysa cantando "Ouça". As donas de casa morriam de dó ao ouvi-la – e especulavam sobre a vida da moça narrada naquela letra repleta de tristeza e sofrimento. As versões sobre a vida de Maysa convergiam sempre no sentido de pintar o marido (pobre André!) como um sujeito indiferente, que só pensava nos negócios e em ganhar dinheiro, que permanecia no escritório até tarde. Maysa era – e a letra de "Ouça" provava – a mulher sofrida, que ficava em casa, abandonada e carente, mendigando atenção e carinho do marido, a quem amava perdidamente.

Vai lembrar que um dia existiu
Um alguém que só carinho pediu
E você fez questão de não dar
Fez questão de negar

Naqueles anos dourados, o mundo das donas de casa não era um pandeiro, mas uma permanente novela da Rádio Nacional.

Depois do sucesso de seu disco, a vida de Maysa virou um atropelo – e, de certa maneira, a de André, um tormento. Enfezado e arredio, André acompanhava a mulher a todos os lugares a que ela ia: rádios, TV e jornais. Queria evitar que a mulher cometesse uma estrepolia e pusesse em risco o bom nome dos Matarazzo. Pior, contudo, era precisar suportar a "gentalha" que ia à sua casa entrevistar, bater papo e beber com a cantora. O certo é que Maysa, apesar do cerco do marido, com o tempo ia ficando mais independente, fumava um cigarro depois do outro e, a cada garrafa que esvaziava, abria duas novas.

Entre o atropelo da vida de Maysa e o tormento de André, o casamento dos dois começou a ruir. No segundo semestre de 1957, Maysa foi convidada para fazer um trabalho na TV Rio. Aproveitou para informar ao pai que iria, mas não mais retornaria a São Paulo, e que, consequentemente, seu casamento chegara ao fim.

fatos & histórias **Curiosidades DAS DIVAS**

***Revista do Rádio*, nº 438 (1º de fevereiro de 1958)**

"Perdi o nome, mas ganhei a fama", desabafou Maysa. "Estou satisfeita com a minha vida, com as minhas vitórias, com o carinho que me cerca e, principalmente, por todos começarem a me chamar apenas de Maysa. Gosto do nome e peço que me tratem sempre assim. Não tenho queixas do meu esposo, de quem me estou desquitando amigavelmente. Se ele acha que não devo usar Matarazzo, não uso, pronto, cortado."

Maysa aproveitou a entrevista para desmentir a notícia de que tinha cortado um dos pulsos tentando o suicídio. A cantora afiançou à *Revista do Rádio* que a notícia não tinha o menor fundamento.

Alcebíades suspirou, tomou mais três goles e, como conhecia a filha, preferiu não dizer nada. André caiu das nuvens. Sabia que a relação com a mulher ia mal, mas tudo o que ele não desejava era o escândalo da separação – afinal isso jamais acontecera no seio da família Matarazzo. Maysa, porém, estava decidida. Houve o desquite; ela ficou com Jayminho, que foi criado por Inah e Monja, pois a mãe vivia uma roda-viva de apresentações, shows e viagens.

• • •

Entre 1957 e 1960, Maysa gravou cinco LPs e diversos 78 rpm. Apresentou-se em boates e tornou-se figurinha fácil nos programas de variedades, como *Almoço com as estrelas*, apresentado por Aerton Perlingeiro na TV Tupi, *Astros do disco*, comandado por Randal Juliano e Idalina de Oliveira na Record, e *Encontro com Antônio Maria*, na TV Rio, onde, entre assustada e divertida, levou uma cantada pública do autor de "O amor e a rosa".

Em 1959, Maysa tomou uma resolução ousada: foi morar na Europa. Antes de partir, concedeu uma entrevista à *Revista do Rádio* (nº 513, 18 de julho de 1959) e resumiu os motivos da sua decisão: "Estou cansada de escândalos!" A matéria explicava ainda que, além de livrar-se do desgosto de ver seu nome envolvido em escrachos, "quase sempre criados pelas circunstâncias, nunca por mim", Maysa pretendia, com a viagem, pôr fim ao seu romance com Paulo Tavares. "O amor parece que não existe mais entre eles", sugeriu a revista.

Depois de uma curta e exitosa temporada de shows em Portugal, Maysa fincou em Paris as bases de seu, por assim dizer, autoexílio. Na capital francesa, a cantora flanou pela noite, gastando, em hotéis e noitadas, todo o dinheiro que levara.

Em busca de alguns trocados, Maysa chegou a se apresentar no hotel La Louisianne, onde cantou "Ne me quitte pas" pela primeira vez. Elogios gerais e merecidos. Após quatro meses na Europa, Maysa retornou ao Brasil – mais gorda, cabelos desalinhados e com um sorriso tenso e nervoso nos lábios. "Voltei outra", disse, ainda no Galeão. Um repórter de *Radiolândia*, ali presente, murmurou com malícia: "É, outra... Maior e mais desarrumada." A matéria que escreveu tinha um título mordaz: "Ela declara que voltou outra."

• • •

Maysa tinha propensão a engordar – e, em abril de 1960, as balanças anunciaram que ela estava a fatais quatro quilos dos cem. Entrou em pânico – e tomou uma decisão radical: enfrentou uma cirurgia abdominal, cujas técnicas operatórias, na época, beiravam o estilo de Freddy Krueger. A abdominoplastia, realizada por oito médicos, retirou-lhe 18 quilos de pele e gordura, mas deixou-lhe, segundo indiscrição de Ronaldo Bôscoli, grandes cicatrizes no abdômen. Maysa aproveitou o ensejo e fez ainda uma redução mamária e uma ritidoplastia, que eliminou rugas do rosto e a papada.

Após seu desquite, Maysa – livre e desimpedida – colecionou casos, os quais individualmente duraram bem pouco: além do já citado Paulo Tavares, ela namorou o cantor Almir Ribeiro, que morreria afogado durante um banho de mar em Punta del Este. Depois, Mário Telles, irmão de Silvinha Telles. Teve um pequeno caso com César Medeiros, locutor da Rádio Record. O namoro com o violonista Nanai não durou muito, pois, segundo se diz, ela estava mesmo era de olho no arquiteto César Thedim, que, na época, namorava Elizeth Cardoso. Consta que até mesmo o ex-presidente Jango, notório mulherengo, que curtia a vida noturna carioca, teve um namorico com a cantora. De qualquer modo, foram casos mais ou menos banais se comparados com o que houve entre ela e Ronaldo Bôscoli.

O autor de "Barquinho" aproximou-se de Maysa movido exclusivamente por interesses profissionais (precisava escrever uma matéria para a *Manchete*, revista em que trabalhava) e pessoais (desejava mostrar a ela as músicas que fizera com Roberto Menescal). A cantora deu a entrevista e adorou os galanteios que Ronaldo lhe dirigiu. Para surpresa geral, inclusive do próprio jornalista, decidiu, ali mesmo, gravar um LP inteiro com músicas da dupla. "Esse negócio de bossa nova é formidável! Vamos começar imediatamente!"

Assim nasceu o LP *Barquinho*, que os críticos consideram uma relíquia e um dos marcos fundadores da bossa nova. A capa do disco era sugestiva: trazia a foto usada na reportagem da *Manchete*, na qual Maysa, os rapazes do Trio Tamba (Luizinho Eça, Hélcio Milito e Bebeto), Roberto Menescal e Ronaldo Bôscoli (todos de calça social e camisa fechada até o pescoço) estavam num barco estacionado nas águas tranquilas e, na época, nem tão poluídas da enseada de Botafogo. (Tanto José Roberto Santos Neves quanto Eduardo Logullo informam erroneamente que o barco estava fundeado na Marina da Glória, que, na época em que o disco foi feito, ainda não existia.) Maysa estava de vestido preto, decotado, absolutamente inadequado para um lírico passeio de barco.

Em cima do sucesso de *Barquinho*, Maysa excursionou pelo Brasil e chegou a se apresentar na Argentina e no Uruguai. Em Buenos Aires, ela e Bôscoli (que já estavam namorando) aprontaram todas. Uma delas foi atirar bombinhas nos corredores e no restaurante do hotel Alvear Palace, o mais tradicional da capital argentina, dando sustos nos demais hóspedes e funcionários. Não era para menos: a Argentina vivia um período de instabilidade política – que nossos *hermanos* tentavam resolver mediante mútuos e constantes atentados a bomba – entre peronistas, não peronistas e antiperonistas. Um dos grandes prazeres do casal era jogar bombinhas da janela do quarto na hora do *rush*. Entre gargalhadas e goles generosos de uísque e gim, Maysa e Ronaldo se divertiam vendo os pedestres correrem e os motoristas abandonarem os carros, em pânico. Além de abaterem pelo menos duas garrafas de uísque por dia, mais as doses intermediárias de gim e conhaque, o casal surpreendia inclusive os demais brasileiros presentes. Maysa, numa ocasião, vestiu terno, chapéu e gravata de Ronaldo Bôscoli, e este, um vestido dela, complementado por maquiagem e sapato de salto alto. Até aí, tudo bem. Acontece que os dois saíram do apartamento, tomaram o elevador, desceram e se enfiaram num coquetel que acontecia no hall do Alvear, chocando os presentes. Não satisfeito, o casal acendeu vários "barbantinhos cheirosos" no recinto, produzindo uma fedentina insuportável.

Apesar das molecagens que aprontavam, o romance de Maysa e Bôscoli começou a gangrenar na mesma semana em que começou. O motivo da crise (e da separação definitiva), segundo depoimento do compositor, teria sido a metragem etílica de Maysa, que nem ele, longe de ser um abstêmio, conseguia acompanhar ou segurar. A verdade é que a bebida transformava o casal em inimigos no ringue: "Havia agressões inusitadas, mútuas, mas quase sempre iniciadas por ela, completamente bêbada."

Bôscoli percebeu que viver com Maysa seria, antes de tudo, um permanente jogo de grandes emoções. Certa manhã, por exemplo, Maysa despertou coberta de suor (o ar-condicionado estava ligado no máximo) e com tremores frenéticos. Assustado, Bôscoli perguntou a ela o que poderia fazer. A resposta: "Não me pergunte nada, porra! Abre aquele armário e traz uma garrafa de gim, agora!" A cena seguinte, segundo Bôscoli, foi uma verdadeira "bordoada na cuca": Maysa enfiou o gargalo na boca e, como se tomasse uma mamadeira, entornou mais da metade do conteúdo quase num gole só.

Em meados de 1961, já separada de Ronaldo Bôscoli, Maysa reuniu alguns músicos, entre os quais Roberto Menescal, e os convidou para fazer alguns shows no Praia Tênis, tradicional clube de Vitória (ES). Durante a temporada capixaba, Maysa tomou uma decisão que surpreendeu a todos: resolveu morar "uns tempos ou para sempre" na cidade, onde se sentia bem, livre e em paz com a vida. Contudo, como assinalou Eduardo Logullo, Maysa, em Vitória, aprontou poucas e boas, não fosse ela a mesma Maysa que abalou Buenos Aires.

> *Mergulhou nua no mar, namorou muito, bebeu todas e chegou ao requinte de nadar menstruada na piscina recém-inaugurada de um dos clubes mais elitistas da cidade, do qual era frequentadora diária e acabou vetada de entrar.*

Diante de tantas trapalhadas, do zum-zum-zum que a sua presença causava na pacata e provinciana Vitória, Maysa resolveu retornar ao Rio.

• • •

A fase seguinte da vida de Maysa foi de grande exposição internacional. Ela fez turnês de sucesso na França, nos Estados Unidos, na Itália, no México e em Portugal, onde conheceu o advogado e industrial espanhol Miguel Azanza, um sujeito simpático, charmoso e boêmio. Miguel era casado com Ana Gabriela Bonnet, herdeira de uma família abastada do Marrocos. Pois bem, foi a própria Ana que convidou Maysa a visitá-los na Espanha. De olho em Miguel, Maysa aceitou prontamente.

Algumas semanas depois, Maysa e Miguel já compartilhavam cama, mesa e copos. Em 1963, a cantora resolveu morar na

Espanha, para onde levou o filho, que foi matriculado em um colégio interno.

No ano seguinte, Maysa voltou ao Brasil para fazer, a convite de Aloysio de Oliveira, uma temporada na boate Au Bon Gourmet. O show foi um sucesso: gravado ao vivo, transformou-se num dos discos mais famosos da cantora e num clássico do selo Elenco. A capa trazia o nome da cantora em letras garrafais e o desenho dos seus olhos, os "dois oceanos não pacíficos", segundo a lavra de Manuel Bandeira. A capa seguia o padrão da gravadora – uma belíssima criação do designer César Vilela.

Durante os dois anos seguintes, Maysa internou-se várias vezes em clínicas especializadas. Reconheceu que era alcoólatra: "Sei que sou uma pessoa doente em relação à bebida. Sou uma pessoa que não se pode dar ao luxo de beber dois uísques só e parar", diria ela, em 1975, à revista *Ele & Ela*. A desintoxicação a que se submeteu foi dolorosa. E implicou crises de abstinência horríveis. Ela foi obrigada a passar meses atrás de grades e vivia sendo amarrada na cama. Suportou tudo com um misto de coragem e horror.

Maysa não se tornou abstêmia, mas passou por uma notável mutação: emagreceu 38 quilos (ou litros, conforme os maledicentes) e tornou-se, dentro de certos limites, uma pessoa mais centrada. Convidada pelo empresário Carlos Machado, um veterano do teatro rebolado ou de revista, aceitou fazer um show no Canecão, que os críticos classificaram de "rito de passagem em seu repertório e o grande espetáculo de sua arte". Foi um sucesso: Maysa cantava quase todas as noites para mais de 2 mil pessoas, era ovacionada e voltava ao palco, em média, cinco vezes ao fim de cada apresentação. De pernas de fora e roupa transparente, transpirando sensualidade e graça, o show no Canecão foi um marco na história de Maysa – e na história da casa.

O sucesso obtido no Canecão levou-a a outros caminhos, entre os quais a TV Tupi, onde passou a integrar o júri do programa de Flávio Cavalcanti, em companhia do estilista Dener, de Leila Diniz, Márcia de Windsor, Sérgio Bittencourt, Carlos Renato, Mister Eco, Marisa Urban e muitos outros. O programa tinha enorme audiência – e era transmitido ao vivo "para todo o Brasil". Assim, os brasileiros tiveram a oportunidade de conhecer uma Maysa mais equilibrada, generosa com os novos cantores, simpática, risonha e linda, que o novo e esguio perfil físico acentuava. Os olhos – ah, os olhos! – cintilavam. Parecia outra.

Nessa época, Maysa gravou, a convite de Roberto Menescal, o disco *Ando só numa multidão de amores*. Embora fosse belíssimo, o disco não foi um sucesso de vendas. Talvez porque a Phillips tenha lançado outros tantos discos de qualidade na época, prejudicando assim o disco de Maysa, que, àquela altura, acalentava outro projeto para si: queria ser atriz. Alguém bateu a informação para Bráulio Pedrosa, que apresentara à TV Globo o projeto da novela *O cafona*. O elenco seria de primeira: Tônia Carrero, Francisco Cuoco, Marília Pêra, Djenane Machado. Pedrosa encaixou uma personagem na novela que era a cara da Maysa: milionária paulista, desquitada, um permanente copo de uísque na mão e o hábito de ouvir discos – de quem? Pois é: dela mesma, Maysa, que a personagem dizia adorar e vivia elogiando.

O cafona não foi tão bem-sucedida quanto *Beto Rockfeller*, do mesmo Bráulio Pedrosa, mas apresentou uma Maysa desempenada e segura. Ela ainda trabalharia em duas outras novelas – *Bel-Ami*, de Ody Fraga, e *Bravo!*, de Gilberto Braga e Janete Clair. No teatro, faria o papel de uma camponesa na peça *Woyzek*, de Georg Büchner, um fracasso de público.

• • •

Quando fazia, em 1972, a novela *Bel-Ami*, Maysa conheceu o ator Carlos Alberto, um sujeito articulado com a doutrina Rosa Cruz, uma organização que mistura misticismo e filosofia, cuja missão é descrita de maneira hermética: "Despertar o potencial interior do ser humano, auxiliando-o em seu desenvolvimento, em espírito de fraternidade, respeitando a liberdade individual, dentro da tradição e da cultura Rosa Cruz." O casamento de Maysa e Carlos Alberto durou quatro anos: nos dois primeiros, eles chegaram a morar juntos; nos dois últimos, a relação foi intermitente: viviam já separados, mas o ator a procurava constantemente.

Em 1973, Maysa descobriu a cidade fluminense de Maricá, onde mandou construir (mas não chegou a concluir) uma casa – e onde se refugiava sempre que desejava curtir paz e tranquilidade. Na verdade, nos últimos anos de vida, Maysa lutou contra a obesidade, empanturrando-se de moderadores de apetite, que agiam como alucinógenos. Acrescente-se a isso o cigarro (fumava demais) e o álcool, embora ela estivesse bebendo bem menos que nos tempos heroicos.

O último show de Maysa foi na boate Igrejinha, em São Paulo. O espetáculo, dirigido pelo jornalista e psiquiatra Roberto Freire, tinha caráter beneficente. A renda do show, o cachê da cantora, dos músicos e as gorjetas dos garçons foram totalmente doados à Associação Santa Terezinha, instituição de caridade destinada a abrigar filhos de portadores de hanseníase.

• • •

22 de janeiro de 1977. Sábado. Maysa despediu-se dos pais. "Monja, eu te amo." Virou-se para a mãe e repetiu o gesto: "Inah, te amo." Monja e Inah ainda tentaram dissuadir a filha, que pretendia seguir naquela tarde para Maricá. "Estou bem, não se preocupem. Mas preciso ir hoje." Alcebíades Monjardim teve uma sensação esquisita quanto a filha ligou o motor da Brasília azul e partiu em direção a Maricá.

Mas a cantora não chegou a seu destino. Ficou no caminho, ferida de morte em meio às ferragens de seu carro. Amigos e admiradores ainda hoje choram aquela mulher que sabia compor, cantar, tinha olhos impressionantes e dizia o que pensava.

Uma mulher que, segundo a própria Maysa dizia, viveu em permanente desencontro consigo mesma, sem saber exatamente quem era.

Curiosidades DAS DIVAS — *fatos & histórias*

***Revista do Rádio*, nº 450 (26 de abril de 1958)**

Mexericos da Candinha

O Paulo Gracindo me contou que o Fernando Lobo disse a ele que se a Maysa continuar com essa mania de cortar os pulsos e os braços vai acabar virando Vênus...

Última Hora **(5 de junho de 1958)**

"Bilhete fraternal, talvez útil", crônica de Antônio Maria

Minha prezada Maysa:

(...) Ontem, por exemplo, disseram-me, na rua, que você, num só desespero, além de cortar os pulsos, abrira o gás do banheiro e ingerira uma dose violentíssima de certos comprimidos tóxicos. *(...)* Comentei com amigos o desperdício dos suicídios e, no seu caso especial, o absurdo de uma jovem tão bonita, tão artista, tão cheia de êxitos, tender, constantemente, para a desistência do bem essencial a todos os bens, que é a vida. *(...)* Contra os pileques, não tenho nada a reclamar. Também os tomo, e só Cristo sabe com que desgosto lamento os erros a que eles me levam. *(...)* O suicídio contém uma desforra, e este é o seu lado fascinante. Mas o suicídio contém a morte, e este é o seu defeito irreparável. Nunca morrer hoje quando se pode morrer amanhã... ou daqui a cem anos. *(...)* Minha jovem amiga, abra uma janela de sua casa – a que dá para o mar ou para a montanha. Procure o mundo e dê-se por perdida. Viva, sem a nervosia de procurar-se a si mesma, porque cada um de nós é um perdido, um ilustre perdido na humanidade vária e numerosa. Viva que no fim dá certo. É o seu amigo, AM.

Discografia selecionada

78 rpm

1957. "Ouça" (Maysa), "Segredo" (Fernando César) – RGE
1957. "Adeus" (Maysa), "Resposta" (Maysa) - RGE
1957. "Escuta, Noel" (Maysa), "O quê" (Maysa) – RGE
1957. "Se todos fossem iguais a você" (Tom Jobim/Vinicius de Moraes), "Tarde triste" (Maysa) – RGE
1958. "Meu mundo caiu" (Maysa), "Bouquet de Izabel" (Sérgio Ricardo) - RGE
1958. "Suas mãos" (Pernambuco/Antônio Maria), "Mundo vazio" (Amauri Medeiros/Antônio Bruno) – RGE
1959. "A felicidade" (Tom Jobim/Vinicius de Moraes), "Manhã de carnaval" (Luiz Bonfá/Antônio Maria) – RGE
1960. "Alguém me disse" (Evaldo Gouveia/Jair Amorim), "Meditação" (Tom Jobim/Newton Mendonça) – RGE
1961. "O barquinho" (Roberto Menescal/Ronaldo Bôscoli), "Dois meninos" (Roberto Menescal/Ronaldo Bôscoli) – Columbia

LP/Compacto/CD

1956. *Convite para ouvir Maysa* ("Marcada"/"Não vou querer"/"Agonia"/"Quando vem a saudade"/"Tarde triste"/"Resposta"/"Rindo de mim"/"Adeus") – RGE
1960. *Voltei* ("Meditação"/"Alguém me disse"/"Carinho e amor"/"Voltei"/"Sincopado triste"/"Qualquer madrugada"/"Solidão"/"Cheiro de saudade"/"Dindi"/"Vem comigo"/"Cantiga de quem está só") – RGE
1961. *Barquinho* ("Barquinho"/"Você e eu"/"Dois meninos"/ "Recado à solidão"/"Depois do amor"/"Só você, nada mais"/

"Maysa"/"Errinho à toa"/"Lágrima primeira"/"Eu e o meu coração"/"Cala meu amor"/"Melancolia") - CBS

1969. *Canecão apresenta Maysa* ("Demais"/"Meu mundo caiu"/"Preciso aprender a ser só"/"Pra quem não quiser ouvir meu canto"/"Por causa de você"/"Dindi"/"Se você pensa"/"Ne me quitte pas"/"Light My Fire"/"Chão de estrelas"/"Tarde triste"/"Meu mundo caiu"/"Ouça"/"Eu e a brisa"/"Dia de vitória"/"Dia das rosas"/"Se todos fossem iguais a você") - Copacabana

1974. *Maysa* ("Bloco da solidão"/"Agora é cinza"/"Não sei"/ "Castigo"/"Fim de caso"/"Não é mais meu"/"Morrer de amor"/"Você abusou"/"Rasguei a minha fantasia"/"O grande amor"/"Olhos da madrugada"/"Até quem sabe?"/"Hoje é dia de amor") - Odeon

Filme

Matemática zero, amor dez (1958). Emece Filmes. Direção de Carlos Hugo Christensen. Com Alberto Ruschel, Suzana Freyre, Jaime Costa, Agildo Ribeiro, Lana Bittencourt, Heloisa Helena, Maysa.

O cantor e o milionário (1958). Guarujá. Direção de José Carlos Burle. Com Anselmo Duarte, Luís Delfino, Marlene, Eva Wilma, Myriam Pérsia, Paulo Goulart, Maysa.

O batedor de carteiras (1958). Pelmex. Direção de Aloísio T. de Carvalho. Com Zé Trindade, Violeta Ferraz, Nancy Wanderley, Wilson Grey, Antonio Carlos, Maysa.

O camelô da rua Larga (1958). Cinedistri. Direção de Hélio Barroso e Eurípedes Ramos. Com Zé Trindade, Maria Vidal, Renato Restier, Nancy Wanderley, Zezé Macedo, Catalano. Maysa interpreta "Ouça".

Pequeno por fora (1960). Lívio Bruni. Direção de Aloísio T. de Carvalho. Com Walter d'Avila, Nancy Wanderley, Chico Anísio, Maysa.

Esse Rio que eu amo (1960). UCB. Direção de Carlos Hugo Christensen. O filme compreende quatro episódios: "Balbino, o homem do mar"; "O milhar seco"; "A morte da porta-estandarte"; "Noite de almirante". Com Jardel Filho, Tônia Carrero, Odete Lara, Maysa.

Novela

O cafona (1971). Escrita por Bráulio Pedroso. Direção de Walter Campos e Daniel Filho.

Bel-Ami (1972). Escrita por Ody Fraga. Direção de Henrique Martins.

Bravo! (1975). Escrita por Gilberto Braga e Janete Clair. Direção de Reynaldo Boury e Fábio Sabag.

Teatro

Woyzek (1971). Georg Büchner. Direção de Marilda Pedroso. A peça foi apresentada em outubro, no Teatro Casa Grande (Rio de Janeiro).

CAPÍTULO 3

ZEZÉ GONZAGA

A linda flor da canção brasileira.

Monica Rezende

Quando liguei para Zezé Gonzaga e pedi uma entrevista, ela perguntou, após um breve silêncio:

– Mas por que me entrevistar? Eu nunca fui uma cantora de grande sucesso.

Havia um pouco de tristeza, talvez amargura, na voz da cantora. Expliquei:

– A senhora era a cantora mais requisitada da Rádio Nacional. Participava de todos os programas musicais da emissora. Todos os produtores a escalavam.

Ela ficou surpresa:

– Como o senhor sabe disso?

O "senhor" da pergunta tinha um quê de cerimonioso.

– Eu li na *Revista da Rádio Nacional* – expliquei.

Outro silêncio, e então:

– Está bem. O senhor tem meu endereço? Espero o senhor na próxima quinta-feira, às 17h.

Por coincidência, no dia marcado para a entrevista surgiu um compromisso próximo à residência da cantora que foi mais rápido do que eu esperava. O certo é que às 15h, duas horas antes do horário combinado, eu me vi diante do prédio em que ela morava, na avenida Presidente Vargas, próximo à praça da Bandeira. Dei uma volta no quarteirão, entrei num botequim, bebi um refrigerante, folheei revistas numa banca de jornal, tornei a dar uma volta no quarteirão. Resolvi, então, arriscar: quem sabe ela não me receberia agora? Eram 16h. O porteiro a chamou pelo interfone e, após anunciar meu nome, disse para mim:

– Ela quer falar com o senhor.

Atendi. Ela foi rápida e direta:

– Eu marquei com o senhor às 17h. Ainda são 16h. Daqui a pouco eu chamo o senhor. Por favor, aguarde aí embaixo.

Dessa vez, o "senhor" não soou propriamente cerimonioso, mas como uma delicada reprimenda – justa, aliás. Quem mandou chegar antes do acertado? Quando o brasileiro aprenderá a ser britânico nos seus compromissos? O porteiro ofereceu-me uma cadeira.

Parece mentira: exatamente às 17h, o interfone tocou na mesa da portaria. Era ela. Pediu-me que subisse. No elevador, notei que estava ansioso e um tanto nervoso. Pudera: eu ia conhecer uma grande dama. E que parecia estar irritada comigo.

• • •

Nada disso. Zezé foi uma das pessoas mais doces que eu conheci na minha vida. Recebeu-me carinhosamente e ofereceu-me a única poltrona de sua sala, que, acredito, era também a sua preferida. Sentou-se ao meu lado e explicou:

– Hoje é o dia da minha manicure. Quando o senhor ligou, eu ia começar a tratar das minhas unhas. Ainda bem que o senhor pôde esperar.

– Não se preocupe. E, por favor, não me chame mais de senhor.

Zezé sorriu e respondeu:

– Vamos começar?

Zezé Gonzaga, nome artístico de Maria José Gonzaga, nasceu em Manhuaçu (MG), em 3 de setembro de 1926.

– Vou fazer 79 anos no mês que vem – disse, sorrindo. – Mas não tenho do que me queixar. Tive uma vida relativamente tranquila. Fiz o que sempre gostei de fazer: cantar.

– Sempre desejou ser cantora?

– Eu sempre gostei de cantar. Mas nunca pensei em me transformar numa cantora profissional. Isso não me passava pela cabeça.

Zezé fora criada entre músicos: sua mãe chamava-se Oraide e era flautista, e o pai, Rodolpho, era *luthier* – ou seja, fabricava e restaurava de modo artesanal instrumentos de corda com caixa de ressonância, como o violino, a viola, o violoncelo, o violão – e tocava um pouco de piano. "Um dos clientes dele", informou Zezé, com evidente orgulho, "foi o músico, compositor e bandolinista Luperce Miranda. Ele adorava o trabalho do meu pai."

fatos & histórias **Curiosidades DAS DIVAS**

***Revista do Rádio*, nº 183 (10 de março de 1953)**

O que você mais deseja na vida?

"Um lar, um marido a quem ame e filhos. Conseguindo isso, terei conseguido o paraíso. Não poderia querer mais."
A resposta de Zezé foi, mais que um desejo, talvez um sonho de vida.

– Comecei a cantar aos 13 anos. Minha família, inclusive, queria que eu seguisse a carreira de cantora lírica. – Após uma pausa, acrescentou: – Lá em casa tinha sempre alguém tocando um instrumento. Às vezes meu pai arriscava umas melodias no piano, e eu cantava. Ele sempre me incentivou.

Em 1939, os Gonzaga se mudaram para Além-Paraíba, onde Zezé recebeu convite para ser *crooner* de um conjunto que se apresentava regularmente no clube local, o Rex Clube. Na época, começou a estudar piano e leitura musical com a mãe, e canto com a professora Graziela de Salerno, que apreciava muito seu registro de soprano ligeiro.

– Aprender com mãe é sempre difícil – disse Zezé. – Leio um pouco de música e talvez, quem sabe, se tivesse estudado mais, teria me tornado arranjadora.

Em 1942, passando férias no Rio de Janeiro, Zezé Gonzaga participou do programa de calouros de Ary Barroso, e interpretou "Sempre no meu coração", de Ernesto Lecuona (versão de Mário Mendes). Recebeu, em meio a comentários elogiosos do autor de "Risque", a nota máxima do programa. Dias depois foi convidada para se apresentar no programa radiofônico *Escada de Jacó*, do radialista Zé Bacurau.

– Imagina que eu usei o pseudônimo de Deise Barbosa! – disse, rindo.

Em 1945, com 19 anos, mudou-se definitivamente para o Rio de Janeiro. Foi trabalhar num escritório comercial. Um dia, apresentou-se e, mais uma vez, conquistou o primeiro lugar no programa *Pescando estrelas*, da Rádio Clube do Brasil, apresentado por Arnaldo Amaral.

– Para minha surpresa, recebi uma proposta de emprego como cantora. Ofereceram-me um contrato de 800 cruzeiros, bem mais do que eu ganhava. Aceitei. E fiquei na Rádio Clube.

Nessa época, com a cantora Odaléa Sodré, filha do compositor Heitor Catumbi (parceiro de Moreira da Silva), formou a dupla As Moreninhas do Ritmo.

• • •

– Desde pequena, quando eu ainda cantava no Rex Clube, eu passava meus cachês ou parte deles para o meu pai. Ele era extremamente inteligente, mas não parava no emprego.

Em 1948, Zezé Gonzaga assinou contrato com a Rádio Nacional. Ela foi levada à emissora da praça Mauá pelo cantor Nuno Roland, seu amigo desde que ela chegara ao Rio. Nuno Roland conduziu-a à presença do diretor-geral da rádio, Victor Costa, que já ouvira a cantora numa das suas apresentações na Rádio Clube. Ele foi direto ao assunto: ofereceu-lhe um salário bem superior ao que recebia na emissora concorrente.

– Eu ganhava 800 cruzeiros na Rádio Clube. Victor Costa me ofereceu 2.500 cruzeiros. Eu não tinha noção de dinheiro, de modo que recebi o convite com a maior naturalidade. Como era praxe na Nacional, fiz um teste, mas sem saber o que estava fazendo. Victor Costa me chamou para cantar num programa interno, que, na verdade, era o tal teste. Cantei com o Regional do Dante Santoro para toda a diretoria da emissora. Depois do teste, Victor Costa disse que "uma nova estrelinha estava nascendo na Nacional". Isso foi numa quinta-feira. No sábado, eu cantei no *Programa César de Alencar*.

No ano seguinte, Zezé gravou o primeiro disco, pela Star, com os sambas-canções "Inverno", de Clímaco César, e "Desci", de Alcyr

Pires Vermelho e Cláudio Luiz. Na Rádio Nacional, Zezé recebeu o apoio do ator e apresentador Paulo Gracindo.

– Desde que cheguei à Nacional, Paulo Gracindo sempre me convidou para participar do seu programa, que rivalizava com o programa do César de Alencar. Gracindo me chamava de "minha namorada musical". Ele sempre foi muito carinhoso comigo.

Graças a sua técnica e afinação impecáveis, Zezé era muito requisitada pelos produtores musicais da Nacional. Isso foi algo permanente na carreira da cantora: no primeiro semestre de 1958, por exemplo, Zezé atuou em 119 programas, à frente de Heleninha Costa (109), Emilinha Borba (97), Ademilde Fonseca e Nora Ney (95), Angela Maria (84), Neusa Maria (81), Vera Lúcia (80), Olivinha Carvalho (72), Lenita Bruno (64) e Ester de Abreu (63), entre outras.

– Para mim, o trabalho na Nacional foi muito importante. Valeu muito, mas vi muita gente perder um dinheirão lá. Era o seguinte: por determinação dos diretores de programa, o artista escalado tinha que chegar, no máximo, 15 minutos antes da hora programada para entrar no ar. Era uma norma geral na emissora. Quem chegasse atrasado ou em cima da hora não cantava. E pagava multa.

Zezé era uma cantora extremamente disciplinada. Jamais se atrasou.

– Como eu tinha facilidade de aprender, quando faltava um cantor, eu era chamada para fazer o número daquela pessoa. Eu olhava a partitura e cantava ao vivo. Uma das cantoras que eu mais substituí foi a Nora Ney, de quem fui muito amiga.

Além de As Moreninhas do Ritmo, Zezé integrou vários conjuntos vocais (de diversas formações), entre os quais os Cantores do Céu e os Vocalistas Modernos. Também participou do coro de inúmeras gravações na Rádio Nacional. Em 1951, gravou pela Sinter o samba-canção "Foi você", de Paulo César e Ênio Santos, e o bolero "Canção de Dalila", de Victor Young, com versão de Clímaco César. "Canção de Dalila", música-tema do filme *Sansão e Dalila* (1949), de Cecil B. de Mille, foi um dos grandes sucessos da carreira de Zezé.

– Fiquei vinte anos na Nacional. Lá, eu só trabalhei com gente da melhor espécie, gente de muito, muito talento. Trabalhei com os grandes maestros da época: Radamés Gnatalli, Lírio Panicali, Gaia, Guerra Peixe, Ércole Vareto, Alberto Lazolli, Moacir Santos, Guaraná. Com Moacir Santos fiz uma série linda de programas. Eram programas de músicas populares brasileiras orquestradas como se fossem músicas de câmara. Todos eles foram gravados, mas se perderam. Não é uma pena?

Zezé estava se referindo à verdadeira destruição do patrimônio artístico da Rádio Nacional no período que se seguiu ao golpe militar de 1964. Na época de ouro da PRE-8, os programas eram gravados durante a transmissão, para análise do trabalho realizado. Era comum, depois do programa, artistas, músicos e técnicos reunirem-se para ouvir o que tinha sido apresentado e, dessa forma, buscar o aprimoramento e a melhoria do padrão. Uma espécie de gestão de qualidade. Esse material era cuidadosamente guardado, assim como partituras, capítulos das novelas, revistas da emissora, prospectos, arquivos – registros documentais da grande era do rádio. Pois bem, todo esse material se perdeu, foi roubado ou jogado fora, como se fosse lixo imprestável ou, como se dizia na época, material perigosamente subversivo.

– Lembrar-se disso tudo não é saudosismo. Foi um período muito bom, durante o qual fizemos coisas de qualidade, que merecem ser recordadas.

Curiosidades DAS DIVAS *fatos & histórias*

A grande Mestra

Na véspera de seu aniversário de 80 anos, Zezé Gonzaga foi homenageada pela Escola de Música da Unirio (Universidade Federal do Estado do Rio de Janeiro). Zezé recebeu o diploma de Mestra Honorária da Canção Brasileira, depois de assistir junto aos alunos às imagens dela acompanhada ora pelo violão de Raphael Rabello ora pelo piano de Radamés Gnattali, de quem era uma das intérpretes favoritas.

Zezé gravou diversos 78 rpm, sempre com boa aceitação popular. Em 1956, gravou o primeiro LP, *Zezé Gonzaga*, que foi considerado o melhor disco do ano. Ele trazia entre suas faixas o samba-canção "Linda flor (Ai Ioiô)", de Henrique Vogeler, Luiz Peixoto e Marques Porto, que passou a ser considerado uma de suas grandes interpretações.

Ai Ioiô, eu nasci pra sofrer
Fui oiá pra você
Meus oinhos fechô
E quando os oio eu abri
Quis gritar quis fugir
Mas você, eu não sei por quê
Você me chamou

No final dos anos 1950, Zezé gravou discos infantis pela fábrica Carrossel, sob a produção de Paulo Tapajós. Na mesma época, em sociedade com o maestro Cipó e Jorge Abicalil, Zezé fundou a Tape Produções. Juntos, criaram um punhado de *jingles*, vinhetas e trilhas sonoras, entre elas o tema de abertura do Projeto Minerva, apresentado pelo Ministério da Educação.

– Foi um trabalho meu e do Luiz Carlos Saroldi. Foi veiculado por muitos e muitos anos.

Em 1971, aos 45 anos, Zezé Gonzaga resolveu se aposentar. Estava desconsolada com os rumos da música popular – e achava que não havia mais lugar para ela, uma cantora de músicas românticas. Com a filha adotiva, mudou-se para Curitiba. Foram cuidar de uma creche. Em 1979, a convite de Hermínio Bello de Carvalho, gravou o disco *Valzinho – um doce veneno*, lançado pelo Museu da Imagem e do Som, que teve, além da edição brasileira, uma tiragem voltada para o mercado externo.

– Descobri que minha voz se mantém firme, apesar da minha idade. Minha voz não envelheceu comigo.

Zezé ainda gravou outros dois CDs em grupo: o primeiro, em 1991, chamou-se *As eternas cantoras do rádio,* mesmo nome do show que dividiu com Ellen de Lima, Carmélia Alves, Nora Ney, Rosita Gonzales e Violeta Cavalcanti, na Sala Funarte.

– Fizemos o show durante uns sete, oito anos. Viajamos o Brasil todo, foi muito gostoso. De repente, ficamos sem a Nora, que adoeceu. Depois, a Rosita adoeceu e faleceu. Ficamos quatro. Como já estavam aparecendo outras coisas para eu fazer, me desliguei também. Fiz muitos projetos no Centro Cultural Banco do Brasil.

O segundo álbum em grupo veio em 1999, quando Jane Duboc convidou Zezé para dividir os vocais num CD seu. Quem produziu o CD foi novamente Hermínio Bello de Carvalho, que, dois anos depois, dirigiu um show de Zezé na Sala dos Archeiros do Paço Imperial. Tal espetáculo transformou-se no último CD gravado por Zezé: *Sou apenas uma senhora que ainda canta.*

– Continuo sendo a mesma pessoa que sempre fui. Não tenho nenhum problema com os jovens. Nos meus espetáculos aqui no Rio, fui muito bem recebida pelos jovens, muitos dos quais ouviram os pais falarem de mim.

Pouco antes de falecer, em 24 de julho de 2008, Zezé foi procurada pela produção do *Fantástico*. Queriam convidá-la a participar de um quadro do programa dominical. Zezé agradeceu, mas ponderou: "Desculpe, minha filha, você não tem culpa, mas não aceito fazer parte desse programa porque, em 64 anos de carreira, ninguém nunca fez a gentileza de me chamar para fazer um número. Obrigada, mas não vou. Aliás, a mídia nunca me prestigiou como eu vejo prestigiar outros artistas, embora eu sempre tenha feito o meu trabalho com a maior dignidade possível."

Zezé Gonzaga: grande cantora, digna senhora, imensa saudade.

Discografia selecionada

78 rpm

1949. "Maçã" (Péricles), "Madalena arrependida" (Clímaco César) – Star

1955. "Cerejeira rosa" (Louiguy/J. Larue/Julio Nagib), "Beijos nos olhos" (Portinho/Wilson Falcão) – Columbia

1956. "Arrivederci Roma" (Rascel/Gariner/Giovannini/Julio Nagib), "Moreno que desejo" (Bruno Marnet) – Columbia

1956. "Linda flor (Ai Ioiô)" (Henrique Vogeler/Luiz Peixoto/Marques Porto), "Nunca mais" (Lalo Guerrero/Nelson Ferreira) – Columbia

1961. "A montanha" (Aguero/Moreu/Fernando César), "Que culpa eu tenho" (Armando Nunes/Othon Russo) – Continental

1962. "Mais uma vez adeus" (Georges Auric/Teixeira Filho), "Rosa de maio" (Custódio Mesquita/Evaldo Rui) – Continental

LP/Compacto/CD

1979. *Valzinho: um doce veneno* ("Óculos escuros"/"Imagens"/"Tudo foi surpresa"/"Três de setembro"/"Felicidade"/"Amar e sofrer"/"Doce veneno"/"Teu olhar"/"Quando o amor vai embora"/"Fantasia"/"Castigo"/"Tormento"/"Tempo de criança"/"Não convém"/"Viver sem ninguém") – Museu da Imagem e do Som/Copacabana

1991. *As eternas cantoras do rádio – Carmélia Alves, Ellen de Lima, Nora Ney, Violeta Cavalcanti, Zezé Gonzaga e Rosita Gonzales* ("As cantoras do rádio"/"Fascinação"/"Camisa listrada"/"Qui nem jiló"/"Sangrando"/"Preconceito"; "Bar da noite"/"A estrada do sertão"/"Ninguém me ama"; "Ronda"/"Olhos verdes"/"Noche de ronda"/"Camisa amarela"/"Vício"/"Pau de arara"/"As cantoras do rádio") – Fama

1999. *Clássicas – Zezé Gonzaga, Jane Duboc* ("Linda flor (Ai Ioiô)"/"O nosso olhar"; "Duas contas"/"Nova ilusão"/ "Olha"/"Bom dia, tristeza"; "Amargura"/"Felicidade"/"Pra que mentir"; "Dom de iludir"/"Três de setembro"/"Cidade do interior"/"Velho realejo"; "Velhos tempos"/"Sem fantasia"/"Ponto final"; "Meu sonho é você") – Pau Brasil

2002. *Sou apenas uma senhora que ainda canta* ("Faxineira das canções"; "Esquecendo você"/"Vestígios"; "Trocando em miúdos"; "Molambo"/"Por que te escondes?"/"Cansei de ilusões"; "Não me culpe"; "Quando tu passas por mim"; "Franqueza"/"Meu consolo é você"/"Todo sentimento"/ "Imagens"/"Vida de artista"/"Prelúdio da solidão"; "O que tinha de ser"/"Pra machucar meu coração"/"Sou apenas uma senhora que ainda canta"/"Chão de estrelas"; "Estrelas"; "Canção de amor") – Biscoito Fino

Filme

Sinfonia carioca (1955). Unida. Direção de Watson Macedo. Com Eliana, Anselmo Duarte, Afonso Stuart, Zezé Macedo, Luiza Barreto Leite, Zezé Gonzaga.

Maluco por mulher (1957). Riofilme. Direção de Aloísio T. de Carvalho. Com Zé Trindade, Conchita Mascarenhas, Wilson Grey, Zezé Gonzaga.

Chico Fumaça (1958). Cinelândia/Cinedistri. Direção de Alípio Ramos e Vitor Lima. Com Mazzaropi, Celeneh Costa, Carlos Tovar, Wilson Grey. Zezé Gonzaga interpreta "Linda flor (Ai Ioiô)", de Henrique Vogeler, Luiz Peixoto e Marques Porto.

CAPÍTULO 4

ADEMILDE FONSECA

A maior cantora de choro de todos os tempos.
André Diniz

Revista do Rádio, nº 541, de 30 de janeiro de 1960. A reportagem intitula-se "24 horas na vida de Ademilde Fonseca".

> *Ademilde Fonseca acorda, geralmente, às 7h30. E imediatamente dirige-se ao banheiro, a fim de escovar os dentes. Logo em seguida estará embaixo do chuveiro, deliciando-se com um banho frio, hábito que ela conserva há tempos (foto da cantora escovando os dentes).*
>
> *Alegre e jovial, se dispõe de tempo pela manhã, a cantora sai em passeios pelo bairro (Higienópolis) onde reside há muitos anos. De carro, ou de lambreta, Ademilde mata o tempo enquanto aguarda a hora de regressar à casa (foto da cantora ao lado de uma lambreta).*
>
> *Se a refeição ainda está sendo devidamente "caprichada", Ademilde aproveita para ler bons livros, colocar a correspondência (que é grande) em dia etc. Ela considera – e com razão – que os "fans" merecem todo o carinho (foto da cantora deitada no sofá, lendo um livro. Não dá para ler o título).*
>
> *Entre as 13h e as 14h, geralmente, a mesa está posta para o almoço. Comidas leves, principalmente no verão, são as prediletas de Ademilde, que faz regime para não aumentar o peso. Prato predileto: galinha ensopada com batatas (foto diante da mesa, tomando uma bebida).*

À tarde, depois da sesta, Ademilde costuma ir até a cidade, cuidar de seus compromissos artísticos, ou, se estes estiverem em dia, fazer compras. Ademilde não dispensa também uma sessão de cinema dos seus artistas preferidos (foto diante de um automóvel conversível).

Na Rádio Nacional, as atuações de Ademilde são habitualmente no horário noturno. Cantora bastante requisitada pelos produtores, ela tem atividade intensa na sua emissora. Às vezes recebe convites para espetáculos diversos (foto diante do microfone).

De qualquer maneira, Ademilde só se entrega ao sono depois das 24 horas. Antes de dormir, submete sua pele a um ligeiro tratamento de beleza. Católica apostólica romana, não dorme sem agradecer a Deus sua proteção (na foto aparece deitada na cama, com a cabeça sobre um travesseiro e maquiada!).

Ademilde Ferreira Fonseca Delfim nasceu em Pirituba, município de Macaíba (RN), em 4 de março de 1921, filha de Raimundo Ferreira da Fonseca, chefe de estação ferroviária local, e de Maria Amélia da Fonseca, dona de casa.

Aos 4 anos, Ademilde já residia em Natal, no bairro do Tirol, para onde seu pai havia sido transferido. Foi aluna do Grupo Escolar Antônio de Souza.

Desde criança, Ademilde gostava de cantar e, na adolescência, aproximou-se de grupos de seresteiros na capital potiguar. Cantou também no serviço de alto-falante de Luiz Romão, que tocava numa das principais praças (na verdade, um enorme descampado, onde bodes pastavam livremente a vegetação rala) da cidade. Um dos seresteiros, Laudemar Gedeão Delfim, tornou-se marido de Ademilde. Como tantos outros nordestinos, em 1941 o casal, com uma filha, tomou um ita e, uma semana depois, desembarcou no Rio de Janeiro.

No início de 1942, Ademilde compareceu à Rádio Clube do Brasil, onde se submeteu a um teste. Selecionada, foi escalada pela direção para o programa *Papel Carbono*, de Renato Murce. Dias depois, acompanhou Benedito Lacerda e seu conjunto, que ela conhecera na Rádio Clube, a uma festa da alta sociedade no bairro da Gávea. Cantou, então, a música que seria seu grande sucesso: "Tico-tico no fubá", de Zequinha de Abreu, com letra de Eurico Barreiros.

Um tico-tico só
O tico-tico lá
Está comendo todo, todo meu fubá
Olha o seu Nicolau
Que o fubá se vai
Pego no meu pica-pau e o tiro sai

A repercussão foi enorme. Além da interpretação de Ademilde e da sua enorme capacidade de articulação das palavras, a música buliçosa de Zequinha de Abreu era – e sempre foi – de grande apelo popular, agora valorizada pela alegre letra de Eurico Barreiros. As portas se abriam para a cantora potiguar: ela foi apresentada ao compositor João de Barro, o Braguinha, diretor da gravadora Columbia, que a conhecia por referências de amigos.

Em 10 de agosto de 1942, Ademilde gravou o primeiro 78 rpm na Columbia. No lado A, claro, "Tico-tico no fubá"; no lado B, "Volte pro morro", de Benedito Lacerda e Darci de Oliveira. Lançado em setembro, o disco estourou na praça. As rádios não paravam de tocá-lo. Em outubro, Ademilde gravou outro disco sob a direção de João de Barro. Num lado, ela cantava em duo com Lauro Borges (*PRK-30*) o samba "Altiva América", de Esdras Falcão e Humberto Teixeira; no outro, Ademilde interpretava "Racionamento" (de Humberto Teixeira e Caio Lemos), um samba que satirizava a falta de gasolina que se anunciava em razão da guerra. Esse disco não teve a mesma repercussão do anterior.

No ano seguinte, Ademilde voltou a gravar. E dessa vez gravou dois clássicos do choro brasileiro: "Apanhei-te cavaquinho", de Ernesto Nazareth, com letra de Darci de Oliveira, e "Urubu malandro", com letra de João de Barro.

O disco obteve grande sucesso, superior aos dois gravados anteriormente. O prestígio de Ademilde crescia. A cantora potiguar passou a ser conhecida por sua capacidade de cantar com espantosa agilidade e andamento realmente vertiginoso sem perder um mínimo de perfeita dicção e afinação.

• • •

Em 1944, a cantora desliga-se da Rádio Clube do Brasil e assina contrato de exclusividade com a Rádio Tupi. Passa, então, a se apresentar com os regionais de Rogério Guimarães e Claudionor Cruz.

Considerada a maior intérprete brasileira do gênero, Ademilde Fonseca tornou-se conhecida como a "Rainha do Chorinho". Tal slogan, sem dúvida, constituía um grande mérito, inscrevendo em definitivo o nome da cantora na história da música brasileira. Contudo, a marca também estigmatizou a carreira de Ademilde, que, equivocadamente, passou a ser vista como cantora de um único tipo de música.

Em junho de 1950, Ademilde mais uma vez chegou às paradas de sucesso, com a gravação do choro "Brasileirinho", de Waldir Azevedo, cuja letra foi feita por Pereira da Costa.

O brasileiro quando é do choro
É entusiasmado
Quando cai no samba
Não fica abafado
E é um desacato
Quando chega ao salão
Não há quem possa resistir
Quando o chorinho brasileiro faz sentir
Ainda mais de cavaquinho
Com um pandeiro e um violão
Na marcação

Em 1952, ao lado da Orquestra Tabajara (de Severino Araújo) e dos cantores Jamelão, Elizeth Cardoso e Pato Branco (um sanfoneiro albino que se fazia passar pelo músico Sivuca), Ademilde participou da surrealista festa organizada pelo jornalista Assis Chateaubriand e pelo costureiro Jacques Fath, em Paris. Ademilde desfilou seu repertório sob palmas frenéticas dos convidados, muitos com cocares indígenas, outros com chapéus de cangaceiro, todos com balangandãs pendurados no pescoço. O acontecimento tinha como objetivo promover e apresentar o algodão brasileiro à alta-costura europeia, mas entrou para a história muito mais por suas extravagâncias, entre as quais uma apoteótica queima de fogos de artifício e um desfile de cavaleiros vestidos com trajes de couro como se estivessem no sertão nordestino. Nunca se bebeu tanto como naquela festa.

O Estado de S. Paulo qualificou a festa como "uma bacanal de repercussão mundial". E o jornalista Carlos Lacerda, em seu notório estilo furibundo, assim escreveu sobre Assis Chateaubriand: "Não podendo, por um alto feito, entrar para a história, ele se contenta em entrar para o anedotário." Dizem que, ao ler tal comentário, Chatô deu uma gargalhada e, após uma baforada no charuto, comentou: "Esse cara é inteligente. Mas às vezes merece receber umas boas porradas!"

Em 1954, Ademilde foi contratada pela Rádio Nacional, onde permaneceu até o final da década seguinte. Quem a levou para a *PRE-8* foi o cantor e produtor Paulo Tapajós, que acabou por se tornar um dos seus grandes amigos. Segundo disse Ademilde:

> *A Rádio Nacional era o sonho do artista, e o meu, é claro. A Rádio Nacional dava muita projeção aos artistas. Eles eram ouvidos, reconhecidos pelo público, ficavam famosos. Vivi, com grande orgulho, a época de ouro da Nacional, uma época que infelizmente acabou sem deixar herdeiros. (...) Éramos um cast (de cantores) da melhor qualidade. Éramos como uma faculdade. Estávamos sempre criando coisas e programas novos. Trabalhar na Rádio Nacional era o máximo para o artista. (...) Minha voz me ajudou muito. Um americano disse que minha voz parecia um cavaquinho.*

Entre 1950 e 1955, Ademilde gravou 18 discos, lançando, entre outros, sucessos como "Delicado" e "Pedacinhos do céu" (ambas de Waldir Azevedo), "Meu cariri" (Rosil Cavalcanti e Dilú Melo) e "Galo garnisé" (Antonio Almeida, Luiz Gonzaga e Miguel Lima).

Na década de 1970, o choro esteve novamente na moda. A cantora lançou o disco *Ademilde no choro*, com algumas músicas inéditas. O destaque foi "Títulos de nobreza", de João Bosco e Aldir

Blanc, cuja letra, usando títulos de choros famosos, homenageava Ademilde.

Flor amorosa
Apanhei-te assanhado
Numa seresta de sábado
Eu, vascaíno, mas ela
Entre mil vibrações
Ademilde no choro

A presença de Ademilde Fonseca no cenário da música brasileira foi fundamental, especialmente em relação ao desenvolvimento do choro. Foi, sem dúvida, uma inovadora e uma notável cantora. Antes de Ademilde, o choro era apenas um gênero musical. Ela o transformou num gênero cantado – e o fez com extremo bom gosto, talento e carisma.

Discografia selecionada

78 rpm

1942. "Tico-tico no fubá" (Zequinha de Abreu/Eurico Barreiros), "Volte pro morro" (Benedito Lacerda/Eurico Barreiros) – Columbia

1943. "Apanhei-te cavaquinho" (Ernesto Nazareth/Darci de Oliveira/Benedito Lacerda), "Urubu Malandro" (João de Barro) – Columbia

1945. "Rato, rato" (Claudino Costa/Casemiro Rocha), "História difícil" (Vitor Santos/Pereira Costa) – Continental

1950. "Brasileirinho" (Waldir Azevedo/Pereira Costa), "Teco-teco" (Pereira Costa/Milton Vilela) – Continental

1953. "Meu Cariri" (Dilú Melo/Rosil Cavalcanti), "Se amar é bom" (José Maria de Abreu/Antônio Domingues) – Todamérica

1954. "Rio antigo" (Altamiro Carrilho/Augusto Mesquita), "Saliente" (Altamiro Carrilho/Armando Nunes) – Todamérica

1961. "Boato" (João Roberto Kelly), "Que falem de mim" (Bidú Reis) – Philips

1962. "Pé de meia" (Luiz de França/Nahum Luiz), "Quem resolve é a mulher" (Luiz Bittencourt/Bidú Reis) – Philips

LP/Compacto/CD

1960. *Choros famosos* ("Tico-tico no fubá"/"Sonhando"/"Dinorah"/"Apanhei-te cavaquinho"/"Pedacinhos do céu"/"Sonoroso"/"Flor do abacate"/"O que vier eu traço"/"Comigo é assim"/"Carinhoso"/"Doce melodia"/"Delicado") – Philips

1977 • *A Rainha Ademilde & seus Chorões Maravilhosos* ("Acariciando"/"Teco-teco"/"História difícil"/"Sonoroso"/"Galo garnisé"/"Urubu malandro"/"Paraquedista"/"De sol a sol"/"Sobe e desce"/"Amolador"/"Chorinho do Sovaco de Cobra"/"André de sapato novo"/"Urubu malandro") – Museu da Imagem e do Som/Copacabana

Filme

Batedor de carteiras (1958). Lívio Bruni. Direção de Aloísio de Carvalho. Com Zé Trindade, Violeta Ferraz, Nancy Wanderley, Neide Landi, Ademilde Fonseca.

CAPÍTULO 5

ANGELA MARIA

Menina, você tem a voz doce e a cor do sapoti.

Getúlio Vargas

Que mulher não ficaria gostosamente emocionada ao ouvir tal e tamanho galanteio do próprio presidente da República? Getúlio, dizem, era extremamente sedutor. Tanto assim que os políticos de oposição evitavam conversar com ele, pois tinham receio de que, ao fim do papo, estivessem convertidos ao getulismo.

Getúlio, que conquistou o respeito da classe artística nacional ao viabilizar a Lei Getúlio Vargas, regularizando os direitos dos profissionais do ramo do entretenimento, gostava de receber artistas no Catete. Tinha especial chamego pelas cantoras da Rádio Nacional e pelas vedetes do teatro rebolado. Dizem até que ele passou nas armas, entre outras, as irmãs Dircinha e Linda Batista (em épocas diferentes, claro) e a vedete Virgínia Lane. "O baixinho era fogo!", comentou a Vedete do Brasil revirando os olhinhos, saudosa.

Não se sabe se Angela Maria deixou-se envolver pelo charme de Getúlio. Mas isto não é o mais importante. Importante mesmo é registrar que Getúlio acertou em cheio: Angela Maria tinha – e tem – uma das mais belas vozes do cancioneiro pátrio.

• • •

Abelim Maria da Cunha nasceu em Conceição de Macabu, distrito de Macaé (RJ), em 13 de maio de 1928. Seus pais – o pastor Albertino Coutinho da Cunha e dona Julita, dona de casa – traziam os dez filhos (Abdnar, Abiezer, Abiail, Abeadina, Abigail, Hila, Abdiel,

Abmael, Abedil e Abelim), todos com nome bíblico, debaixo de rígidos princípios religiosos. Hinos, leitura dos salmos, vida espartana, obediência sem contestação: essa era a pauta diária da família de Albertino. As chamadas músicas profanas, justamente aquelas que, no futuro, dariam fama à filha Abelim, estavam terminantemente proibidas – "de cantar e de ouvir, entenderam?"

As ordens do pastor Albertino eram obedecidas ao pé da letra pela mulher. Era ela a encarregada não só do controle da prole dentro das regras disciplinares ditadas pelo marido como da punição daqueles que as transgredissem.

"Levei muitas surras de minha mãe porque ela não queria de jeito nenhum que eu fosse cantora", disse, rindo, Angela Maria ao *Pasquim*, em 1976. "Eu fugia de casa para participar de programas de calouros."

Abelim tinha 10 anos quando dificuldades financeiras provocaram uma espécie de diáspora familiar: as crianças foram distribuídas pelas casas de amigos e parentes. À menina Abelim coube ir morar com uma irmã mais velha, já casada. A situação, porém, apertou também para a irmã – e a menina foi parar na casa de uma família amiga, onde era diariamente surrada, pelo que fizesse ou, sobretudo, pelo que não fizesse. Depois foi morar na Penha Circular, na casa de uma irmã de Pixinguinha, e, por fim, na residência de uma tia, já doente e velhinha, no bairro de Botafogo.

Enquanto Abelim ia de um lado para outro, Albertino tentava dar ordem à sua vida. Entre muitas outras atividades, foi balconista, ferramenteiro, eletricista e camelô. Quando obteve um emprego mais ou menos estável no Arsenal da Marinha, suspirou aliviado e tratou de reunir novamente a família. Foram morar numa casa alugada ao pé do Morro de São Carlos, onde, em 1928, Ismael Silva e Oswaldo Boi de Papoula haviam fundado a primeira escola de samba da cidade, a Deixa Falar, e parentes do capitão Lamarca, nos anos 1960, iriam se esconder da repressão policial.

Como o mar ainda não estava para peixe, Abelim foi obrigada a enfrentar o batente. Depois de um período numa fábrica de tecidos, foi atendente em consultório dentário e inspetora de qualidade – isso mesmo! – de lâmpadas na fábrica da multinacional General Eletric, no subúrbio de Maria da Graça, de onde seria despedida por preferir cantar a ficar examinando as luminárias. Nos intervalos, Abelim, longe dos olhares dos pais, fazia o que realmente gostava: participava de programas de calouros – e, com o nome de Marina Cunha (odiava o nome Abelim), ganhava todas. Fã incondicional de Dalva de Oliveira, Abelim passou a imitá-la. "Eu cantava igual a ela, até na respiração", disse. Nessa época, por volta de 1948, Abelim foi morar com uma irmã no bairro carioca de Bonsucesso. Fugia, assim, da repressão familiar – e podia tentar seguir a vida artística, seu sonho.

Um dia, o radialista Renato Murce – que comandava na Rádio Nacional o programa *Papel Carbono*, um dos tantos em que Abelim ganhara o primeiro lugar – sugeriu que ela procurasse trabalho num *dancing*, onde poderia certamente ganhar a vida como *crooner*.

fatos & histórias **Curiosidades DAS DIVAS**

Não tem pra ninguém

Angela Maria, ou melhor, Marina Cunha, ou seja, Abelim Maria da Cunha participou e faturou a nota máxima dos principais programas de calouros da época: Hora do Pato, comandado por Jorge Curi, que, mais tarde, ganharia fama como locutor esportivo; Calouros em Desfile, de Ary Barroso, Papel Carbono, de Renato Murce, Pescando Estrelas, da Rádio Clube. O sucesso da jovem cantora foi tanto que os produtores não mais aceitavam sua inscrição, pois sabiam que a presença de Abelim já definia imediatamente quem ganharia o prêmio.

Murce indicou-lhe especificamente o Dancing Avenida, que ficava no subsolo do edifício São Borja, na avenida Rio Branco, em frente ao palácio Monroe, sede do Senado Federal. O Dancing Avenida era, como todos os *dancings* da cidade, um modelo: ambiente requintado e de absoluto respeito, seguia as regras das gafieiras brasileiras. Aos homens eram exigidos o paletó e a gravata. Agarramentos e beijos eram terminantemente proibidos, assim como umbigadas, *cheek to cheek*, namoro de dançarinas (ou *taxi-girls*) com clientes, algazarra ou bebedeira. O ambiente, como cantou Billy Blanco, exigia respeito.

Marina Cunha – logo ela escolheria o nome artístico definitivo, Angela Maria – foi contratada como *crooner* reserva, e recebeu dicas preciosas de Helena de Mayo, *crooner* titular: "Se as mulheres aplaudirem, é sinal que você agradou. Preste atenção nisso."

Angela não entendeu direito o conselho de Helena, mas ficou atenta – e percebeu que as mulheres não só aplaudiram como ficaram embevecidas: sua voz quente, extremamente feminina e afinada, deu luz especial à canção "Olhos verdes", de Vicente Paiva, que ela cantou e bisou. Só faltou fazer chover no Dancing Avenida.

• • •

Albertino torceu o nariz, reclamou, leu alguns salmos, olhou para o céu, mas a verdade é que a temporada de Angela Maria no *dancing* garantiu um reforço considerável no orçamento da família Cunha. Na multinacional General Eletric, ela ganhava 300 cruzeiros. No novo emprego, além de fazer o que mais amava, a cantora passou a receber pouco mais de 3 mil cruzeiros por mês. Isso e o sucesso das suas apresentações fizeram com que a decisão de assumir a nova profissão prevalecesse. Mesmo a contragosto, Albertino acabou por se curvar diante da vontade da filha – e do polpudo salário que ela iria receber.

Um público eclético frequentava o Dancing Avenida: senadores, deputados, compositores, funcionários públicos, boêmios e músicos desempregados – desde quando, por exigência da primeira-dama, dona Santinha, o presidente Dutra mandara fechar os cassinos em todo o país. Pois bem, um dos frequentadores mais assíduos do *dancing* era o cantor e compositor baiano Erasmo Silva, que, em 1936, formara com Wilson Batista a dupla Verde-Amarela.

Erasmo tinha bom faro – e percebeu, desde logo, que Angela Maria tinha tudo para dar certo como cantora. Uma noite, levou ao *dancing* dois convidados especiais: Vitório Latari, da RCA Victor, e Gilberto Martins, diretor artístico da Rádio Mayrink Veiga. Embora não ameaçasse a liderança da Rádio Nacional, a Mayrink dera saltos importantes em sua audiência – e tinha em seu *cast* alguns dos mais brilhantes cantores e músicos do país, como Luiz Gonzaga, o Rei do Baião. Erasmo dissera aos amigos que eles iriam ouvir "uma cantora excepcional". Latari e Martins se entreolharam, estavam acostumados com exageros iguais, mas resolveram arriscar. E não deu outra: a jovem Angela: era, de fato, excepcional.

Após a apresentação, Martins conversou com Angela: elogiou sua voz, seu ritmo, sua presença no palco, onde ela crescia apesar dos seus um metro e meio de altura e 42 quilos. Martins, contudo, lhe fez uma restrição definitiva: ela não poderia ficar cantando eternamente o repertório de Dalva de Oliveira, tinha que definir sua própria identidade, seguir seu próprio caminho. E deu-lhe uma ordem: arranjasse um repertório que fosse exclusivamente seu, "e em 15 dias. Depois me procure". Angela Maria sentiu o chamado frio na espinha. Mas foi à luta. Dali em diante, começou a revelar seu enorme talento e originalidade.

Quem a ajudou de início foi o cantor e compositor Ciro Monteiro, que lhe cedeu "Quando alguém vai embora" e "Meu dono, meu rei", que fizera com Dias da Cruz. Mas Angela Maria – uma cantora principiante – não sensibilizou de imediato outros compositores consagrados, que só tinham olhos para os cantores famosos. Porém ela não desanimou. Em 9 de maio de 1951, pelas mãos de Vitório Latari, gravou o primeiro disco, no qual reuniu dois sambas: "Sou feliz", de Augusto Mesquita e Ari Monteiro, e o já citado "Quando alguém vai embora".

Não foi um baita sucesso, mas repercutiu – e isso foi o bastante.

• • •

Ainda em maio, Angela gravou seu segundo disco, cujo sucesso foi instantâneo, puxado principalmente pela música "Não tenho você", de Paulo Marques e Ari Monteiro, que se tornaria um dos carros-chefe do repertório da cantora.

Você vive ao meu lado
E eu não tenho você
Existe algo errado
Porém não sei o quê
Choramos sempre juntos
Os nossos dissabores
Vivemos lamentando
Essa ausência de amores

Esse disco também inaugurou uma espécie de parceria da cantora com o compositor Othon Russo, que nos anos seguintes iria abastecer constantemente o repertório de Angela de novas canções e versões. Em 1951, a cantora iria gravar mais dois discos, e lançaria outros nove no ano seguinte. Em 1952, Angela ainda participou do filme *Com o diabo no corpo*, de Mario Del Rio. Tudo isso dá a medida da sua aceitação popular na época. Nada mal para alguém que tinha menos de três anos de carreira.

Se, em 1953, Angela já era uma cantora consagrada, mais ainda ficou quando gravou alguns dos seus megassucessos, como "Nem eu", de Dorival Caymmi, "Fósforo queimado", de Paulo Menezes, Milton Legey e Roberto Lamego, e, principalmente, "Vida de bailarina", de Américo Seixas e Chocolate. Esta última foi o maior sucesso da cantora na época.

Em 1954, Angela Maria ocupava, em prestígio, o mesmo patamar de Emilinha Borba, Marlene e Dalva de Oliveira. Foi eleita, pela primeira vez, Rainha do Rádio, obtendo o total de 1.464.906 votos, quase a metade do número de votos que Getúlio, candidato à Presidência da República, recebera em 1950. A consagração maior, contudo, chegou quando a estrela pisou não um palco, mas o tapete verde do maior estádio de futebol do mundo. Flamenguista roxa, Angela foi convidada pela diretoria do Flamengo para entregar em pleno Maracanã as faixas de tricampeões cariocas (1953-1954-1955) aos jogadores do clube. Angela foi fotografada no gramado com cada um dos craques rubro-negros e, ainda, com um dos flamenguistas mais ilustres, o compositor Ary Barroso. Ovacionada por "arquibaldos" e "geraldinos", que gritavam seu nome e pediam que ela cantasse "Babalu", Angela sorriu, acenou em todas as direções e jurou amor eterno ao Flamengo e aos seus fãs.

Curiosidades DAS DIVAS — *fatos & histórias*

Jornal *O Globo*

Angela Maria, assinalando uma apuração recorde de mais de um milhão de votos, inegavelmente a mais popular cantora do nosso *broadcasting* neste último ano, sagrou-se a Rainha do Rádio de 1954. A coroação da soberana terá lugar na próxima terça-feira, por ocasião do Baile do Rádio, a ser realizado no Teatro João Caetano.

Angela Maria logo se tornou uma das cantoras mais bem pagas – e caras – do Brasil. Segundo Moacyr Andrade, em 1956, a cantora ganhou mais de 3 milhões de cruzeiros em atuações artísticas – e entregou ao Leão cerca de 130 mil cruzeiros. (Uma peça publicitária da época mostra o presidente Juscelino Kubitschek ao lado de Angela, que, sorridente, assina a declaração de Imposto de Renda.)

Sem deixar a Organização Vitor Costa, da Rádio Nacional, recebia 110 mil cruzeiros mensais só de salários. Comprou – não havia ainda montadoras de automóveis no país – carro importado, um Chevrolet Bel-Air americano, por 810 mil cruzeiros, pagos à vista. Seu patrimônio em 1957 incluía três apartamentos em Copacabana, seis lotes de terrenos, uma casa presenteada a dona Julita e um milhão de cruzeiros em joias. Em 1958, por uma única apresentação na Rádio Clube de Pernambuco, cobrou 20 mil cruzeiros.

Juscelino não foi o único político a tirar uma casquinha do prestígio de Angela Maria. Em 1960, por exemplo, a assessoria do então candidato Jânio Quadros convenceu-a a oferecer, em sua residência, um jantar para duzentas adesões, principalmente do meio artístico, ao futuro presidente. Em 1957, em depoimento à *Revista do Rádio* (nº 420, de 28 de setembro), a cantora conta que, numa excursão à República Dominicana, recebeu convite do ditador Rafael Trujillo Molina, o Generalíssimo, para se apresentar na televisão local.

O povo [dominicano] é ótimo! Tive diversos convites para contratos e para permanecer mais alguns dias, principalmente do Generalíssimo, que insistiu para que eu ficasse mais tempo. Infelizmente, não foi possível aceitar. A minha primeira exibição foi na televisão. (...) A estreia aconteceu precisamente às 11h. Cantei "Escuta". Às 19h cantei ao ar livre para uma plateia de cerca de 150 mil pessoas. Naquela oportunidade, então, cantei "Terra seca" [Ary Barroso], que logo aprenderam e fizeram coro na parte que diz: "Trabalha, trabalha nêgo."

Em 1958, Angela fez uma temporada de vinte dias em Buenos Aires, onde, como observou a *Revista do Rádio* (nº 430, de 7 de dezembro de 1957), alcançou "sucesso sem precedentes". Não era sua primeira viagem àquele país, mas essa lhe garantiu, em especial, grande prestígio. Angela atuou na boate Kings. Nas noites de quarta-feira e domingo, ela cantava na Rádio El Mundo e às quintas-feiras se apresentava na TV Belgrano. Ficou conhecida como "a mais elegante artista brasileira". Angela Maria não se fez de rogada: para assombro dos colunistas sociais portenhos, a cada noite usava um vestido diferente. Chiquérrima.

Em Buenos Aires, Angela foi apresentada a Louis Armstrong, que fazia uma turnê pela América do Sul. Armstrong, o cantor de jazz mais influente do século XX, ouviu Angela cantar – e, ao que tudo indica, gostou. Tanto que, uma noite, foi até onde a cantora estava a fim de conhecê-la de perto. Diante de jornalistas e curiosos, Satchmo não regateou agrados e elogios à cantora. Por fim, desinibido, segurou o queixo de Angela e, sob uma cascata de *flashes*, sapecou-lhe alguns beijos nas bochechas. De volta ao Brasil, Angela distribuiu cópias da foto – afinal, um elogio de Armstrong valia mais que qualquer prêmio de Rainha do Rádio. Tal fotografia foi publicada, com o destaque merecido, na *Revista do Rádio*.

• • •

Ainda em 1958, Angela gravaria, ao lado da orquestra de Waldir Calmon, o mambo cubano "Babalu", entidade vodu, equivalente no candomblé ao orixá Obaluaiê, o Mestre das Almas (Obaluaiê está ligado ao elemento terra, sendo detentor de seus segredos. Tem, também, ligação com as árvores e com os espíritos que as habitam). A voz quente e de belo alcance da cantora, que incorporou à sua interpretação floreios à Yma Sumac e Dalva de Oliveira, transformou a música numa espécie de marca registrada do seu repertório.

Foi Waldir Calmon quem sugeriu que eu gravasse "Babalu". Ele tocava esse mambo na boate Arpège e o pessoal gostava. Eu disse a ele que conhecia a música, mas não sabia a letra.

Quando ele a conseguiu, fomos ensaiar. Aí inventei aqueles floreios vocais por cima da música e ele achou ótimo. A cada ensaio, eu fazia melhor. O técnico ficou tão entusiasmado que gravou o ensaio e depois disse: "Melhor do que isso duvido que fique." E foi o que ficou para sempre no disco.

Noutra ocasião, rindo muito, Angela destacou:

Acho que já cantei "Babalu" 2 milhões de vezes. O público pede muito. Para não enjoar vou mudando os arranjos e a interpretação. O mambo ganhou tantas versões ao longo de quase meio século de existência que virou até hino de discoteca gay. Eles me adoram. Minha relação com o público gay é muito boa.

Outra marca do repertório de Angela Maria foi a valsa "Mamãe", de Herivelto Martins e David Nasser, que durante anos produziu hectolitros de lágrimas nos lares brasileiros, e não apenas no Dia das Mães. Não havia mãe que não abrisse o berreiro diante daquela letra repleta de "aventais sujos de ovo", de "rainhas do lar", de "ela vale mais para mim que o céu, que a terra, que o mar". Hoje, o Dia das Mães é uma mera efeméride comercial – e não se ouve mais a cantoria de Angela Maria.

fatos & histórias **Curiosidades DAS DIVAS**

Fato inédito na carreira das cantoras brasileiras ocorreu às vésperas do Dia das Mães de 1956, quando à entrada da Casa Garson, na rua Uruguaiana, no Rio de Janeiro, formaram-se filas para comprar o disco *Mamãe*. Um baita sucesso.

Foi mais ou menos por essa época que jornalistas e parte da mídia, indo contra a popularidade de Angela, decidiram questionar a qualidade do seu repertório. Ora, qualquer discussão em torno de dicotomias como bom ou mau, bonito ou feio, chique ou cafona resvala inevitavelmente para a subjetividade – donde não tem como ser resolvida. Diziam nossos antepassados: gosto não se discute. É uma questão pessoal, de foro íntimo, que pode estar revelando, inclusive, um sentimento de inspiração elitista. Na verdade, sob variados critérios, é possível citar inúmeras músicas, de diversos gêneros, de boa ou má qualidade, cantadas por bons ou maus cantores – e é melhor parar por aqui, pois o uso de tantos adjetivos funciona muitas vezes como uma armadilha que atinge, em primeiro lugar, aqueles que os usam. A história ensina que os julgamentos de qualidade são relativos e que, principalmente, podem sofrer mudanças essenciais: o que era tido como cafona ganha, não raras vezes, o status de chique. Prova disso são as músicas caipiras ou sertanejas que eram, no passado, execradas pela crítica, mas que acabaram por se impor.

Bem verdade que nem todas as músicas que Angela Maria gravou no passado, vistas em retrospecto, são do agrado da própria cantora. Alguns discos Angela reconhece que não os gravaria hoje, não apenas devido à qualidade das músicas e das letras, mas por causa de um conjunto de fatores, como falta de produção, arranjos duvidosos e capas pouco inspiradas. Afinal, disco é uma mercadoria, um produto, que exige embalagem, distribuição, além de seleção de repertório, bons arranjos e interpretação. Nem todos os discos, como se sabe, preenchem esses requisitos.

De qualquer forma, as críticas genéricas ao repertório de Angela Maria – e também ao seu "jeito" de cantar – foram, em certa época, implacáveis, como a que foi publicada, em 1957, pela revista literária *Leitura*, dirigida por Barboza Mello:

> *É inacreditável o mau gosto que domina o repertório de Angela Maria. Uma cantora que, com os dotes vocais e com o apoio popular de que dispõe, já tem uma estabilidade que lhe permita uma seleção mais apurada e menos grosseira. Francamente, dá pena ouvir Angela Maria estragando sua bela voz em tangos e boleros inexpressivos.*

De tanto ouvir que era uma cantora brega, Angela, certa vez, não se conteve: "Está bem, eu sou brega. Não canto pra bacana. Bacana não compra disco."

Angela Maria foi uma das três primeiras cantoras – as outras foram Nora Ney e Silvinha Teles – a gravar Tom Jobim, em 1956. A música chamava-se "E a chuva caiu", toada composta em parceria com Luis Bonfá.

Angela Maria sempre declarou ter um sonho: casar, ser feliz e ter filhos – "muitos, quantos Deus quiser!" Contudo, sua vida foi marcada por uma sucessão de namoros, noivados e casamentos malsucedidos – inclusive, mas não exclusivamente, porque nenhum deles lhe deu os desejados filhos. Acusou seus dois primeiros maridos de aproveitadores que só queriam desfrutar do seu dinheiro. Em 1956, por exemplo, Angela Maria descobriu que seu noivo, Milton Ferreira de Carvalho, com quem estava de casamento marcado, tinha um caso com a vedete Nélia Paula. A *Revista do Rádio*, claro, noticiou o fato – e a matéria tinha o seguinte clichê: "Complicou-se o noivado!"

Em 1957, falou-se que Angela Maria estava noiva de quem? De Cauby Peixoto! O possível casamento entre os dois astros foi propagado pela *Revista do Rádio* (nº 422, de 12 de outubro de 1957).

> *A hipótese do casamento tomou forma entre os fãs daqueles artistas, suscitando inúmeros telefonemas, cartas e telegramas, que chegaram incessantemente à nossa redação. Todos queriam saber se aconteceria mesmo o casamento, quando, em que local, se afinal o noivado fora concretizado – e houve até quem perguntasse se Angela e Cauby já haviam escolhido o lugar para a "lua de mel"! Tanto a cantora quanto o Cauby, ambos acharam deliciosa a manifestação dos fãs. (...) Bons amigos, solteiros, sem outros compromissos sentimentais, por que não pensar que eles possam, afinal, pensar em amor? Angela e Cauby sorriem a esse respeito, reafirmando somente uma velha amizade. Que não é para casamento.*

A respeito disso, Angela observou que, no meio musical, "amigo mesmo era o Cauby Peixoto. Frequentei a casa dele e ele a minha. Sempre foi um *gentleman*, pessoa maravilhosa. E a voz dele é a única no Brasil que casa com a minha. A gente se entende espiritualmente, no olhar. Os outros cantores eram colegas. A gente se via no rádio, na televisão".

Em 1958, finalmente, Angela realizou o grande sonho: o felizardo chamava-se Rodolfo Valentino Aleksitch, nascido no Egito. Misto de empresário e playboy, Rodolfo Valentino – até para honrar o nome – era um sujeito bonitão, alto, galante. Namorado, noivo e marido de Angela Maria, Rodolfo Valentino vivia nas páginas de *Radiolândia*, *Revista do Rádio*, *Manchete* e *O Cruzeiro*, sempre esbanjando simpatia e charme.

A *Revista do Rádio* (nº 464, de 2 de agosto de 1958) informou que o casamento de Angela com Rodolfo Valentino não ocorreu, como se pensava, em Montevidéu, mas em Nova Iguaçu. Foi, segundo o noivo, uma cerimônia discreta, com poucos convidados. Rodolfo explicou que tanto ele quanto Angela não desejavam transformar o casamento numa grande festa. E acrescentou que se casara com a moça Abelim, não com a artista Angela Maria, que pretendia ter filhos, muitos filhos, e que não gostava de publicidade. Tempos depois, a cantora veio a perceber que Rodolfo Valentino era um estorvo na sua vida. Ele, como outros espertalhões, solapou as finanças da cantora, levando-a a uma situação extremamente difícil.

Na década de 1980, Angela voltou às manchetes por ter se casado com um homem trinta anos mais novo que ela.

> *Sofri muito preconceito. Não admitiam que eu fosse mais velha que o Daniel. Isso é machismo. Sempre houve. Não admitiam, como se no amor existisse isso, mas o contrário pode... Eles apostaram. Minha raiva é essa. Batendo papo, beijando no rosto e apostando por trás que ia acabar nossa união pela idade dele e quebraram a cara. Um dava um mês. Agora, estamos juntos há 22 anos.*

Daniel D'Angelo não só estabilizou a vida financeira da cantora como deu a ela a tranquilidade que desejava. Com isso, Angela, cuja voz perdeu, com a idade, a altura, pôde planejar discos mais bem-acabados, com canções de compositores mais modernos, como Djavan, Gonzaguinha, Lulu Santos, Eduardo Gudin e Cazuza.

• • •

Angela Maria, a Sapoti, mora hoje em São Paulo. Depois de uma carreira longa, em que viveu momentos de glória e de tristeza, de alegria e de dor, o balanço lhe é altamente favorável – será sempre um nome na história da música popular brasileira. Claro, há quem não goste do seu repertório, mas esses se esquecem de que Angela Maria gravou grandes nomes como Ary Barroso, Vinicius de Moraes, Tom Jobim, Johnny Alf, Dorival Caymmi, Lupicínio Rodrigues, Herivelto Martins, Chico Buarque, Edu Lobo, Cazuza, Marcos Valle e Caetano Veloso. Em 1996, regravou seus velhos sucessos, cantando com gente do quilate de Chico Buarque, Maria Bethânia, Caetano Veloso, Ney Matogrosso, Milton Nascimento, Nana Caymmi, Lulu Santos, Djavan, entre outros.

No início de sua carreira, Gilberto Martins, diretor artístico da Rádio Mayrink Veiga, pediu-lhe um repertório. Angela fez mais que isso. Construiu, na verdade, um conjunto de sucessos que, ainda hoje, seus admiradores e fãs não se cansam de lembrar e de cantar.

Se não é a melhor, Angela Maria certamente está entre as cinco maiores cantoras do Brasil.

Discografia selecionada

78 rpm

1951. "Sou feliz" (Augusto Mesquita/Ari Monteiro), "Quando alguém vai embora" (Cyro Monteiro/Dias da Cruz) – RCA Victor

1951. "Meu destino é sofrer" (Luiz Soberano/Antônio Bichara), "Renunciei" (Luiz de França/Cícero Nunes) – RCA Victor

1952. "Desejo" (Othon Russo/Paulo Marques), "Recusa" (Herivelto Martins) – RCA Victor

1953. "Nem eu" (Dorival Caymmi), "Só vives pra lua" (Othon Russo/Ricardo Galeno) – RCA Victor

1953. "É ilusão" (Bizet – Arranjo de Renato César/Letra de Othon Russo), "Orgulho" (Waldir Rocha/Nelson Wedeking) – Copacabana

1953. "Rua sem sol" (Mário Lago/Henrique Gandelman), "Vida de bailarina" (Américo Seixas/Chocolate) – Copacabana

1954. "Recusa" (Herivelto Martins), "Estava escrito" (Lourival Faissal) – Copacabana

1954. "Ave Maria" (Congresso Eucarístico de 1954), "Panis Angelicus" (César Frank – Congresso Eucarístico de 1954) – Copacabana

1955. "Escuta" (Ivon Cury), "Talvez seja você" (Paulo César/Gilberto Panicalli) – Copacabana

1956. "Só melancolia" (Pedro Rogério/Lombardi Filho), "Amor, coisa estranha" (Baby/Amaury Medeiros) – Copacabana

1956. "Serenata à Virgem Maria" (David Nasser/Herivelto Martins), com João Dias, "Papai Noel esqueceu" (David Nasser/Herivelto Martins), com João Dias – Copacabana

1956. "Mamãe" (David Nasser/Herivelto Martins), com João Dias, "Não te esqueças" (Herivelto Martins/David Nasser), com João Dias – Copacabana

1957. "Deus te abençoe, papai" (Herivelto Martins/David Nasser), "É quase certo" (Herivelto Martins/David Nasser) – Copacabana

1957. "Babalu" (Margarita Lecuona), "O samba e o tango" (Amado Régis) – Copacabana

1958. "Voltei" (Irany de Oliveira/Getúlio Macedo), "Apaixonada" (Lourival Faissal) – Copacabana

1958. "João Valentão" (Dorival Caymmi), "Linda flor (Ai Ioiô)" (Henrique Vogeler/Luiz Peixoto/Marques Porto) – Copacabana

1958. "Balada triste" (Dalton Vogeler/Esdras Silva), "Doutor batucada" (Jaime Florence/Augusto Mesquita/Manoel da Conceição) – Copacabana

1958. "Mamãe" (Herivelto Martins/David Nasser), "Francisco Alves" (Herivelto Martins/David Nasser) – Copacabana

1959. "Prece à chuva" (Carlos/Marina Schmidt), "Quem me dera ser a voz do vento" (Fernando César/Nívea Borges) – Copacabana

1959. "La violetera" (José Padilha/Eduardo Montesinos), "Cielito lindo" (D.P.) – Copacabana

1960. "Ave Maria" (Schubert), com Canarinhos de Petrópolis, "Ave Maria" (Gounod), com Canarinhos de Petrópolis – Copacabana

1961. "Não vou chorar" (Milton Legey/Edu Rocha/Paulo Menezes), "A lua é dos namorados" (Armando Cavalcanti/Klécius Caldas) – Continental

1961. "É sempre a mamãe" (Irany de Oliveira), "Mãezinha" (Paulo Menezes) – Continental

1962. "Em noite de luar" (Ary Barroso/Vinicius de Moraes), "Serenata do assobiador" (Martin Bottcher/Miguel Gustavo) – RCA Victor

1962. "Eu não disse" (Adelino Moreira), "Beijo roubado" (Adelino Moreira) – RCA Victor

1962. "A lua é camarada" (Armando Cavalcante/Klécius Caldas), "Aprendiz de feiticeiro" (Haroldo Lobo/Milton de Oliveira) – RCA Victor

1963. "Maria das ruas" (Klécius Caldas/Armando Cavalcanti), "O bilhete" (Jair Amorim/Evaldo Gouveia) – RCA Victor

LP/Compacto/CD

1957. *Quando os maestros se encontram com Angela Maria* ("Dora"/"Aos pés da cruz"/"Adeus"/"Saia do meu caminho"/"Carinhoso"/"Promessa"/"Caminhemos"/"Canta Brasil") – Copacabana

1958. *Quando os astros se encontram* ("Na Baixa do Sapateiro"/"Vamos, Maria, vamos"/"Brigas de amor"/"Flores negras"/"Baião diferente"/"La leyenda del base"/"Pra fazer nosso samba"/"Risque"/"Havana som"/"O samba e o tango"/"Travesso"/"Babalu") – Copacabana

1970. *Angela de todos os temas* ("Gente humilde"/"A nave dos arrependidos"/"Último desejo"/"Um tipo especial de amor"/"Outra noite"/"Viola enluarada"/"Noite de temporal"/"Pra dizer adeus"/"Tardes de Lindoia"/"Depois do adeus"/"Estou procurando"/"Os argonautas") – Copacabana

1971. *Angela* ("Meu tolo coração"/"Velha amiga"/"É sempre assim"/"Esse amigo Pelé"/"Eu não esqueci"/"Usei você"/"Em cada verso, em cada samba"/"Valsinha"/"O preço do amor"/"Violão de pobre"/"Feitio de oração"/"Lundu do terreiro de fogo") – Copacabana

1971. *Angela Maria* ("Balada triste"/"Vida de bailarina"/"Recusa"/"Esmagando rosas"/"Lábios de mel"/"Anjinhos negros"/"Babalu"/"Abandono"/"Duas contas"/"Noite chuvosa"/"Pensando em ti"/"Atiraste uma pedra") – Copacabana

1975. *Angela* ("Tango para Tereza"/"Pequeno concerto para um grande amor"/"A qualquer jura"/"Velho palhaço"/"Pra que ficar"/"Ciúme"/"A noite da despedida"/"De que adianta"/"Depois do amor"/"Marina") – Copacabana

1975. *Seleção de sucessos, Angela Maria nº 2* ("João Valentão"/"Conversa da madrugada"/"Ave Maria do morro"/"Flor de Madri"/"Cielito lindo"/"Esquina da vida"/"Ironia"/"Esmagando rosa"/"Fel"/"Pretexto"/"Noite chuvosa"/"Mentindo" /"La violetera"/"Apaixonada"/"Amendoim torradinho"/"Tédio") – Copacabana

1981. *Seleção de ouro* ("Tango para Tereza"/"Canto paraguaio"/ "A noite de despedida"/"Foi Deus"/"Ai, Mouraria"/"Cinderela"/"Vá, mas volte"/"Depois do amor"/"Gente humilde"/ "Moça bonita"/"Preciso me convencer que lhe perdi"/"Falhaste coração") – Copacabana

1984. *Os grandes sucessos de Angela Maria* ("Vida de bailarina"/ "Nunca, jamais"/"Escuta"/"Moça bonita"/"Lábios de mel"/ "Atiraste uma pedra"/"Abandono"/"Babalu"/"Fumando espero"/"Orgulho"/"Cinderela"/"Gente humilde"/"Fósforo queimado"/"Esquina da vida") – Copacabana

2003. *Angela Maria: Disco de Ouro* ("Sozinho"/"Olha"/"Dores de amores"/"Por causa de você"/"Não me perguntes mais"/"Resposta"/"Como uma onda"/"Eu e a brisa"/"Oceano"/"As rosas não falam"/"Prece"/"Faz parte do meu show"/"Paulista"/"O que é, o que é") – MCD World Music

Filme

Com o diabo no corpo (1952). Flama/Unida. Direção de Mário Del Rio. Com Luís Delfino, Patrícia Lacerda, Alice Miranda, Angela Maria.

Carnaval em Marte (1955). Unida. Direção de Watson Macedo. Com Anselmo Duarte, Ilka Soares, Violeta Ferraz, Armando Couto, Angela Maria.

Rio, Zona Norte (1957). Lívio Bruni. Direção de Nelson Pereira dos Santos. Com Jece Valadão, Paulo Goulart, Grande Otelo. Angela Maria canta o samba "Malvadeza Durão", de Zé Kéti.

Rio Fantasia (1957). Watson Macedo. Direção de Watson Macedo. Com Eliana, John Herbert, Renato Murce, Catalano, Trio

Irakitan. Angela Maria canta o tango "Mentindo", de Eduardo Patané e Lourival Faissal.

Dorinha no soçaite (1959). Dorea/Vietri. Direção de Geraldo Vietri. Com Vera Nunes, Fábio Cardoso, Maria Vidal, Angela Maria.

Quem roubou meu samba? (1959). Cinedistri/Unida. Direção de José Carlos Burle. Com Ankito, Maria Vidal, Aurélio Teixeira, Nancy Wanderley, Catalano, Angela Maria.

CAPÍTULO 6

EMILINHA BORBA

Pequeno almanaque da minha, da sua, da nossa favorita!
Emilinha Borrrrrrrrrba!
César de Alencar

Emília Savana da Silva Borba nasceu em 31 de agosto de 1923, à rua Visconde de Niterói, Vila Savana, bairro da Mangueira. Faleceu em 3 de outubro de 2005, após se sentir mal durante o almoço. Era filha de Eugênio Jordão Borba e Edith da Silva Borba. Tinha cinco irmãos, um dos quais, José, era seu irmão gêmeo. Desde criança a vocação se manifestou: gostava de cantar, dançar e imitar as grandes cantoras, principalmente Carmen Miranda. Foi casada com Artur Sousa Costa Filho, com quem teve um só filho: Artur Emílio.

Emilinha Borba foi um dos mais expressivos exemplos de liderança popular: ainda hoje fãs e admiradores da cantora suspiram ao ouvir os seus velhos discos e abrem o berreiro quando falam da sua morte. Choram a tristeza de tê-la perdido. "Não é fácil imaginar que ela se foi para sempre", lamentou um fã, olhos cheios d'água. Ninguém definiu melhor a cantora que o escritor Roberto Drummond: "Emilinha Borba talvez tenha sido um dos poucos momentos em que a felicidade bateu à porta do Brasil."

Emilinha era, na verdade, um fenômeno, tanto do ponto de vista social como cultural e político. Ela atraía multidões aos seus espetáculos, enchia o auditório da Rádio Nacional, estimulou o aparecimento de fãs-clubes nos mais variados rincões do país, ditou normas, foi uma estrela. Teve uma carreira, por assim dizer, impecável: jamais apelou para o escândalo, nunca aprontou um barraco, não se conta na sua biografia casos de namoros, namoricos e quejandos. Pelo que se sabe, jamais tentou o suicídio, usou drogas ou bebeu além das doses socialmente aceitas. Um exemplo de mãe, esposa e filha. (Há quem diga que Emilinha, então com 21 anos, teria namorado Orson Welles durante a badalada e etílica passagem do cineasta pelas terras brasileiras. Verdade ou mentira, tal fato foi inteiramente apagado da biografia da cantora.)

Emilinha era, talvez, uma das cantoras mais protocolares do rádio brasileiro. Cumpria como poucas os seus compromissos e fazia o estilo vagamente "família" da Nacional. Até para os padrões da época, Emilinha vestia-se de forma "careta". Nunca se permitiu decotes ousados, jamais pôs as pernas de fora, seu estilo de cantar era discreto. Pintava-se de maneira sóbria, embora borrasse de batom os lábios grossos. Seus cabelos estavam sempre penteados. Era bonita, e explorou a beleza sem apelar para artifícios. (No fim da vida, fez algumas reparações cirúrgicas, que alteraram suas feições.) As fãs – as "macacas de auditório" – adoravam Emilinha como ela era.

Qual o segredo de tudo isso? Carisma? Acaso? Propaganda? Talento? Formosura? Tudo isso junto? Emilinha era, segundo o maestro Radamés Gnatalli, uma das mais afinadas cantoras da época de ouro do rádio brasileiro,

Curiosidades DAS DIVAS

fatos & histórias

***Revista do Rádio*, nº 336 (18 de fevereiro de 1956)**

Mais de um milhão!

Segundo informações oficiais da própria Rádio Nacional, essa emissora recebeu durante o ano de 1955 o total de 1.240.360 cartas, vindas não só do Brasil como do exterior. E, ainda segundo os dados fornecidos pela Nacional, os artistas que mais cartas receberam em 1955 foram os seguintes:

Emilinha Borba	20.445
Marlene	17.709
Angela Maria	9.273
Francisco Carlos	8.043
Ivon Curi	6.067
Jorge Goulart	3.355

mas é implausível se pensar que era isso – só isso – que atraía sua legião de fãs. O certo é que havia entre Emilinha e os fãs uma identidade que transgredia a racionalidade, pois se baseava, sobretudo, em carinho e simpatia recíprocos. A rigor, o amor mútuo entre Emilinha e os fãs era algo mítico – e como tal não se explica. Como bem assinalou Ary Barroso, "se o Brasil prefere Emilinha, pra que discutir?".

Verdade. Emilinha era um mito – e mito é, sempre, um fenômeno pouco nítido, difuso, de difícil definição e compreensão. O seu significado, o que procura dizer, não se evidencia nem se explica claramente.

Emilinha não se limitou apenas a gravar, fazer shows e filmes. Ela mantinha duas colunas na *Revista do Rádio*. Numa, intitulada "Diário de Emilinha", ela conversava com as fãs, contava fatos da sua vida, informava sobre o seu dia a dia. Noutra, respondia a cartas, dava conselhos e atendia às dúvidas e curiosidades das admiradoras. Emilinha mantinha, portanto, uma íntima relação com suas fãs, nos espetáculos e por meio das páginas da principal revista especializada em rádio do país.

fatos & histórias **Curiosidades DAS DIVAS**

***Revista do Rádio*, nº 434 (4 de janeiro de 1958)**

Diário de Emilinha

Entre as novidades que tenho para vocês, queridas fãs, uma é realmente interessante: estou aprendendo a fazer doces. Na semana passada fiz o meu primeiro estudo prático, isto é, aprontei a primeira receita. Fiz uma compota de ameixas em calda. Depois de pronta eu não gostei, mas a Teresa e o Artur Emílio esvaziaram a compoteira. Não ficou muito boa porque o açúcar pegou um pouco no fogo. Mas não há de ser nada. Espero dentro em breve estar "can-can" no assunto e até mesmo – quem sabe? – dando receitas aqui pelo meu Diário. Que tal a ideia?

A força do mito era tanta que, em 1958, o jornal *Última Hora* disse tudo: "Deus também é fã de Emilinha." Exagero? As fãs diriam que não. E aplaudiriam Deus por isso.

• • •

Emilinha Borba era, provavelmente, a cantora mais eclética do Brasil. Cantou samba, baião, marcha, frevo, bolero, rumba, fox, toada, choro, guarânia, sempre com a mesma competência. Gravou 117 discos 78 rpm, 89 LPs e 71 compactos (simples e duplos). Participou de diversos filmes como atriz e cantora. Uma senhora obra.

Mais que isso: uma senhora obra coroada de grandes e inesquecíveis sucessos. Querem ver? Pois cantem comigo "Paraíba", de Humberto Teixeira e Luiz Gonzaga:

Quando a lama virou pedra
E mandacaru secou
Quando a ribação de sede
Bateu asa e voou
Foi aí que eu vim-me embora
Carregando a minha dor
Hoje eu mando um abraço
Pra ti pequenina
Paraíba masculina
Muié macho, sim senhor

Outro sucesso de Emilinha foi o inesquecível bolero "Dez anos", de Rafael Hernandez, que ganhou versão de Lourival Faissal.

E o que dizer da rumba "Escandalosa", de Moacyr Silva e Djalma Ferreira, que o Brasil inteiro não se cansou de cantar e dançar, e da romântica e belíssima "Primavera no Rio", de João de Barro, que ela gravou em 1958?

Isso sem falar do "Baião de dois" (Humberto Teixeira e Luiz Gonzaga), da toada junina "Capelinha de melão" (Alberto Ribeiro e João de Barro), do samba-canção "Se queres saber" (Peterpan), do "Cachito" (Consuelo Velásquez e Álvaro Carrilo) e da enxurrada de marchinhas carnavalescas que ainda hoje estão na nossa memória: "Tomara que chova" (Paquito e Romeu Gentil), "Vai com jeito" (João de Barro), "Marcha do remador" (Antonio Almeida e Oldemar Magalhães), "Mulata iê-iê-iê" (João Roberto Kelly). Alguém vai me dizer que não se lembra da "Chiquita bacana" (Alberto Ribeiro e João de Barro)?

Chiquita bacana lá da Martinica
Se veste com uma casca de banana nanica

Poucas foram as cantoras no Brasil que tiveram tantas músicas no pódio do sucesso e na recordação do público. São sucessos em todos os gêneros e cantados por adultos, velhos e crianças.

• • •

Emilinha sabia lidar com o sentimento de suas fãs. Prova disso são as respostas que dava às milhares de cartas que recebia das admiradoras. A cantora sempre demonstrava extrema habilidade nas respostas, evitando qualquer comentário que pudesse produzir arestas e tensões com fãs e colegas.

Procurava sempre dar a ideia de que, em paralelo à sua vida de artista, ela era uma dona de casa como qualquer outra, que cuidava do filho, que ia às compras e à feira, ao cinema com o marido. As fãs sentiam-se identificadas com a sua rainha – e esta alimentava tal sentimento. Às vezes, um fã fazia uma pergunta sobre a rival Marlene, mas Emilinha saía sempre pela tangente e fazia questão de dizer que as duas eram amigas, que se gostavam e se respeitavam. (A dúvida, enfim, era a seguinte: o que era falso, a rivalidade ou a troca de salamaleques entre Emilinha e Marlene?)

Abaixo, alguns exemplos da correspondência recebida e respondida por Emilinha Borba.

Revista do Rádio, nº 466 (10 de agosto de 1958)
Ilza de Andrade (Rio de Janeiro, DF) – "Quem deveria ganhar o título de ídolo da juventude?" *Isso é uma questão que somente o coração das fãs pode responder. O ídolo*

nada mais é do que uma figura amada e cada um ama a quem quiser.

Elvira Barcelos (São Paulo, SP) – "Verdade que até em casa andas maquiada?" *Não. Em casa ando bem à vontade.*

Neusa Alsutsu (Rio de Janeiro, DF) – "Você tem vontade de conhecer o meu país: Japão?" *Pelo que tenho lido e visto no cinema é uma terra encantadora. Tenho vontade, sim.*

Gertrudes de Souza (Belo Horizonte, MG) – "Aceitarias um convite para cantar nesta cidade?" *Em Belo Horizonte? Como não? Adoro a capital mineira.*

Iracema Barreto (Rio de Janeiro, DF) – "Por que você não mostra as pernas?" *Acho que não ficaria bem tirar fotos de maiô. É um ponto de vista.*

Rivanilda Lima (Rio de Janeiro, DF) – "O Artur Emílio está muito levado?" *Um pouquinho. Como toda criança de sua idade, pula, brinca e põe fogo em tudo. Mas isso é sinal de saúde, felizmente.*

Regina Lúcia (Rio de Janeiro, DF) – "Qual é o segredo da sua simpatia?" *Não há, propriamente, segredo: procuro fazer por onde ser cordial e atenciosa.*

Maria Nazaré (Niterói, RJ) – "Por que você é tão amável com as fãs?" *Você acha que não deveria ser? Elas são uns amores e por isso merecem de mim essa atenção.*

Revista do Rádio, nº 464 (2 de agosto de 1958)

Fã Clube do Centro (Rio de Janeiro, DF) – "Que tal os versinhos que fizemos para você?" *Vocês são as maiores! Os versos estão uma coisa louca, principalmente aquela parte que começa assim: "Emilinha é a artista..." Muito obrigada, do fundo do coração.*

Sebastião Ciavarrete (São Paulo, SP) – "De quem gostas mais: paulistas ou cariocas?" – *Em se tratando de fãs, todos até hoje me têm tratado com respeito e carinho.*

Célia Maria (Barbacena, MG) – "Você já foi à casa de Marlene?" *Não temos muito tempo para visitas, mas isso não impede que duas amigas se encontrem de vez em quando.*

Revista do Rádio, nº 461 (12 de julho de 1958)
Marlene Santos (Rio de Janeiro, DF) – "Minha xará não é a maior?" *De fato. Marlene é toda graça e simpatia.*
Dinah Borba (São Paulo, SP) – "Meu sobrenome é esse mesmo. Será que somos parentes?" *Quem sabe? Se for, ficarei muito contente.*

Revista do Rádio, nº 456 (7 de junho de 1958)
Maria Cardoso (Marília, SP) – "Seria possível ganhar um fio de seu cabelo?" *Quando for ao cabeleireiro mandarei uma mecha para você.*
Emília Santos (Cachoeiro do Itapemirim, ES) – "Como se sente sendo a primeira colocada em os 'Dez mais queridos'?" *Bastante feliz. Isso prova, mais uma vez, que minhas queridas fãs são mesmo as maiores.*
Leonilda Piassetta (Curitiba, PR) – "Acha que a Marlene poderá ser uma segunda Carmen Miranda?" *Não creio. Marlene tem sua personalidade própria e não imitaria outra cantora.*
José Francisco (Porto Novo, MG) – "Por que você não gosta dos fãs homens? Não fala neles." *A maioria de meus fãs é constituída de moças e são elas justamente que se mantêm em maior contato comigo; daí você ter observado que me dirijo mais a elas. Mas isso não quer dizer que não gosto dos meus fãs do sexo masculino.*
Déa Moreira (Porto Alegre, RS) – "Quando virá aqui? Todas estamos saudosas de você." *Chi, é mesmo. Preciso arranjar urgente um tempinho para ir até aí. Um abração para vocês.*

• • •

A leitura das cartas e, sobretudo, das respostas de Emilinha permitem traçar um perfil do pensamento da cantora? É evidente que sim. E o primeiro ponto que se destaca é que Emilinha era uma pessoa conservadora. Tirando alguns temas, como aborto, virgindade e uso de drogas, que eram tabu e, por isso mesmo, passavam ao largo das cartas enviadas à cantora, muitas das ideias que defendia (e expressava) deixavam claro o seu conservadorismo. Quando, por exemplo, foi indagada sobre o que pensava sobre o divórcio, ainda inexistente no Brasil, Emilinha marcou posição: "Sou da opinião que tudo aquilo que Deus uniu ninguém pode separar." Ou seja: expressando um sentimento que, na época, era dominante e conservador, Emilinha assumia ser contrária ao divórcio. Para ela o casamento era uma instituição abençoada por Deus, logo indissolúvel.

É preciso não esquecer uma coisa: estávamos nos anos 1950, época em que o maiô de duas peças era visto com desconfiança e o código de censura da TV e do cinema vedava palavrão e beijos "calientes". (Não se proibia o beijo, desde que curto e, principalmente, de boca fechada!) Na Rádio Nacional, por exemplo, a palavra "amante", em quaisquer de suas acepções, era terminantemente proibida. Uma atriz da TV Tupi foi suspensa por trinta dias porque disse, no ar, a palavra "merda", o que obrigou um diretor da emissora a pedir, diante das câmeras, desculpas "ao distinto público".

Emilinha era conservadora, mas a época – e a legião de fãs – também era. Emilinha, enfim, estava inserida no contexto conservador e algo ingênuo dos anos dourados. Uma coisa, porém, não pode ser negada: a zona norte do Rio de Janeiro, origem de grande parte das "macacas" da cantora, era tão conservadora quanto a pequena burguesia e a baixa classe média da zona sul, que, na época, professavam o lacerdismo udenista, cujo conteúdo ideológico era, de um lado, o anticomunismo e, de outro, o moralismo mais intransigente.

O conservadorismo de Emilinha Borba unia e servia de referência ao seu público. Ou seja: o conservadorismo explícito de Emilinha, somado ao seu talento e simpatia, criava uma relação direta e empática da cantora com o seu público. Não se pode esquecer que Emilinha nasceu na Mangueira e viveu em Jacarepaguá, bairros da zona norte do Rio de Janeiro. A intenção era transmitir a ideia de que a cantora e seus admiradores falavam a mesma língua – ou seja, eram iguais.

fatos & histórias **Curiosidades DAS DIVAS**

Encarte do disco *Ídolos da MPB – Emilinha Borba*

Simpática, nada sofisticada, de boa aparência e trazendo na experiência da luta sofrida pela vida uma prática natural de contato com a gente simples, Emilinha Borba iria gradativamente substituindo suas concorrentes no gosto do grande público, primeiramente no Rio de Janeiro e depois pelo país afora.

Durante anos, a *Revista do Rádio* publicou o chamado "Diário da Emilinha", que, segundo Rodrigo Faour, tinha fundo de verdade: a cantora passava as informações reais, com alguns toques de Cinderela, para o Borelli Filho, que o redigia. O "Diário" descrevia a rotina semanal de Emilinha – e trazia suas fãs para dentro da sua casa, da sua intimidade, da sua convivência com o marido, o filho e a secretária. Nada, porém, de informações que ferissem a intimidade da cantora.

O marido de Emilinha, Artur Sousa Costa Filho, era fissurado em corrida automobilística, e chegou a participar e vencer algumas vezes. Seu pai tinha sido ministro da Fazenda de Getúlio Vargas por 11 anos, de 1934 a 1945.

Por ocasião do casamento da cantora, em 31 de agosto de 1957, a *Revista do Rádio* vendeu o equivalente a duas edições. A notícia do casamento, que, segundo Emilinha, ela e o marido queriam manter em segredo, foi dada – para todo o Brasil – pelo *Repórter Esso*. De qualquer forma, o sigilo do casamento não chegou a ser quebrado, pois a única publicação presente foi a *Revista do Rádio*, e o público, além dos poucos convidados e parentes, limitou-se aos moradores de Campos Elíseos, um lugarejo perto de Caxias, na Baixada Fluminense, onde se realizou a cerimônia.

Curiosidades DAS DIVAS *fatos & histórias*

***Revista do Rádio*, nº 476 (1º de novembro de 1958)**

O casamento prejudica a carreira artística?

Resposta de Emilinha Borba:
"A minha, pelo menos, não prejudicou. Pelo contrário: consolidou-a, uma vez que aumentou a minha felicidade, dando-me assim mais estímulo e alegria para enfrentar os compromissos que tenho."

A vida conjugal de Emilinha, ao contrário do que ocorria com outras cantoras, jamais foi tema de escândalo – e olha que naquele tempo havia uma revista chamada *Escândalo* que se dedicava exclusivamente a escarafunchar (e inventar) podres na vida dos astros e estrelas. Emilinha, a julgar pelas inúmeras páginas do seu "Diário", vivia em paz com o marido e o filho. Os três formavam uma família pacata, tipo classe média, daquelas que o marido chega do trabalho com o jornal e o pão debaixo do braço e, durante o jantar, pergunta à patroa: "Como foi seu dia, bem?" Emilinha e o marido viveram juntos por 23 anos. Artur de Souza Costa Filho faleceu em 1980.

Curiosidades DAS DIVAS *fatos & histórias*

***Revista do Rádio*, nº 468 (30 de agosto de 1958)**

Diário de Emilinha Borba

Segunda-feira – Esta semana que se inicia hoje traz para mim o começo de muitas emoções. Já pela manhã começo a receber telefonemas das fãs, que, tentando dissimular, vão me perguntando o que eu mais gostaria de ganhar de presente no meu aniversário. Finjo que não sei que são elas, essas minhas grandes amigas, preparando o que pode haver de melhor para mim. Também o Artur Emílio, na sua doce ingenuidade, sonda-me disfarçadamente tentando adivinhar o que eu mais gostaria de ganhar. Estou felicíssima.

Terça-feira – Como eu calculava: hoje me apresentaram o esboço do grande programa que está sendo preparado em minha homenagem. Fiquei embaraçadíssima. Não tive jeito de olhar direito e dar palpite algum. Tudo me pareceu demasiadamente nobre e grandioso. Meu coração está arrebentando de alegria. Sei que meu fã-clube do Centro e os demais se estão articulando para promover uma inesquecível (pelo menos para mim) homenagem. Até a Teresa, com muita maciez e tato, está colaborando para o grande desfecho.

Quarta-feira – À medida que os dias vão correndo, o meu coração parece ir aumentando sua aceleração. Não me recordo onde li esta frase: "A generosidade é uma atitude que torna as criaturas mais humildes." É uma grande verdade. Ninguém pode calcular como tenho vivido esses dias. Agitada, nervosa, ansiando para que chegue logo o dia 31, para que eu possa dar inteira expansão ao que sinto.

(...)

Sábado – Meu fã-clube, agora com sede no sétimo andar do edifício do *A Noite*, elegeu sua nova diretoria para o período do ano em curso. Fiquei muito contente com a decisão dos associados. Foram eleitos: Presidente – Job Gomes Pereira; Vice-presidente – Pedro Ernesto Fluri; Tesoureira – Lígia Maria Cândida; Primeira Secretária – Marilda Alves Viana; Segundo Secretário – Adilson Coelho; Diretora Social – Nalígia Silva Santos; Datilógrafa – Ceci Chaves de Almeida. O telefone: 23-3211.

Domingo – Hoje, durante minha apresentação no *Programa Paulo Gracindo*, recebi uma bonita *corbeille*, oferecida por uma de minhas fãs. O cartão que a acompanhava dizia assim: "Emilinha, esta é uma pequena lembrança que abrirá o caminho para as muitas outras que se seguirão." Levei aquela preciosidade para casa e com muito cuidado distribuí as flores pelos vasos e pelas jarras. Depois, jantei e fui repousar. Esta minha semana está finda. Foi repleta de emoções maravilhosas.

Emilinha colecionou títulos, muitos dos quais por escolha e voto do público. Ganhou muitos prêmios. Foi a única cantora homenageada por todas as agremiações carnavalescas – escolas de samba, frevo, bloco, rancho, o que mais viesse ela traçava. Foi, em 1980, tema do enredo da Escola de Samba Caprichosos de Pilares.

Aliás, Emilinha, durante sua carreira, foi sempre figurinha carimbada dos carnavais, tendo obtido, nos diversos concursos de que participou, 13 vezes o primeiro lugar, quatro vezes o segundo, duas vezes o terceiro e três vezes o quarto lugar – é mole?

Um título do qual Emilinha Borba se orgulhava – e pelo qual ficou conhecida – foi o de Favorita da Marinha, que ela recebeu em 1947, ratificado, dois anos depois, com o de Favorita *Permanente* da Marinha. Uma consagração – até porque a rival Marlene tentou inutilmente emplacar o título de Favorita da Aeronáutica. Em 1954, Emilinha gravou a marcha "Aí vem a Marinha", de Moacyr Silva e Lourival Faissal.

• • •

Em *Saudades do século 20*, Ruy Castro confessa que durante anos sentiu vergonha de declarar o seu amor por Doris Day. Em público, ele fazia piadas sobre a atriz, debochava dos seus filmes e músicas, só tinha elogios para as grandes atrizes do cinema, como Marlene Dietrich, Silvana Mangano e Ingrid Bergman; em casa, porém, trancado no quarto, longe dos ouvidos e olhos dos maledicentes, ele ouvia – e curtia – os discos de Doris.

Emilinha Borba é a minha Doris Day. Eu a amava, mas nem sob tortura confessava isso. Esnobada por gente da classe média e por intelectuais presunçosos, todos fingíamos ignorar a cantora, embora sentíssemos uma estranha e gostosa emoção ao vê-la em *Aviso aos navegantes*, de guarda-chuva e capa plástica, sob uma chuva artificial, cantando "Tomara que chova".

Ruy Castro curou-se, um dia, da preocupação de esconder o seu amor por Doris Day. O mesmo aconteceu comigo. Hoje, ouço e arrisco cantar abertamente os grandes sucessos da Favorita da Marinha.

Em público, pois, confesso que, para mim, Emilinha é – sempre foi – a maior!

fatos & histórias **Curiosidades DAS DIVAS**

Para terminar

Em 1956, Emilinha foi obrigada a operar o apêndice. O que se viu, na época, foi indescritível: as fãs fizeram vigília à porta do hospital da Beneficência Portuguesa. Houve lágrimas, velas e orações na porta do hospital. No seu "Diário", a cantora agradeceu as demonstrações de carinho das fãs. Uma delas, inclusive, assistiu a vinte missas, comungou sessenta vezes, rezou sessenta terços e fez 36 sacrifícios pelo seu restabelecimento.

Discografia selecionada

78 rpm

1939. "Faça o mesmo" (Frazão/Nássara), "Ninguém escapa" (Erastóstenes Frazão) – Columbia

1945. "Como eu sambei" (Peterpan/Russo do Pandeiro), "Você, o samba" (Peterpan/Afonso Teixeira) – Continental

1946. "Madureira" (Peterpan/Jorge de Castro), "É um horror!" (Haroldo Lobo/Milton de Oliveira) – Continental

1947. "Escandalosa" (Djalma Esteves/Moacyr Silva), "Rumba de Jacarepaguá" (Haroldo Barbosa) – Continental

1947. "Se queres saber" (Peterpan), "Tico-tico na rumba" (Peterpan/Haroldo Barbosa) – Continental

1948. "Porta-bandeira" (Nássara/Roberto Martins), "Chiquita bacana" (Alberto Ribeiro/João de Barro) – Continental

1949. "Dona felicidade" (José Maria de Abreu/Jair Amorim), "Capelinha de melão" (João de Barro) – Continental

1950. "Baião de dois" (Humberto Teixeira/Luiz Gonzaga), "Paraíba" (Humberto Teixeira/Luiz Gonzaga) – Continental

1950. "Tomara que chova" (Paquito/Romeu Gentil), "Bate o bumbo" (Humberto Teixeira) – Continental

1951. "Dez anos" (Rafael Hernandez – versão de Lourival Faissal), "Mambo do gato" (Rutinaldo) – Continental

1951. "Canção de Dalila" (Versão de Lourival Faissal), "Feliz Natal" (Ghiaroni/Peterpan) – Continental

1953. "Você sabe muito bem" (Getúlio Macedo/Lourival Faissal/Benê Alexandre), "Pelo amor de Deus" (Humberto Teixeira/Felícia Godoy) – Continental

1953. "Quando tu não estás" (Versão de Haroldo Barbosa), "Outono" (Haroldo Barbosa/Lúcio Alves) – Continental

1953. "Noite nupcial" (Peterpan), "Os quindins de Iaiá" (Ary Barroso) – RCA Victor

1954. "Calúnia" (Adelino Rodrigues/José G. Pereira), "Acende a vela" (João de Barro) - Continental

1954. "Aí vem a Marinha" (Moacyr Silva/Lourival Faissal) - Continental

1956. "Lembrando Paris" (Lourival Faissal/Jorge de Castro), "Insensato coração" (Antônio Maria/Paulo Soledade) - Continental

1956. "No tempo do vintém" (Paquito/Romeu Gentil), "Tarará" (Ari Monteiro/Afonso Teixeira) - Continental

1956. "É Natal" (Arsênio de Carvalho/Bidu Reis), "Feliz ano-novo" (Peterpan) - Continental

1956. "Vai com jeito" (João de Barro), "A ordem do rei" (Antonio Almeida/Norival Reis) - Continental

1957. "Fevereiro" (João de Barro), "Chora na cama" (Antonio Almeida) - Continental

1958. "Primavera no Rio" (João de Barro), "Em outubro vou pagar" (Carlos Monteiro de Souza/Alberto Paz) - Continental

1958. "Cachito" (Consuelo Velásquez, versão de A. Bourget), "Outra prece de amor" (Renê Bittencourt) - Columbia

1960. "Pensar, professor" (José Costa/Fernandinho), "Qual é o pó?" (José Roberto Kelly/J. Gonçalves) - CBS

1960. "A danada da saudade" (Rutinaldo), "Alguém" (Getúlio Macedo/Lourival Faissal) - CBS

1961. "Benzinho" (Rossini Pinto/Fernando Costa), "Quero outra vez sentir" (Rossini Pinto/Fernando Costa) - CBS

1961. "Castigo meu amor" (Fernando Barreto/Fernando Costa), "Filhinho querido" (Rossini Pinto/Fernando Costa) - CBS

1962. "Alegria de pobre" (Klécius Caldas/Brasinha), "É brasa" (Fernando Costa/Rossini Pinto/Emilinha Borba) - CBS

1962. "E o bicho não deu" (Klécius Caldas/Rutinaldo), "Pó de mico" (Dora Lopes/Renato Araújo/Arildo de Souza) - CBS

1963. "Marcha do remador" (Antonio Almeida/Oldemar Magalhães), "Até o luar" (José Messias) - CBS

1965. "Quando você me apareceu" (Rossini Pinto/Fernando Costa), "Menina da areia" (Othon Russo/Getúlio Macedo) - CBS

LP/Compacto/CD

1959. *Calendário musical* ("Feliz ano-novo"/"Fevereiro"/"Flor de março"/"Chuvas de abril"/"Botões de laranjeira"/"Noites de junho"/"Férias de julho"/"Canção de agosto"/"Primavera no Rio"/"Em outubro vou pagar"/"Dezenove de novembro"/"Feliz Natal") – Continental

1960. *Emília no país dos sucessos* ("Chiquita bacana"/"Música divina"/"Eu e o samba"/"Dez anos"/"História da minha vida"/"Alguém"/"Meu doce bem"/"A danada da saudade"/ "O que devo fazer"/"Não me culpe"/"Cidade das morenas maravilhosas"/"Boa noite, meu amor") – CBS

1969. *Os grandes sucessos de Emilinha Borba* ("História da minha vida"/"Juntinhos é melhor"/"Cachito"/"Castigo meu amor"/"Me leva pro céu"/"Boa noite, meu bem"/"Dez anos"/"Milhões de carinhos"/"Chiquita bacana"/"Benzinho"/"Intriga"/"Menina da areia") – CBS

1975. *Os grandes sucessos de Emilinha Borba* ("Boa noite, meu bem"/"Cachito"/"Me leva pro céu"/"Juntinhos é melhor"/ "Benzinho"/"Castigo meu amor"/"Milhões de carinhos"/ "Patrícia"/"História da minha vida"/"Dez anos"/"A danada da saudade"/"Amor da minha vida") – CBS

1976. *Ídolos da MPB* ("Faça o mesmo"/"Qual a razão"/"Divagando"/ "Antes eu nunca te visse"/"Escandalosa"/"Se queres saber"/"Cabide de molambo"/"Eu já vi tudo"/"Baião de dois"/"Aí vem a Marinha"/"Insensato coração"/"Primavera no Rio") – Continental

1982. *Oh! As marchinhas* (com Jorge Goulart) ("Raminho de café"/ "Joga a chave, meu amor"; "Israel"; "Colombina iê-iê-iê"; "Não dá pra entender"; "Cabeleira do Zezé"; "Mulata iê-iê-iê"/"As pastorinhas"; "Rancho da praça Onze"/"História do Brasil"/ "Touradas em Madri"/"Pirata da perna de pau"; "Pirulito"; "Tem gato na tuba"; "Lourinha"/"Yes, nós temos banana"/"Chiquita bacana"; "A água lava tudo"; "Vai com jeito"; "Pó de mico"; "Tomara que chova"; "Marcha do remador"/"Cuco"; "Passo do Canguru"; "Miau... miau..."; "Índio quer apito"/"O teu cabelo não nega"; "Grau dez"; "Linda morena"/"Zé Pereira"; "Oh! Abre alas"; "Pé de anjo"/"Balzaquiana"; "Sereia de Copacabana"; "Pepita de Guadalajara"; "Não faz marola"; "Fanzoca de rádio") – Phonodisc

1984. *Sempre Emilinha* ("Dez anos"/"Porque foi que eu voltei"/"Quero outra vez sentir o teu coração"/"Vamos à rumba"/"Quando fala o coração"/"Minha renúncia"/"Cachito"/"Patrícia"/"Vem comigo dançar"/"História da minha vida"/"Nem eu sei"/"Menina da areia"/"Juntinhos é melhor"/"Milhões de carinhos") – CBS

1990. *Presença de Emilinha: álbum duplo* (Disco 1: "Boa noite, meu bem"/"Me leva pro céu"/"Dez anos"/"Por que foi que eu voltei"/"Quero outra vez sentir"/"Vamos à rumba"/"Benzinho"/"Quando fala o coração"/"Minha renúncia"/"Cachito"/"Patrícia"/"Vem comigo dançar". Disco 2: "Quando você me apareceu"/"História da minha vida"/"Nem eu sei"/"Menina da areia"/"Juntinhos é melhor"/"Milhões de carinhos"/"Pó de mico"/"Alegria de pobre"/"E o bicho não deu"/"Marcha do remador"/"Retrato de Cabral"/"Reserva de domínio") – CBS

Filme

Banana da terra (1939). Sonofilmes. Direção de Alberto Bynton e Rui Costa. Com Oscarito, Dircinha Batista, Carmen Miranda, Almirante, Emilinha Borba.

Laranja da China (1940). Sonofilmes. Direção de Rui Costa. Com Barbosa Jr., Dircinha Batista, Arnaldo Amaral, Nair Alves, Lauro Borges, Emilinha Borba.

Vamos cantar (1940). Panamérica. Direção de Léo Marten. Com Ernani Filho, Jorge Murad, Estelinha Egg, Juvenal Fontes, Emilinha Borba.

It's All True (1942). Mercury RKO. Direção de Orson Welles. Filme inacabado.

Astros em desfile (1943). Atlântida. Direção de José Carlos Burle. Com Deo Maia, Grande Otelo, Luiz Gonzaga, Emilinha Borba.

Romance de um mordedor (1944). Atlântida. Direção de José Carlos Burle. Com Mesquitinha, Modesto de Souza, Sarah Nobre, Graça Melo, Emilinha Borba.

Tristezas não pagam dívidas (1944). Atlântida. Direção de José Carlos Burle e Rui Costa. Com Oscarito, Jaime Costa, Ítala Ferreira. Emilinha Borba canta "Atire a primeira pedra", de Ataulfo Alves e Mário Lago.

Não adianta chorar (1945). Atlântida. Direção de Watson Macedo. Com Mary Gonçalves, Catalano, Hortência Santos, Restier Júnior, Emilinha Borba.

Segura essa mulher (1946). Atlântida. Direção de Watson Macedo. Com Mesquitinha, Grande Otelo, Catalano, Marion, Madame Lou, Emilinha Borba.

Este mundo é um pandeiro (1947). Atlântida. Direção de Watson Macedo. Com Oscarito, Marion, Catalano, Alberto Ruschel, Emilinha Borba.

Folias cariocas (1948). Tapuia. Direção de Hélio Tys. Com Nelson Gonçalves, Aimeé, Jorge Veiga, Emilinha Borba.

É com esse que eu vou (1948). Atlântida. Direção de José Carlos Burle. Com Oscarito, Grande Otelo, Marion, Heloisa Helena, Alberto Ruschel, Madame Lou, Emilinha Borba.

Poeira de estrelas (1949). Fenelon Produções. Direção de Moacyr Fenelon. Com Lourdinha Bittencourt, Enio Santos, Colé, Duarte de Morais, Emilinha Borba.

Estou aí? (1949). Cinédia. Direção de José Cajado Filho. Com Colé, Celeste Aída, Pedro Dias, Ronaldo Lupo, Emilinha Borba.

Todos por um (1950). Cinédia. Direção de José Cajado Filho. Com Colé, Celeste Aída, César de Alencar, Barreto Pinto, Duarte de Morais. Emilinha canta "Passo do pinguim", de Luiz Gonzaga e Humberto Teixeira, e, em dupla com Marlene, "Eu já vi tudo", de Peterpan e Amadeu Veloso.

Aviso aos navegantes (1951). Atlântida. Direção de Watson Macedo. Com Anselmo Duarte, Eliana, Oscarito, Grande Otelo, José Lewgoy, Adelaide Chiozzo, Zezé Macedo. Emilinha, vestida com uma capa plástica, sob uma chuva de mangueiras e baldes, canta "Tomara que chova", de Paquito e Romeu Gentil.

Aí vem o barão (1951). Atlântida. Direção de Watson Macedo. Com Oscarito, Eliana, José Lewgoy, Cyll Farney, Adelaide Chiozzo, Emilinha Borba.

Barnabé, tu és meu (1952). Atlântida. Direção de José Carlos Burle. Com Oscarito, José Lewgoy, Fada Santoro, Renato Restier, Adelaide Chiozzo, Pagano Sobrinho, Emilinha Borba.

É fogo na roupa (1953). Brasil Vita. Direção de Watson Macedo. Com Ankito, Violeta Ferraz, Heloisa Helena, Adelaide Chiozzo, Emilinha Borba.

O destino em apuros (1953). Multifilmes. Direção de Ernesto Remani. Com Paulo Autran, Beatriz Consuelo, Hélio Souto, Armando Couto, Emilinha Borba.

Aí vem o general (1953). Jaraguá. Direção de Alberto Atílio. Com Cauby Peixoto, Odete Amaral, Emilinha Borba.

Capricho de amor (1954). Bandeirantes. Direção de H. Rangel. Com Lia Cortese, Maurício de Barros, Mira Sander, Emilinha Borba.

O petróleo é nosso (1954). Unida. Direção de Watson Macedo. Com Violeta Ferraz, Catalano, Nancy Wanderley, Pituca, Adelaide Chiozzo, John Herbert, Wilson Grey, Emilinha Borba.

Eva no Brasil (1955). Panamérica. Direção de Pierre Caron. Com Nélia Paula, Colé Santana, Théo Braga, Emilinha Borba.

Carnaval em Marte (1955). Unida. Direção de Watson Macedo. Com Anselmo Duarte, Ilka Soares, Violeta Ferraz, Pituca, Catalano, Emilinha Borba.

O rei do movimento (1955). Cinelândia. Direção de Vitor Lima. Com Ankito, Janete Jane, Emilinha Borba.

Trabalhou bem, Genival (1955). Lupo Fama Filmes. Direção de Luís de Barros. Com Ronaldo Lupo, Afonso Stuart, Diana Morel, Emilinha Borba.

Guerra ao samba (1955). Atlântida. Direção de Carlos Manga. Com Oscarito, Eliana Macedo, Cyll Farney, Emilinha Borba.

Vamos com calma (1956). Atlântida. Direção de Carlos Manga. Com Oscarito, Cyll Farney, Eliana, Wilson Grey, Wilson Viana, Emilinha Borba.

Garotas e samba (1957). Atlântida. Direção de Carlos Manga. Com Zé Trindade, Renata Fronzi, Adelaide Chiozzo, César Ladeira, Emilinha Borba.

Com jeito vai (1957). Herbert Richers. Direção de J.B. Tanko. Com Renato Restier, Grande Otelo, Anilza Leoni, Roberto Duval, Emilinha Borba.

De pernas pro ar (1957). Herbert Richers e Sino-Cinedistri. Direção de Vitor Lima. Com Ankito, Grande Otelo, Renata Fronzi, Renato Restier, Costinha, Wilson Grey, Emilinha Borba.

É de chuá (1958). Herbert Richers e Sino-Cinedistri. Direção de Vitor Lima. Com Ankito, Grande Otelo, Renata Fronzi, Renato Restier, Bill Farr, Costinha, Zezé Macedo, Emilinha Borba.

Mulheres à vista (1959). Herbert Richers. Direção de J.B. Tanko. Com Zé Trindade, Grande Otelo, Consuelo Leandro, Renato Restier, Emilinha Borba.

Entrei de gaiato (1959). Herbert Richers. Direção de J.B. Tanko. Com Dercy Gonçalves, Zé Trindade, Catalano, Roberto Duval, Emilinha Borba.

Vai que é mole (1959). Herbert Richers. Direção de J.B. Tanko. Com Ankito, Grande Otelo, Renata Fronzi, Anilza Leoni, Emilinha Borba.

Garota enxuta (1959). Herbert Richers. Direção de J.B. Tanko. Com Ankito, Grande Otelo, Nelly Martins, Iracema de Alencar, Agnaldo Rayol, Emilinha Borba.

Cala a boca, Etelvina (1960). Cinelândia. Direção de Eurides Ramos. Com Dercy Gonçalves, Humberto Catalano, Emilinha Borba.

Férias no Arraial (1961). Arabela. Direção de Edward Freund. Com Anick Malvil, Júlia Abrahão, Mário Barra, Emilinha Borba.

Virou bagunça (1961). Cinedistri. Direção de Watson Macedo. Com Trio Irakitan, Nádia Maria, Zezé Macedo, Roberto Duval, Emilinha Borba.

007 ½ no Carnaval (1966). Copafilmes. Direção de Vitor Lima. Com Chacrinha, Costinha, Annik Malvil, Lúcio Mauro, Emilinha Borba.

Carnaval barra-limpa (1967). Herbert Richers. Direção de J.B. Tanko. Com Costinha, Paulo Padilha, Marlene, Emilinha Borba.

Assim era a Atlântida (1975). Atlântida. Direção de Carlos Manga. Com Cyll Farney, Anselmo Duarte, Eliana, Grande Otelo, Adelaide Chiozzo, Fada Santoro, Emilinha Borba.

Rio

CAPÍTULO 7

MARLENE

Aquela que canta e dança diferente.
César de Alencar

Marlene nasceu Vitória De Martino Bonnaiutti, em São Paulo, no dia 22 de novembro de 1924. Filha de imigrantes italianos que residiam no bairro da Bela Vista, Vitória não conheceu o pai, Vitório, que faleceu sete dias antes de seu nascimento. A mãe, dona Antonieta, não se casou novamente e tomou a si a responsabilidade exclusiva pela educação das filhas Marieta, Geni e Vitória. Dona Antonieta era evangélica – e tratou as filhas na rédea curta, o que incluía a proibição terminante de ouvir músicas profanas, ou seja, tudo aquilo que não fosse ópera ou hinos de sua igreja.

Quando completou 9 anos, Vitória foi para o Colégio Batista Brasileiro, onde, segundo suas próprias palavras, iniciou seu primeiro aprendizado de vida. Como estava isenta de pagamento de mensalidades, a menina se obrigava a cumprir determinadas tarefas no colégio: numa semana varria, na outra, arrumava o refeitório, na seguinte, cuidava do dormitório e do pátio. Isso, contudo, longe de humilhar a menina, trazia-lhe certo conforto, na medida em que tinha a melhor educação possível e a oportunidade de conhecer pessoas.

Como lhe faltavam recursos para aulas de piano, violão ou arte culinária, que as filhas da alta sociedade paulista frequentavam, Vitória fixou-se na ideia de fazer teatro. Era uma tendência que se manifestara desde os 6 anos, quando, levada pela irmã Geni, a menina cantou uma música e representou uma cena na festa de Natal da Igreja Batista da Liberdade. Talvez por herança do pai, ator de teatro amador, e de um tio, bandolinista, cantor e boêmio, ela se sentia também atraída e gostava de participar do coro da igreja. Era seu grande momento de enlevo.

Numa das férias escolares, Vitória abriu o jornal e leu uma convocação: "Estudantes de São Paulo! Vamos formar nossa Federação. Juntem-se a nós. Venham se inscrever!" A menina não sabia exatamente do que se tratava aquele chamamento, mas, curiosa, foi lá assuntar. Acabou por se inscrever, pois viu no movimento uma oportunidade de se enturmar, de conhecer gente. Sorte sua, pois logo depois de criada, a Federação conseguiu emplacar na Rádio Bandeirantes um programa pioneiro: *A Hora do Estudante*. Vitória foi escalada, de início, como locutora, mas logo se tornou o que de fato queria ser: cantora. Mas, para se esconder dos ouvidos da mãe e da família e por reconhecer que Vitória Bonnaiutti não era nome adequado para uma cantora, passou a se apresentar como Marlene, em homenagem à Dietrich.

Enquanto Marlene dava os primeiros passos na direção do seu próprio destino, a situação dos Bonnaiutti piorava, porque as dificuldades financeiras aumentavam a cada mês. Ficou, então, combinado que Marlene deixaria o colégio para trabalhar. Como não tinha nenhuma experiência profissional anterior, Marlene matriculou-se no curso noturno da Faculdade de Comércio do Estado de São Paulo, na praça da Sé.

O primeiro emprego de Marlene foi o de auxiliar de secretária num escritório de representação de fumo. O emprego não durou muito, pois um dos sócios resolveu demiti-la para colocar em seu lugar o próprio filho. Em compensação, naquela mesma época, Marlene conheceu uma cantora chamada Janete – "a garota do chapéu de palha" –, que a levou à Rádio Tupi, onde foi apresentada ao diretor, Armando Bertoni. "Menina, o que você sabe fazer?", perguntou Bertoni. "Sei cantar", respondeu cheia de si. Foi o suficiente para Marlene fazer um teste, no qual foi acompanhada por uma das feras da música brasileira, o clarinetista Abel Ferreira. Foi aprovada – e ganhou um contrato.

A partir daí, Marlene viveu uma vida quase clandestina, pois era impossível informar à dona Antonieta que se tornara cantora profissional. Para a mãe, música popular, principalmente samba, era coisa do demônio – e mulher que se dedicava a tal tipo de atividade não passava de prostituta. Um dia, porém, sem que Marlene fosse avisada, o pessoal da rádio foi à sua casa: queriam convencer dona Antonieta a dar apoio à decisão da filha de se tornar cantora. Dona

Antonieta ficou furiosa, disse não e só faltou enxotar a comitiva, que tardiamente percebeu que fizera besteira em visitar a mãe da cantora. "A senhora está cortando a carreira de uma criatura que tem um talento enorme." Dona Antonieta subiu o tom: "Não estou cortando nada! Estão pensando o quê? Passem muito bem!"

Quando Marlene chegou, encontrou em casa um ambiente trevoso, pesado, carregado de nuvens escuras e ameaçadoras. Depois de perguntar que história era aquela de cantora, dona Antonieta não se conteve e deu uns bons sopapos na filha, que, em decorrência disso, tomou uma decisão definitiva. Dias depois, Marlene, sem avisar ninguém, tomou o trem e partiu para o Rio de Janeiro, onde pretendia apostar tudo na carreira que escolhera.

Isso foi em 1943. Marlene tinha 19 anos.

• • •

Bem verdade que a viagem da cantora não foi totalmente no escuro. Meses antes ela enviara fotos suas para o empresário Armando Silva Araújo, informando que desejava ser cantora, que já cantava na Rádio Tupi de São Paulo, que todos diziam que tinha talento, que gostaria de ter oportunidade de fazer um teste. A briga com a mãe foi apenas a gota d'água.

Ao chegar, Marlene foi procurar Silva Araújo, que inicialmente pensou em hospedá-la no Hotel Itajubá, na rua Álvaro Alvim, na Cinelândia, centro do Rio. Como Marlene – para surpresa de Silva Araújo – era menor de idade, o empresário levou-a para sua casa, onde vivia com a mulher e os filhos. Dias depois a cantora fez um teste no Cassino Icaraí, acompanhada ao piano por Vicente Paiva, autor, com Jararaca, da marchinha "Mamãe eu quero" e dos antológicos "Disseram que eu voltei americanizada" e "Ave-Maria". Embora nervosa e rouca, Marlene surpreendeu a todos – e foi aprovada, tornando-se assim *crooner* no Cassino Icaraí. Um mês depois, convidada por Carlos Machado, Marlene transferiu-se para o Cassino da Urca. A orquestra de Carlos Machado era famosíssima – e tinha entre suas estrelas o pianista Dick Farney.

Marlene não era uma cantora comum, ou seja, uma cantora que se postava burocraticamente diante do microfone. Marlene era uma cantora "teatral", que levantava os braços, gesticulava, abria as pernas, jogava os cabelos enormes. Era, conforme observou Ruy Castro, como se fosse uma atriz que cantasse. Foi a sua interpretação – melhor, o seu desempenho no palco – que agradou os empresários musicais, não propriamente a sua voz.

Nesse meio-tempo, com a ajuda da irmã Geni, Marlene escreveu à mãe, que respondeu dizendo que aceitava a opção da filha. Pedia-lhe, apenas, que fosse correta em tudo, não esquecesse os preceitos religiosos e, sobretudo, "fizesse o possível e o impossível para ser uma das melhores". As pazes entre as duas foram benéficas para Marlene, que assim tirou de si um peso que carregava desde que fugira de São Paulo. Logo, dona Antonieta, contrariando o restante da família, mandou-se de São Paulo, indo morar com a filha num apartamento de quarto e sala na avenida São Sebastião, no bairro da Urca, próximo ao Cassino.

30 de abril de 1946. Atendendo a um pedido de sua mulher, Carmela Dutra, a "dona Santinha", o presidente Dutra assinou decreto em que fechava os cassinos e proibia os chamados jogos de azar em todo o país. Um dos efeitos devastadores da medida foi a dispensa em todo o Brasil de milhares de músicos, cantores, bailarinos, garçons, crupiês, *maîtres* e outros funcionários dos cassinos. Marlene não chegou a ficar muito tempo desempregada, pois logo foi chamada por Carlos Machado para cantar na boate Casablanca, na Praia Vermelha, quase ao lado da estação do bondinho do Pão de Açúcar. A boate Casablanca dividia com a Vogue e a Midnight, do Copacabana Palace, a lista das casas mais prestigiadas do Rio de Janeiro.

Curiosidades DAS DIVAS — *fatos & histórias*

Ser *crooner*

Segundo Marlene, "ser *crooner* é cantar para dançar. É a coisa mais gostosa do mundo, e sem compromisso. Você canta todo o repertório que tem vontade de cantar e fica, enquanto tiver fôlego e o público pedir novas canções. *Crooner*, no meu tempo, entrava às 21h e saía às 4h, quando a casa fechava. Esse trabalho dá uma experiência enorme de ritmo, de improvisação e de repertório. O cantor é obrigado a tomar conhecimento do repertório de todos os outros intérpretes."

A temporada na Casablanca durou pouco tempo. Logo, Marlene foi convidada para cantar no Copa, que era, de fato, uma potência: tinha 11 *crooners* e três orquestras, dos maestros Copinha, Simão Butman e Zacharias. Os *crooners* formavam um escrete: Jorge Goulart, Nora Ney, Dóris Monteiro, Lana Bittencourt, Carmélia Alves, Luís Bandeira, Carminha Mascarenhas, Helena de Lima, Cláudia Barroso, Marisa Gata Mansa e Ivon Curi.

Contrariando a vontade da cantora, o produtor de shows Caribé da Rocha resolveu escalá-la como a grande estrela do Copacabana. A diferença entre *crooner* e estrela era o tempo no palco: a estrela, para se valorizar, cantava apenas cinco ou seis números, mas Marlene gostava mesmo era de estar mais tempo no palco, como *crooner*, sem a responsabilidade de ser a "atração" da noite. Na condição de estrela, Marlene passou a fazer, por noite, dois espetáculos: um no Golden Room, à meia-noite, outro à 1h30, na Midnight.

• • •

Quando, em 1948, foi contratada pela Rádio Nacional, Marlene tinha uma grande bagagem como cantora: participara de três filmes – *Corações sem piloto* e *Caídos do céu*, ambos de Luís de Barros, e *Pif-paf*, de Ademar Gonzaga – e havia gravado na Odeon três discos 78 rpm, um dos quais com um dos seus maiores sucessos: a marchinha "Coitadinho do papai", de Henrique Almeida e M. Garcez.

Mamãe quer saber
Onde é que o velho vai
Pode até chover
Que toda noite o velho sai

"Coitadinho do papai" foi uma das três marchas mais cantadas no carnaval de 1948. As duas outras foram "Pirata da perna de pau", de João de Barro, na voz de Nuno Roland, e "Marcha do gafanhoto", de Roberto Martins e Erastóstenes Frazão, cantada por Albertinho Fortuna.

Marlene desligou-se do Copa movida apenas pela intuição e pela vontade de experimentar novas oportunidades. Mas sabia das dificuldades que iria enfrentar. A primeira, talvez a mais difícil: a mudança de público. No Copa, ela se apresentava essencialmente para a elite, ou seja, os frequentadores de boates; na Nacional, teria contato direto com o povão. Prós e contras pesados, Marlene chegou à conclusão de que a experiência valia a pena. E foi em frente.

O convite para trabalhar na Rádio Nacional partira do animador César de Alencar, a pedido de Vitor Costa, diretor-geral da emissora, que a vira cantar no Copa. Ao recebê-la, Vitor Costa foi franco e pragmático: no início ela ganharia pouco, mas, em compensação, sua voz seria ouvida no mundo inteiro. Daí, certamente, viriam os contratos maiores. O interesse de Vitor Costa, na verdade, era lançá-la como candidata ao título de Rainha do Rádio e, com isso, angariar fundos para a construção do Hospital dos Radialistas. O principal cabo eleitoral de Marlene seria o apresentador Manuel Barcellos.

A campanha da cantora contou ainda com o apoio de Caribé da Rocha, que a apresentou a Raul Guastini, relações-públicas da Antártica. Caribé propôs a Guastini que a Antártica apoiasse Marlene, pois isso iria ajudar o projeto do hospital, o que seria ótimo para a imagem da empresa. Guastini gostou da ideia – e como a Antártica ia lançar um produto novo, o Guaraná Caçula, o nome de uma cantora nova casaria muito bem com a publicidade pretendida para o refrigerante. Assim, Marlene tornou-se símbolo da campanha de lançamento do Guaraná Caçula.

O certo é que Marlene recebeu 530 mil votos, tornando-se em 1949 a Rainha do Rádio. A segunda colocada no pleito foi Ademilde Fonseca. Emilinha Borba ficou em terceiro lugar – ela que era, no início, franca favorita ao título. Segundo Marlene, vem daí a rivalidade que envolveu sempre suas relações com a Favorita da Marinha.

Marlene logo perceberia que sua ida para a Rádio Nacional fora providencial. Ela era indiscriminadamente escalada para cantar nos três principais programas de auditório – o de César de Alencar, o de Paulo Gracindo e o de Manuel Barcellos. Tudo o que acontecia na Nacional tinha repercussão muito grande no Brasil inteiro e no exterior. O que vendia mesmo eram as vozes dos cantores e cantoras, a qualidade dos programas e a comunicação despojada e elegante, o que fazia com que o ouvinte dos rincões e das cidades compreendesse perfeitamente o recado dado. Foi justamente isso que levou Rubem Braga a afirmar que o povo falava a língua da Rádio Nacional.

Em 1949, Marlene gravou "Nasci para bailar", de Fernando Lobo e Joel de Almeida. Logo após gravou, com Os Cariocas, "Qui nem jiló" e "Macapá" (ambas de Luiz Gonzaga e Humberto Teixeira). Depois disso, foi uma sucessão, que incluiu grandes compositores como Luís Antonio, Jota Júnior, Zé Kéti, João do Vale, Luís Vieira, Zé Dantas, Gonzagão, Braguinha e Humberto Teixeira. Entre tantos, Marlene destaca o nome de Manoel Santana, compositor da Escola de Samba Aprendizes de Lucas, que lhe deu o maior sucesso do carnaval de 1950, "Se é pecado sambar".

• • •

A relação entre as grandes estrelas e seus fãs era, no mínimo, surrealista, mas talvez refletisse um traço muito próprio da sociedade brasileira. No auditório e nos corredores da Nacional, quem amava Marlene odiava Emilinha, e vice-versa. Mas isso não era privilégio exclusivo do meio radiofônico. Na política brasileira da época, o contraste era entre a União Democrática Nacional e o Partido Trabalhista Brasileiro, cada qual postulando para si a defesa dos legítimos interesses populares. No futebol, por exemplo, a coisa pegava (e pega) fogo: no sul, Grêmio e Internacional reproduziam as tensões entre chimangos e maragatos; no Rio, Flamengo e Vasco; na capital paulistana, Corinthians e São Paulo; no Recife, Sport e Santa Cruz; em Salvador, Bahia e Vitória. É um traço especial do caráter brasileiro a luta dicotômica em todas as esferas sociais.

No tempo da Rádio Nacional, o público era um só. Além disso, não havia, como hoje, cantor para a juventude, cantor para os idosos, para os de meia-idade, para as mulheres. Naquela época os cantores tinham que agradar a todos, de crianças a adultos, de ambos os sexos e de todas as idades. Isso levava a que a escolha do repertório fosse mais cuidadosa e considerasse as características do público ouvinte. E não só isso. Dois tipos de músicas deviam ser disputados e cantados: os de carnaval e os de meio de ano, como eram chamados. O repertório deveria variar constantemente – e quando uma música despontava, caía no gosto do público, só então era gravada. Após a gravação, os cantores procuravam ou recebiam outras músicas – e deixavam aquelas já gravadas de molho, pois o disco tinha que ter vida própria. O que interessava era o lançamento de novas canções. O processo era constante. O comentário é da própria Marlene:

Hoje, se um cantor gravar uma música e ela despontar, a máquina se debruça nele, obrigando o povo a só ouvir aquela música em todos os meios de comunicação. Ou ouve aquela ou não tem outra. Se um cantor é convidado para um programa, o povo já sabe o que vai ouvir, basta que seu nome seja anunciado. Pobre do artista – o que fizeram de você? Pobre do povo – que é obrigado a ouvir essa música o ano inteiro.

Um termômetro da aceitação da música era o comportamento dos fãs no auditório da Nacional. A maneira como eles se comportavam, como cantavam e dançavam, dava aos cantores, especialmente os que possuíam grande número de admiradores, uma medida da maior ou menor aceitação da música. Embora fosse quase impossível uma fã de Emilinha Borba cantar um sucesso de Marlene (e a recíproca era verdadeira), ambas podiam medir a aceitação das músicas que cantavam pela reação de suas próprias admiradoras.

É claro que existia uma relação difícil e conflituosa entre as fãs de uma e as de outra cantora. Segundo depoimento de Marlene, não havia esse negócio de rasgar roupa. Jura que isso nunca aconteceu com ela ou com Emilinha, mas reconhece que a relação com os fãs era diferente, algo que não mais se repetirá na história artística brasileira. Uma relação marcada pelo amor e pelo ódio.

Ocorreram muitos episódios, alguns engraçados, outros dramáticos. Um deles, já quando eu estava na TV Rio. Ganhara um concurso de carnaval no qual Emilinha ficara em segundo lugar. Quando saí, o [compositor] Oswaldo Nunes me preveniu: "Marlene, não saia pela frente, pelo amor de Deus, porque pode acontecer alguma coisa grave." De fato, os fãs da Emilinha estavam com pedaços de pau, barbantes nas pontas amarrados em giletes, e giravam tudo aquilo, não importando onde pegasse. (...) Foi um negócio terrível. Oswaldo Nunes me ajudou, empurrando-me para dentro do carro, fechando os vidros e gritando: "Arranca!"

De início, Marlene (e, por certo, Emilinha) não tinha a menor ideia do poder que exercia, da responsabilidade que tinha diante de suas fãs. Outro episódio narrado por Marlene:

Eu estava recém-casada com Luís Delfino. Tive um problema de gravidez e fui parar no hospital. Quando saí, precisei voltar logo à rádio, mesmo ainda não recuperada. Na saída do elevador da Rádio Nacional, após o programa, com Venilton Santos de um lado e Luís Delfino de outro, vi uma linda menina que estava me esperando, loura, com tranças enormes. Ela olhou para mim com uma cara tão meiga, pedinte, que pensei: "Aquela menina, naturalmente, está encabulada, quer um autógrafo. Deixa eu ir lá falar com ela." Delfino não quis saber da história: "Nada disso. Vamos direto para casa. Você já fez o programa, está muito cedo para ficar badalando." E isso com os seguranças da rádio por perto. Tive uma peninha da menina... Resolvi ir até lá, não custava nada... Quando cheguei perto dela, ela fez assim: segurou meu rosto e, de surpresa, me deu uma joelhada por baixo da barriga. Era fã da Emilinha. Voltei para o hospital.

Bom que se diga que não há evidência de que Emilinha ou Marlene tenham estimulado esse tipo de atitude, mas o ambiente de competição entre as duas, sem dúvida, favorecia tudo isso. Hoje, nos estádios de futebol, ou fora deles, hordas de torcedores de clubes rivais se engalfinham, registrando-se, inclusive, casos de morte, prisões e depredações. O amor por um clube, conforme se vê nos dias atuais, significa ódio ao clube rival.

Não é exagero afirmar, portanto, que, movidas pelo amor, as fanzocas eram capazes de tudo – gritos, apitaços, desmaios, palmas, lágrimas e agressões às rivais, a quem odiavam. Tudo isso tinha um objetivo: provar que seu ídolo era "o maior" ou "o mais querido". Claro, ninguém sabe – e jamais saberá – quem era, de fato, a maior ou a mais querida, Emilinha ou Marlene. Mas, a esta altura, isso é importante?

Marlene observou, com razão, que as relações entre as fãs e as grandes estrelas eram "algo que não mais se repetirá na história artística brasileira". É verdade. Como é certo que os programas de auditório e o fenômeno das suas "macacas de auditório" permanecem ainda campo aberto à pesquisa. Sim, porque o auditório era, na verdade, um enorme caldeirão social, onde se realizava uma espécie de ritual, conforme definição de Stanley Tambiah – "ritual é um sistema cultural de comunicação simbólica". Por meio da ação ritual do auditório, as fãs comunicavam uma preferência, revelavam representações e valores. O mesmo, aliás, pode ser dito em relação às torcidas de um clube no caldeirão de um estádio de futebol.

As fãs vinham de todas as classes sociais, com predomínio das camadas mais populares. Os fãs vinham também de todos os Brasis – o urbano, o suburbano e o rural. Moviam-se pela paixão, pela emoção, pelo sentimento e pelo apego. No fundo, cultivavam a certeza de que os ídolos, apesar da fama, eram iguais a eles. Rituais servem também para alimentar ilusões.

• • •

Embora Emilinha Borba sempre se referisse a Marlene como "querida amiga", a verdade é que as relações entre ambas não eram boas. As duas tinham perfis bem diferenciados: Marlene era mais extrovertida, o palco era para ela uma oportunidade de movimentar-se, de dançar, de gesticular. Emilinha, ao contrário, era mais contida, exibia, conforme disse ironicamente a rival, um jeitinho de Santa Rita de Cássia.

Emilinha aparecia no palco, era aquela coisa santificada. Tanto que, todo dia, às 18h, enchia de gente debaixo da janela do apartamento dela, na rua Assis Brasil. Ela aparecia na janela, com um copo d'água, e começava a jogar água no povo lá embaixo. E todo mundo dizia: "Obrigado, minha santa! Minha santinha!" Até hoje as fãs dela a chamam de "minha santinha".

A rivalidade entre Marlene e Emilinha atingia às vezes as raias do absurdo. Emilinha procurava transmitir uma imagem de candura, de mulher do tipo "família", do lar, quase santa. O blog "Eternamente Rainha" chega a afirmar que Emilinha foi um exemplo de candura e bondade, que ela possuía tal magnetismo "que chegou a fazer mudo falar e paralíticos andarem" – é mole?

Marlene, por sua vez, oferecia a imagem de mulher liberada, moderna, sensual, sofisticada, polêmica, às vezes satírica ou mesmo debochada. Uma mulher quase demoníaca, sem barreiras. Era, antes de tudo, uma atriz, como provou nas diversas peças em que trabalhou. (No *songbook Ary Barroso*, produzido por Almir Chediak para a Lumiar Discos, Marlene e o conjunto Garganta Profunda transformaram a música "Eu dei" num hilariante e malicioso esquete. O mesmo pode ser observado na canção "Tome polca", de José Maria de Abreu e Luís Peixoto. O talento e a graça de Marlene mostram-se plenamente em ambas as músicas, e em muitas outras que cantou.)

Mais que isso. Emilinha, por exemplo, especializou-se em deliciosas marchinhas de carnaval, muitas das quais, sem dúvida, inesquecíveis, cujas letras, porém, eram brandas ou jocosas. Marlene, por sua vez, notabilizou-se por interpretar canções de cunho social, as chamadas "canções de protesto" ou "sambas participantes", como virou moda nos anos 1960 chamar as canções que falavam das injustiças sociais. Foram os casos, por exemplo, de "Zé Marmita" e "Lata d'água" – ambas de Luiz Antonio, com parceiros –, que, apesar de certa ingenuidade na abordagem, expunham as mazelas sociais do cotidiano brasileiro.

Quatro horas da manhã
Sai de casa o Zé Marmita
Pendurado na porta do trem
Zé Marmita vai e vem

Lata d'água na cabeça
Lá vai Maria
Maria lava a roupa lá no alto
Lutando pelo pão de cada dia

Marlene atribuía ao fato de cantar tais músicas a identificação que havia entre ela e o povo. Será? É improvável, pois como explicar então os fãs de Emilinha Borba? O fenômeno "macacas de auditório" ou mesmo sua manifestação organizada, os fã-clubes, não se explica por este ou aquele motivo – é um fenômeno de grande complexidade social e psicológica. Como explicar, por exemplo, a seguinte declaração de uma fã, em 1952: "Se tiver que morrer atropelada, que seja pelo carro da Marlene"? Fanatismo? Alienação? Bobagem?

Os fã-clubes eram uma forma de acesso aos ídolos, uma maneira de prestar algum serviço a eles, de participar de suas vidas. Marlene e Emilinha Borba chegaram a ter, cada uma, centenas deles espalhados por todo o Brasil. O Fã-Clube Marlene, por exemplo, tinha sede no centro do Rio de Janeiro e possuía um quadro de 6 mil associados, diretoria eleita e jornal trimestral próprio, o *Clarim da Vitória*. A Amar,

Associação Marlenista, uma dissidência do Fã-Clube Marlene, atua até hoje, tal como tantas outras agremiações espalhadas pelo país. Na cidade mineira de Carangola, por exemplo, o Fã-Clube Marlenista local chegou a organizar um clube de futebol, o Bonnaiutti Futebol Clube.

Por tudo isso há quem diga, inclusive, que os fãs-clubes foram a única forma de organização popular espontânea que deu certo no Brasil.

• • •

A verdade é que Marlene, na sua vida artística, precisou administrar os conflitos inevitáveis de quem se sentia possuir dupla personalidade. A cantora liberada, sensual e moderna, a atriz que viveu papéis de alta densidade dramática no teatro e no cinema, vivia em permanente conflito com seu alter ego, a mulher que fora educada sob rígidos padrões morais e religiosos. Eram, segundo a própria cantora, duas personalidades: a Vitória e a Marlene. Vitória era a criatura que tinha a cabeça mais centrada e seguia, ou procurava seguir, exatamente aquilo que aprendera, que aceitava e achava que estava certo. Marlene, ao contrário, era a criatura que explodia, que ia além dos seus instintos, sem superar, contudo, sua enorme insegurança. As duas agiam, por assim dizer, em sentidos contrários: Vitória tendia a controlar os impulsos de Marlene, e esta buscava se libertar da repressão que a outra lhe impunha.

Na peça *Botequim*, dirigida por Antonio Pedro, havia uma cena em que Marlene tinha que fazer sexo com o marido e com uma menina, e nos dois casos a iniciativa da transa era sua. A cena era extremamente forte. Ela a ensaiou por dois meses, mas não havia jeito de completá-la, pois o espírito de Vitória bloqueava a atriz Marlene. Depois de muito sofrimento, de encucação, de vontade de desaparecer, de desistir de tudo, Marlene conseguiu fazer a cena, mas com tal intensidade emocional que tanto o diretor como duas ilustres pessoas que assistiam ao ensaio – Gianfrancesco Guarnieri, autor da peça, e o compositor Toquinho – aplaudiram calorosamente seu desempenho. Marlene, enfim, derrotara Vitória.

O teatro representou muito na vida profissional de Marlene. A primeira peça em que trabalhou foi *Depois do casamento*, dirigida por Mário Brasini, em 1952. O elenco incluía Wanda Lacerda, Maurício Sherman e Luís Delfino. Um de seus maiores sucessos foi *Ópera do malandro*, com Abraão Farc, Tânia Alves e grande elenco, que durante dois anos viajou por todo o Brasil.

No cinema, Marlene atuou como atriz em diversos filmes. Em *Tudo azul*, de Moacyr Fenelon, ela conheceu Luís Delfino, seu futuro marido e pai de seu único filho. Em *A volta do filho pródigo*, de Ipojuca Pontes, Marlene desempenhou o papel de uma mulher do sertão nordestino, cega e louca. Para tanto, o elenco – Helber Rangel, Dilma Lóes, Teresa Rachel, Jayme Barcellos, José Dumont e outros – precisou permanecer 25 dias num grotão sertanejo que sequer possuía luz elétrica e água potável.

• • •

Em 1960, Marlene viajou a Paris, onde conheceu e ficou amiga de Edith Piaf. Piaf tinha visto Marlene trabalhar no Copa, gostara muito do seu estilo e, por isso, convidou-a para participar de uma turnê por várias cidades francesas. Marlene estreou em Marselha, depois se apresentou em Fontainebleau e, finalmente, em Paris. Apesar disso, os jornais brasileiros não a pouparam. O mínimo que diziam era que a sua temporada na França tinha sido um fracasso. Depois disso, Marlene viajou ainda pelos Estados Unidos, tendo trabalhado em Chicago e Nova York. Posteriormente, esteve no Chile, no Uruguai e na Argentina.

Durante uma de suas viagens ao exterior, o golpe militar de 1964 deu o tiro de misericórdia na Rádio Nacional. Delatados por César de Alencar, Hamilton Frazão e Celso Teixeira, dezenas de colegas da emissora foram demitidos, presos e exilados. Cambaleante diante da concorrência da televisão e vivendo um ambiente de medo e temor, a Rádio Nacional não tinha como sobreviver. O encanto de uma época chegava a um melancólico fim.

A história de Marlene é, portanto, a história de uma época: primeiro, os cassinos; depois, o teatro de revista e as boates; por fim, a Rádio Nacional. Trabalhou no cinema e no teatro. Enfrentou o mundo, o medo e o preconceito. O balanço, contudo, lhe é favorável: foi uma estrela de primeira grandeza. Em *Te pego pela palavra*, ela interpreta o samba "Catedral do inferno", que Cartola e Hermínio Bello de Carvalho fizeram especialmente para ela.

Marlene: uma grande atriz, uma notável intérprete, uma cantora como poucas.

Discografia selecionada

78 rpm

1946. "Coitadinho do papai" (Henrique de Almeida/M. Garcez), "Um ano depois" (Valdomiro Pereira/Valentina Biosca) – Odeon

1946. "Swing no morro" (Amado Regis/Felisberto Martins), "Ginga, ginga, moreno" (João de Deus/H. Nascimento) – Odeon

1947. "Subúrbio da Central" (Carvalhinho/Marcio Rossi), "Gabriela" (Romeu Gentil/Valtamiro Goulart) – Star

1949. "Macapá" (Humberto Teixeira/Luiz Gonzaga), "Qui nem jiló" (Humberto Teixeira/Luiz Gonzaga) – Continental

1950. "Esposa modelo" (Jose Maria de Abreu/Carlos R.B. Souza), "Tome polca" (José Maria de Abreu/Luiz Peixoto) – Continental

1950. "Eu já vi tudo" (Peterpan/Amadeu Veloso), "Casca de arroz" (Arlindo Marques Jr./Roberto Roberti) – Continental

1950. "O passo do pinguim" (Luiz Gonzaga/Humberto Teixeira), "Se é pecado sambar" (Manoel Sant'Anna) – Continental

1951. "Lata d'água" (Luiz Antonio/Jota Jr.), "Sereia da areia" (João de Barro/Antonio Almeida/A. Nassara) – Continental

1951. "Sapato de pobre" (Luiz Antonio/Jota Jr.), "Para o inferno ou para o céu" (Manoel Santana/Lourival Faissal) – Continental

1952. "Velho barrigudo" (Caribé da Rocha/Evenor), "Canção das noivas" (Rômulo Paes/Haroldo Lobo) – Continental

1953. "Baião do gago" (Luiz Vieira), "Estrela miúda" (Luiz Vieira/João do Vale) – Todamérica

1953. "Zé Marmita" (Brazinha/Luiz Antonio), "Marcha do sapinho" (Humberto Teixeira/Norte Victor) - Continental

1954. "Batucada" (João de Barro), "Marcha do tambor" (Jurandir Prates/Hianto de Almeida/Evaldo Rui) - Continental

1954. "É sempre o papai" (Miguel Gustavo), "Zé da gota" (Luiz Vieira) - Continental

1954. "Patinete no morro" (Luiz Antonio), "Funga-funga" (José Gonçalves/Adelino Moreira) - Continental

1955. "Can-can" (João de Barro), "Mora na filosofia" (Monsueto Menezes/Arnaldo Passos) - Continental

1955. "Marlene, meu bem" (Mario Lago), "Saudosa maloca" (Adoniran Barbosa) - Sinter

1956. "O lamento da lavadeira" (Monsueto Menezes/Nilo Chagas/João Violão), "Leva ele" (Assis Valente/Álvaro da Silva) - Sinter

1956. "Samba rasgado" (Zé Kéti), "Aperta o cinto" (Monsueto Menezes/Jorge de Castro) - Sinter

1957. "Jarro d'água" (Assis Valente), "E o mundo não se acabou" (Assis Valente) - Sinter

1959. "Brigas, nunca mais" (Antonio Carlos Jobim/Vinicius de Moraes), "Erros de gramática" (Carlos Lyra/Marino Pinto) - Odeon

1959. "Gimba" (Jorge Kaszas/Gianfrancesco Guarnieri), "A banda do papai" (Fonseca Filho) - Odeon

1959. "O apito no samba" (Luís Bandeira/Luiz Antonio), "O-la-lá, bambolê" (Luiz Bittencourt/Marival) - Odeon

1963. "Twist no carnaval" (João de Barro/Jota Jr.), "Alguém" (Haroldo Barbosa/Luiz Reis) - Continental

LP/Compacto/CD

1956. *Marlene apresenta sucessos de Assis Valente* ("Recenseamento"/"Camisa listrada"/"Cansado de sambar"/"Maria boa"/"E o mundo não se acabou"/"Boas festas"/"Jarro d'água"/"Uva de caminhão"/"Té já - Good by boy") - Sinter

1970. *É a maior!* ("A onda"/"Para o inferno ou para o céu"; "Se é pecado sambar"; "Mustang cor de sangue"; "Lata d'água"; "Cansado de sambar"; "País tropical"/"Meu pai amarrou meus olhos"; "Tropicália"/"Fez bobagem"; "Recenseamento"; "Uva de caminhão"/"Qui nem jiló"/"Coração vagabundo"/ "Inimigo do batente"/"Máscara da face"; "Mora na filosofia"; "Vagabundo"; "Pode ser"/"Joia falsa"/"Eu fui à Europa"; "Atrás do trio elétrico"/"Beco do Mota"/"Queixa"; "Lata d'água"; "Irene") – Fermata

1973. *Botequim: trilha sonora da peça teatral* ("Quem sabe mais"/"Esperando por você"/"Canção do medo"/"Meu tempo e Castro Alves"/"Sou assim"/"Um grito parado no ar"/"Quanto vale uma criança"/"Embolada no carrapato"/ "Mesa de bar"/"Dane-se"/"Vem amor, vem vingança"/"Bobeou, não vai entender") – RGE

1974. *Te pego pela palavra* ("Lata d'água"/"Zé Marmita"/"Pra quem quiser cantar"/"Se é pecado sambar"/"Canção do medo"/"Primeira bateria"/"Bloco do Dodô"/"Dois pra lá, dois pra cá"/"Ronda"/"Cabaré"/"Na subida do morro"/ "Pra onde vai, valente?"/"Serenô"/"Mané fogueteiro"/"Debaixo do sol"/"Rock'n'roll"/"Beguine dodói"/"Resistindo"/ "O trem chegou"/"Trem de Alagoas"/"Ponta de areia"/"O trem"/"Cabra-cega"/"O chefão"/"Galope"/"Meu coração é um pandeiro"/"Roupa prateada"/"Catedral do inferno"/ "Se é pecado sambar") – Odeon

1977. *Antologia da marchinha* (*pot-pourri* de Joubert de Carvalho; João de Barro; Noel Rosa; Tom Jobim; Francisco Mattoso; Chico Buarque; Assis Valente; Lamartine Babo; Ary Barroso; Custódio Mesquita) – Phonogram

1998. *Marlene* ("Apito no samba"/"Galope"/"Nasci para bailar"/"Boogie woogie na favela"/"Uma canção desnaturada"/"Surabaya Johnny"/"Geni e o Zepelin"/"Ronco da cuíca"/"Garoto"/"Meu guri"/"Como uma onda"/"Qui nem jiló"/"A Bahia te espera"/"Estrela da vida") – Leblon Records

Filme

Pif-paf (1945). Cinédia. Direção de Ademar Gonzaga. Com Léo Albano, Walter d'Ávila, Marlene.

Caídos do céu (1946). Cinédia. Direção de Luís de Barros. Com Dercy Gonçalves, Walter d'Ávila, Nelma Costa, Marlene.

Esta é fina! (1948). LEB. Direção de Luís de Barros. Com Walter d'Ávila, Jackson de Souza, Hortência Santos, Marlene.

Caminhos do sul (1949). Capital Filmes. Direção de Fernando de Barros. Com Maria Dela Costa, Tônia Carrero, Marlene.

Um beijo roubado (1950). Cinédia. Direção de Leo Marten. Com Marlene, Walter d'Ávila, Cyll Farney, Maria Costa, Marlene.

Tudo azul (1952). Flama. Direção de Moacyr Fenelon. Com Luís Delfino e Marlene.

Balança mas não cai (1953). Mauá. Direção de Paulo Wanderley. Com Paulo Gracindo, Brandão Filho, Herval Rossano, Marlene.

Adeus, problemas (1954). Tacuari. Direção de Kurt Land. Com Henrique Muinho, Amália Sanches Ariño, Aberto Berco, Marlene. Filmado na Argentina.

O cantor e o milionário (1958). Guarujá. Direção de Paulo Wanderley. Com Luís Delfino, Eva Wilma, Anselmo Duarte, Marlene.

Quem roubou meu samba? (1959). Cinedistri. Direção de José Carlos Burle. Com Ankito, Maria Vidal, Aurélio Teixeira, Nancy Wanderley, Marlene.

A volta do filho pródigo (1979). Embrafilme. Direção de Ipojuca Pontes. Com Tereza Rachel, Jaime Barcelos, Marlene.

Teatro

Bonde do Catete (1950). Direção de J. Maia. A peça foi apresentada no Teatro João Caetano.

Deixa que eu chuto (1950). A peça foi apresentada no Teatro João Caetano.

Aperta o cinto (1951). A peça foi apresentada no Teatro Carlos Gomes.

Depois do casamento (1952). Direção de Mário Brazini. A peça foi apresentada no Teatro de Comédia.

Me leva que eu vou (1953). A peça foi apresentada no Teatro João Caetano.

Angelina e o dentista (1953). A peça foi apresentada no Teatro Rival.

Maya (1954). A peça foi apresentada no Teatro Rival.

Tia Mame (1959). Direção de Dulcina de Moraes. A peça foi apresentada no Teatro Dulcina.

Alice no país divino maravilhoso (1970). Direção de Sidney Miller e Paulo Afonso Grisolli. A peça foi apresentada no Teatro Casa Grande.

Botequim (1973). Direção de Gianfrancesco Guarnieri. A peça foi apresentada no Teatro Princesa Isabel.

A dama de copas e o rei de cubas (1974). Direção de Antonio Carlos Kraide. A peça foi apresentada no Teatro Santa Rosa.

O quarteto (1976). Direção de Ziembinski. A peça foi apresentada no Teatro Ipanema.

Ópera do malandro (1979-1980). Direção de Chico Buarque de Hollanda. A peça foi apresentada no Teatro Pixinguinha.

CAPÍTULO 8

DALVA DE OLIVEIRA

O Trio de Ouro era a Dalva, e depois de sua saída o grupo acabou.
Nelson Gonçalves

Impossível falar de Dalva de Oliveira e não mencionar o nome de Herivelto Martins. E não apenas porque os dois protagonizaram um inesquecível barraco, mas porque, tirando a voz e o canto, tudo o mais foi ele quem ensinou a ela. Herivelto ensinou-a a se vestir, mostrou-lhe como devia postar-se no palco, como olhar e dirigir-se à plateia – e, sobretudo, deu-lhe um repertório tão vasto como fabuloso, que incluía pérolas como "Ave-Maria no morro" e "Segredo". Sim, Herivelto Martins, mais que um marido, modelou Dalva de Oliveira, dando-lhe um figurino que a elevou à condição de grande diva da música brasileira – a Estrela Dalva do Brasil.

Dalva nasceu Vicentina Paula de Oliveira, em 5 de maio de 1917, na cidade paulista de Rio Claro. Sua mãe chamava-se Alice do Espírito Santo de Oliveira, era portuguesa e fazia salgadinhos e doces para vender e assim ajudar no orçamento familiar. Seu pai, um mulato festeiro (Ary Barroso diria "inzoneiro"), chamava-se Mário de Oliveira, conhecido como Mário Carioca; era marceneiro da Companhia Paulista de Trens e tocador de clarinete. Ele costumava realizar serenatas com seus amigos músicos, tendo, inclusive, organizado um conjunto para se apresentar em festas. Além de Vicentina, Mário e Alice tiveram outras três filhas: Nair, Margarida e Lila. O único filho homem do casal nasceu com problemas de saúde e morreu ainda criança.

Desde cedo Vicentina amargou uma infância de poucos brinquedos, embora com muita música. Ela acompanhava o pai nas serenatas, que ficava orgulhoso de ver e ouvir a menina, no alto de um banquinho, cantar como se fosse adulta. Vicentina era, por assim dizer, o filho homem – que se chamaria Vicente – que Mário Carioca sonhava ter. Foi ele quem ensinou e estimulou a menina a dar bicadas no seu copo de cachaça.

Quando Vicentina tinha 8 anos, a família sofreu um duro golpe: a morte de Mário Carioca. Apesar da tristeza, dona Alice resolveu se mudar para a capital paulista, onde arrumou emprego de governanta na residência de um paulista quatrocentão. As filhas foram para um colégio de irmãs de caridade, o Internato Tamandaré, onde Vicentina teve aulas de piano, órgão e dança. A menina permaneceu interna por três anos, mas foi obrigada a sair devido a uma séria infecção nos olhos, que quase a deixou cega.

Intolerantes, os patrões de dona Alice encresparam-se com a presença da criança na sua casa e preferiram despedir a governanta. Dona Alice, contudo, foi à luta e logo encontrou emprego de copeira num hotel. Vicentina passou a ajudá-la. Sem condições de retornar ao internato, Vicentina seguiu a receita que o destino lhe impunha: foi ser arrumadeira, babá, ajudante de cozinha em restaurantes e faxineira numa escola de dança.

• • •

Em 1934, dona Alice reuniu as filhas e partiu com todas para o Rio de Janeiro. Foram morar na rua Senador Pompeu, próximo da Central do Brasil, num cortiço, vulgo "cabeça de porco". Vicentina arrumou emprego como costureira numa fábrica de chinelos, na qual um dos sócios, Milton Guita, conhecido como "Milonguita", era também diretor da Rádio Ipanema, a atual Rádio Mauá. Guita ouviu-a cantar e a convidou para fazer um teste. Era o que Vicentina mais desejava.

O teste, como não podia deixar de ser, foi um sucesso. Tanto que duas outras emissoras, as rádios Sociedade e Cruzeiro do Sul, fizeram convites a Dalva – nome, aliás, sugerido por dona Alice, que reconhecia que Vicentina não era nome de cantora. Na Rádio Cruzeiro do Sul, Dalva cantou ao lado de Noel Rosa. Não demorou muito, transferiu-se para a Rádio Philips e, em seguida, para a Rádio Mayrink Veiga. Em 1936, fez uma temporada popular na Casa do Caboclo e no Teatro Fênix, onde atuou ao lado de Jararaca e Ratinho, Alvarenga e Ranchinho, Ema d'Ávila, Diamantina Gomes e Antônio Marzullo.

Em 1937, Dalva recebeu um convite para se apresentar num teatro mambembe de subúrbio: o Teatro Pátria, em São Cristóvão. No mesmo local, Herivelto Martins ganhava uns trocados representando o palhaço Zé Catimba e cantando em companhia de Nilo Chagas. Herivelto era louro; Chagas era negro: os dois formavam assim a Dupla Preto e Branco. Quando Dalva e Herivelto foram apresentados, os dois se apaixonaram no primeiro olhar. Como num conto de fadas, em poucas semanas foram viver juntos – só casariam oficialmente em 1939, quando o filho Pery já havia nascido.

Dalva de Oliveira começou a se apresentar com a dupla. Ainda em 1937, por interferência do amigo e admirador Príncipe Pretinho, gravaram o primeiro 78 rpm, com duas composições de Príncipe: "Ceci e Peri" e "Itaquari". Logo Herivelto teria uma ideia: por que não reorganizar os arranjos da dupla, unindo a eles a voz peculiar de Dalva? Nascia assim o trio, que o radialista César Ladeira, o mesmo que chamou Carmen Miranda de "Pequena Notável" e que inventou os títulos de "Cantor das Multidões" para Orlando Silva, "Cantor que Dispensa Adjetivos" para Carlos Galhardo e "Caboclinho Querido" para Silvio Caldas, batizaria de "Trio de Ouro".

• • •

O começo – como todos os começos – foi difícil. Dalva e Herivelto foram morar em variados muquifos do centro do Rio: primeiro na rua do Lavradio; depois, na rua Pedro I; por fim, na rua dos Inválidos. Dalva lavava e passava as roupas do casal, cozinhava em fogareiro e ainda cuidava de Pery. O dinheiro era escasso, pois o trio só se apresentava em circos e bares suburbanos. Em 1938, o Trio de Ouro finalmente começou a cantar nas rádios, o que melhorou o orçamento familiar, mas nem tanto: pelo menos o aluguel do quarto estava garantido com certa folga.

Dalva logo perceberia que seu casamento com Herivelto nunca seria um conto de fadas. O autor de "Caminhemos" era um inveterado boêmio, e fez dos bares e botequins da praça Tiradentes e adjacências seu reduto. Todas as noites, ele comparecia ao local, onde, em frente ao Teatro Carlos Gomes, ficava batendo papo com outros compositores e cantores. Só voltava para casa a altas horas.

De qualquer modo, a presença de Herivelto na praça Tiradentes rendeu alguns contratos ao Trio de Ouro. Um deles, temporário, foi com o Cassino da Urca. Cantavam também em cinemas, nos intervalos das sessões. Assim, o Trio de Ouro ia se tornando cada vez mais conhecido – suas apresentações agradavam e eram comentadas no meio artístico. Seus discos tinham cada vez mais aceitação.

Em 1941, finalmente, o Trio de Ouro assinou contrato fixo com o Cassino da Urca. No ano seguinte, Dalva e Herivelto foram morar na avenida João Luis Alves, bem próximo do Cassino. Em melhores condições de vida, Herivelto continuou a aprontar: manteve o gosto pela boemia e acentuou suas escapadas amorosas (afinal, quem iria manter-se incólume diante daquelas coristas deslumbrantes?) e transformou seu apartamento, depois do show no Cassino, em ponto de encontro de amigos, ocasião em que discutiam os destinos da música popular brasileira, tomavam muita cerveja e comiam o macarrão preparado por Dalva – uma Dalva exausta, com sono e ainda de vestido longo, maquiagem, cabelos penteados.

Dalva não era ingênua: sabia dos namoricos de Herivelto, mas suportava a frieza do marido e a presença daquela turba de famintos e sedentos na sua casa àquela hora. Seu comportamento, contudo, era estranho: quase sempre ela nada dizia. Não reclamava. Nada cobrava do marido. Uma passividade que o próprio filho Pery e os amigos mais íntimos não sabiam explicar. Às vezes, porém, ela explodia e a discussão entre os dois descambava para a troca de sopapos. Não foram poucas as ocasiões em que Herivelto, cego de ódio, agrediu violentamente a mulher – e Dalva, enfurecida, rachou-lhe a cabeça com uma vassourada ou um cinzeiro de bronze.

A verdade é que o clima entre Dalva e Herivelto azedava a cada dia. Entre uma briga e outra, havia sempre um período de paz, que, em vista da rotina do casal, era apenas o prelúdio de uma nova e mais violenta desavença.

Herivelto continuava fazendo das suas. Um dia, durante um voo da Real Aerovias, a aeromoça (chamava-se Lurdes) ofereceu-lhe uma revista. Os olhos azuis do compositor se depararam com o sorriso e os cintilantes olhos verdes de Lurdes. A paixão foi fulminante – algo que ele jamais sentira por uma de suas aventuras. O compositor não perdeu tempo: foi à caça e esbanjou charme, música e poesia para cima da moça. O assédio acabou dando certo.

Lurdes Torelli era prima de Aparício Torelli, o Barão de Itararé. Era morena, olhos verdes como os de Dalva, recém-desquitada, um filho de 2 anos. Herivelto passou a dividir sua vida entre a esposa legítima e a outra, com quem começou a sair – e a apresentar aos amigos, que, assombrados com a cara de pau do compositor, limitavam-se a se entreolhar e a imaginar o bode que seria quando Dalva descobrisse tudo.

Dalva soube da existência de Lurdes por meio de insinuações de amigos, mas preferiu acreditar que se tratava de mais uma aventura inconsequente do marido. Um dia, porém, deu uma busca nos bolsos do paletó de Herivelto e achou uma fotografia dele de braço dado com uma mulher que trazia uma criança no colo. Dalva levou um choque: "Uma criança? Então, o Herivelto?..." Quando o marido chegou, Dalva o recebeu com quatro pedras nas mãos. Pego de surpresa, Herivelto alegou que se tratava da mulher e do filho de um amigo, mas Dalva não se deixou enganar. Aquela briga, de certa forma, selou o destino do casal.

Contudo, havia uma pedra no meio do caminho.

• • •

A pedra chamava-se Trio de Ouro. Toda a vocalização do trio se sustentava em Dalva de Oliveira – e dela, por assim dizer, dependia o sucesso do grupo. Herivelto, então, montou uma verdadeira engenharia que conciliava a relação deteriorada com a mulher (continuavam morando sob o mesmo teto e compartilhavam a mesma cama, embora não se falassem), a paixão por Lurdes e o trabalho no Trio de Ouro. Foram três anos assim, um equilíbrio precário e tenso, que constrangia amigos, parentes e filhos.

Um dia, Lurdes ligou para Dalva e propôs um encontro. Embora irritada, a cantora topou. O encontro se deu na Leiteria Bol, na Lapa. Como não podia deixar de ser, foi um diálogo tenso, mas sem agressões, de quase uma hora. Lurdes disse que ela e Herivelto se amavam. Esclareceu que o filho não era dele, e que podia provar. Dalva ouviu tudo em silêncio, mas, quando resolveu falar, não aliviou: contou todas as estrepolias de Herivelto, suas infidelidades, a boemia, a distância que mantinha dos filhos, as surras de cinto que aplicava neles, as agressões contra ela, o cinismo, as mentiras. Alertou: ela, Lurdes, que se preparasse. Que não acreditasse nas promessas de Herivelto. Que prestasse atenção em sua lábia. Com o orgulho dilacerado e a autoestima lá embaixo, Dalva fez com Lurdes o que ninguém quis ou se lembrou de fazer com ela: contar tudo o que sabia de Herivelto.

Em 1949, a convite da comediante Dercy Gonçalves, o Trio de Ouro participou de uma excursão à Venezuela. Na época, Dalva e Herivelto estavam praticamente separados. O compositor ainda não saíra de casa, mas dormia fora dia sim, dia não. Dalva, a rigor, era vítima da ambivalência e do machismo de Herivelto: apaixonadíssimo por Lurdes, o compositor, extremamente possessivo, não aceitava que ninguém se aproximasse ou cortejasse Dalva. A cantora era uma propriedade sua, que Herivelto não admitia perder ou mesmo dividir. "Você não seria nada sem mim. Eu ensinei tudo a você: a cantar, a se vestir, a se apresentar. Você me deve tudo", dizia Herivelto, espumando de ódio.

Na Venezuela, nada deu certo. A sociedade local, pelo menos naquela época, era extremamente conservadora, e o estilo desbocado e esculachado de Dercy, ao contrário do que se esperava, foi rejeitado pelo público. Na estreia, inclusive, muitas pessoas se retiraram do teatro em cena aberta, escandalizadas com os palavrões, gestos e cusparadas de Dercy. Bem verdade que as apresentações do Trio de Ouro agradaram, mas isso era pouco para reverter a situação. Resultado: o espetáculo não se sustentou e, no terceiro dia, saiu de cartaz. Tremendo fiasco.

Em face do insucesso, Dercy ligou para Adhemar de Barros, de quem era amiga, pedindo socorro. Adhemar enviou-lhe dinheiro e passagem – e assim Dercy pôde regressar ao Brasil. O Trio de Ouro, o maestro e compositor Vicente Paiva e sua esposa, Amália, resolveram permanecer em Caracas. Foram três meses de grandes dificuldades, ao fim dos quais tinham dinheiro apenas para chegar a

Belém. Na capital paraense, contudo, o sucesso foi estrondoso, mesmo depois que Herivelto resolveu retornar ao Rio – e, assim, selar de vez o fim da participação de Dalva no Trio de Ouro.

Foi em Belém, portanto, que Dalva de Oliveira deu início à sua carreira solo, acompanhada ao piano por Vicente Paiva. Enquanto isso, no Rio, Herivelto tomava finalmente a decisão de sair de casa de vez.

• • •

Embora sofrida, Dalva reiniciou a carreira. E obteve sucesso com um 78 rpm sensacional: de um lado, "Tudo acabado", de J. Piedade e Oswaldo Martins; do outro, "Olhos verdes", de Vicente Paiva, primeira gravação da cantora na nova fase, sem o Trio de Ouro.

Tudo acabado entre nós
(...)
Você chorou e eu chorei
Você partiu e eu fiquei

Quem não gostou nada da autonomia de Dalva foi Herivelto, que, em represália, rompeu com o que havia de desquite amigável entre os dois. O que se seguiu, então, foi uma batalha de acusações e ofensas mútuas, que envolveu e emocionou fãs, chocou a sociedade e fartou jornais e revistas. A verdade é que "Tudo acabado" foi entendida como uma resposta a "Cabelos brancos", de Herivelto e Marino Pinto, lançada pouco antes. Foi essa a razão da fúria de Herivelto.

Não falem dessa mulher
Perto de mim
(...)
Por ela
Vivo aos trancos e barrancos
Respeitem ao menos
Meus cabelos brancos

Diante do sucesso do disco de Dalva, a gravadora Odeon providenciou a produção de outro, tendo o bolero "Que será", de Marino Pinto e Mário Rossi, como carro-chefe.

Que será
Da minha vida sem o teu amor
Da minha boca sem os beijos teus
Da minha alma sem o teu calor

Ninguém permanecia indiferente a tanto ressentimento, paixão e fossa: uma revista da época divulgou uma pesquisa que mostrava os cariocas divididos entre os pró-Herivelto e os que apoiavam Dalva. Os editores musicais e a mídia não perdiam a chance de esquentar a polêmica e publicavam versões e detalhes picantes do *affaire*, que era turbinado por entrevistas e declarações de quem estava direta ou indiretamente envolvido.

Bem verdade que o público ouvia (e chorava) uma música e, como num jogo de tênis, virava-se imediatamente para o outro contendor, à espera de um novo e emocionante capítulo do drama. Assim, diante de "Tudo acabado" e de "Que será", Herivelto, em parceria com David Nasser, retrucou com "Caminho certo", que atacava a ex-mulher de forma impiedosa.

Eu deixei o meu caminho certo
E a culpada foi ela
Transformava o lar na minha ausência
Em qualquer coisa
Abaixo da decência

Em 1950, Dalva de Oliveira gravou "Errei sim", de Ataulfo Alves, que era amigo de Herivelto. O ex-marido de Dalva jurou que iria quebrar a cara do autor de "Amélia", que retrucou dizendo estar preparado para o pugilato. Por interferência de conhecidos e amigos, o desforço físico prometido entre os dois não aconteceu.

Errei sim
Manchei o teu nome

Mas foste tu mesmo o culpado
Deixavas-me em casa
Me trocando pela orgia
Faltando sempre com a tua companhia

A polêmica movimentava os compositores, todos ávidos por dar a sua contribuição – e, claro, tirar uma casquinha do entrevero. Ataulfo Alves, Oswaldo Martins, Paulo Soledade, Nelson Cavaquinho, entre outros, ficaram do lado de Dalva. Solidários com Herivelto estavam David Nasser, que, em seu melhor estilo, escreveu artigos repugnantes no *Diário da Noite* contra a cantora, e Benedito Lacerda. Marino Pinto foi um caso à parte: de início, ficou com o compositor; depois, mudou de lado, e trabalhou a favor da cantora. Tal como acontecera com Ataulfo Alves, Herivelto odiou a debandada de Marino e, como vingança, compôs, com Benedito Lacerda, "Falso amigo", em que acusava o "falso amigo Marino Pinto" de receber dinheiro para trocar de lado.

Em meio ao tiroteio, Dalva ainda tinha fôlego e tempo para gravar alguns clássicos, como o samba-canção "Ave-Maria", de Vicente Paiva e Jaime Redondo, a marcha-rancho "Zum-zum", de Paulo Soledade e Fernando Lobo, e o baião "Kalu", de Humberto Teixeira, que vendeu, em 1951, mais de 350 mil cópias. Tais sucessos bagunçavam ainda mais a cabeça de Herivelto, cuja criatividade não se cansava de fustigar a ex-mulher. Foi o caso do samba "Teu exemplo", em que procurou responder a "Errei sim".

Há muita gente
Que encontra estrelas
Na própria lama
E junta um buquê de flores
Do mal que soube causar

Herivelto exibia extrema crueldade quando falava de Dalva, mesmo se suas palavras atingissem os próprios filhos. Pery Ribeiro conta que mais de uma vez ouviu do pai: "Sua mãe não presta. Ela ainda está dando pra fulano? Ela é uma puta!" Na verdade, Herivelto não suportava a ideia de que Dalva, mesmo aos trancos e barrancos, estivesse sobrevivendo. Ele, sem dúvida, amava Lurdes, mas era-lhe um sofrimento supor e constatar que Dalva tivesse forças para seguir adiante – sem ele.

Em 1951, Marino Pinto e Paulo Soledade deram à cantora o samba-canção "Calúnia", um revide direto aos comentários de Herivelto Martins.

Quiseste ofuscar minha fama
E até jogar-me na lama
Só porque eu vivo a brilhar
Sim, mostraste ser invejoso
Viraste até mentiroso
Só para caluniar

É evidente que Herivelto Martins não perdeu tempo. E, em parceria com Benedito Lacerda, pôs na praça dois sambas: "Consulta o teu travesseiro" e "Não tem mais jeito".

Consulta o teu travesseiro
E me diz se é possível
Entre nós uma reconciliação

Não tem mais jeito
Mulher quando perde
A vergonha e o respeito
Não tem mais jeito

As coisas estavam nesse pé quando Nelson Cavaquinho e Oswaldo Martins compuseram o antológico samba "Palhaço", que Dalva transformou num de seus maiores sucessos. Segundo Pery Ribeiro, "Palhaço" era uma sutil ironia à antiga profissão do pai.

Sei que é doloroso um palhaço
Se afastar do palco por alguém
Volta que a plateia te reclama

Após a gravação e o lançamento de "Palhaço", Dalva fez uma curta temporada em Londres, ocasião em que cantou acompanhada da orquestra de Roberto Inglês, na festa de coroação da Rainha Elizabeth II. Nos estúdios da Parlophone, Dalva gravou um LP no qual recriou clássicos brasileiros como "Tico-tico no fubá", de Zequinha de Abreu, e "Aquarela do Brasil" e "Na baixa do sapateiro", de Ary Barroso. Quando retornou ao Brasil, recebeu outra música de Ataulfo Alves, "Fim de comédia".

Esse amor quase tragédia
Que me fez um grande mal
Felizmente essa comédia
Vai chegando ao seu final
Já paguei todos os pecados meus
O meu pranto já caiu demais
Só lhe peço pelo amor de Deus
Deixa-me viver em paz

O que Herivelto não queria era deixar Dalva viver em paz – e não tardou a dar o troco. Em parceria com Raul Sampaio, que substituíra Nilo Chagas no Trio de Ouro, compôs "Perdoar".

Perdoar
Eu não perdoo não
Eu estou cada vez mais convencido
De que aquela mulher
Ai, ai, meu Deus
É um caso perdido

Em fins de 1951, Dalva foi eleita Rainha do Rádio, recebendo a coroa de Marlene. Em 1952, viajou à Argentina, onde se apresentou na Radio El Mundo, de Buenos Aires. Na ocasião, Dalva conheceu o empresário Tito Clemente, com quem iria se casar. E gravou mais uma contribuição à polêmica com Herivelto: "Poeira do chão", de Armando Cavalcanti e Klécius Caldas.

O que te dei em carinho
Tu devolveste em traição
O que era um claro caminho

Tornaste desolação
Hoje tu voltas chorando
Para implorar o meu perdão

Se a polêmica Dalva *versus* Herivelto deu ao segmento dor de cotovelo do cancioneiro brasileiro uma contribuição inestimável, tantos foram os clássicos produzidos na época, no plano pessoal o bate-boca musical causou muito mal à cantora, que passou a abusar da bebida. Isso, aliás, se acentuou quando David Nasser passou a escrever artigos abomináveis contra Dalva nas páginas do *Diário da Noite*. O jornalista só a tratava como "a dama do abajur lilás", referência a um verso da música "Que será", e escrevia coisas assim: "Preservando o talento da cantora, sua vida particular é uma vergonha, um atentado ao pudor!" A revista *Escândalo*, de um sujeito chamado Fred Daltro, publicou uma matéria contra Dalva cujo título era: "Dalva de Oliveira, indigna de ser mãe!"

Nasser era um sujeito absolutamente inescrupuloso, mas possuía um excelente texto, o que equivale a dizer que, mediante dois ou três artigos, era capaz de convencer o público de que estava dizendo uma verdade. Os leitores liam as matérias de Nasser sobre Dalva e resmungavam: "Tadinho do Herivelto, como sofreu!"

• • •

Após a separação, Dalva despertou o interesse de muitos homens. O namoro com Haroldo Paim Pamplona, oficial da Aeronáutica, durou pouco. Os dois não souberam conciliar a vida militar de Paim com a vida artística de Dalva, ainda por cima desquitada. Depois, Dalva namorou Djalma Ferreira, que comandava a boate Drink. Procópio Ferreira foi, talvez, a pessoa que mais amou Dalva de Oliveira, embora não fosse retribuído. Procópio foi sempre muito gentil com ela, cuidava para que nada lhe faltasse, zelava a distância pelos filhos da cantora – e jamais exigiu nada de Dalva.

Quando Dalva conheceu Tito Clemente, percebeu que estava diante da oportunidade de um novo relacionamento mais duradouro. Tito era comediante, músico, coreógrafo e, dizem, excelente dançarino, o que o levava a ser conhecido, em sua terra natal, como o Fred Astaire portenho. Além disso, Tito era um sujeito extremamente elegante, educado, fino – coisa que incendiou o coração da cantora, que, até então, vinha sendo vítima de grosserias e ofensas. Quando os dois se casaram, Tito disse a Dalva que seria melhor os dois residirem em Buenos Aires, onde ele seria diretor de uma emissora de TV. Como Dalva fazia muito sucesso na Argentina, ela aceitou a proposta. Viveram em Buenos Aires cerca de três anos.

Havia entre Dalva e Tito uma diferença essencial de comportamento. Tito era cerimonioso, vestia-se com formalidade – e desejava que Dalva agisse como se fosse uma grã-fina, uma *lady*, justo ela que era uma pessoa informal, alegre, descontraída. Tal divergência provocou, de início, alguma tensão entre os dois, que, aos poucos, foi evoluindo para brigas e discussões, agravadas pelo fato de que Dalva, a cada dia, bebia enormes e constantes doses de conhaque. Tito lutou bastante contra o alcoolismo de Dalva. Em 1954, numa tentativa de buscar a paz doméstica, Dalva e Tito resolveram adotar uma menina recém-nascida, a quem deram o nome de Dalva Lúcia.

Em 1965, após 14 anos de casados, Tito Clemente entregou os pontos: arrumou as malas e retornou a Buenos Aires. Pior: levou com ele a filha. Era um novo golpe na vida de Dalva, que o enfrentou, como de hábito, com um copo na mão e uma garrafa na outra.

• • •

19 de agosto de 1965. Após jantar na boate Drink, Dalva de Oliveira, acompanhada de Manuel Nuno Carpinteiro, ex-motorista e então marido, e de Walter, costureiro dela, tomaram o Oldsmobile da cantora. Pouco antes do túnel Novo de Copacabana, Nuno, que estava ao volante, perdeu o controle do automóvel, que subiu na calçada, capotou e matou quatro pessoas que estavam no ponto do ônibus.

Com apenas escoriações, Nuno informou à polícia que quem dirigia o carro era Dalva, que estava inconsciente e muito ferida. Os dias que se seguiram foram terríveis: os jornais se esbaldavam, diziam que Dalva estava bêbada, falavam do "novo amante", Nuno, muito mais jovem que ela. Os familiares das vítimas abriram processo contra Dalva, que, internada no hospital Miguel Couto, permanecia em coma. A cantora sofrera afundamento do maxilar, fraturara a bacia e tivera um corte longo e profundo no lado esquerdo da face.

O episódio, como tantos na vida da estrela, deixou sequelas graves. Financeiramente, Dalva foi obrigada a se endividar, de modo a fazer frente ao tratamento a que teve que se submeter e aos pedidos de dinheiro das famílias das vítimas. Não tendo a quem recorrer, Dalva pediu socorro à Odeon, que se prontificou a ajudá-la – desde que ela repassasse à gravadora os direitos de seus principais discos. Era, sem dúvida, uma extorsão, pois os percentuais de Dalva, no auge de sua carreira, variavam de 1% a 5%. Foi essa (em tese) mixaria que a Odeon exigiu para ajudá-la. Sem saída, Dalva submeteu-se à chantagem.

A vida de Dalva, a partir do acidente, tornou-se um martírio. Vivia o pesadelo de se sentir responsável pela morte de quatro pessoas. Seu rosto ficou desfigurado, e ela mergulhou na mais profunda depressão. Afastada do meio artístico, Dalva procurou na bebida a solução dos seus problemas.

No início dos anos 1970, Dalva viveu seu último período de reconhecimento. Embora doente, sofrendo de cirrose hepática, a cantora alternava períodos de internamento nos hospitais e de esforços para recompor sua vida. Convidada por Max Nunes e Laércio Alves, que a visitaram no hospital, Dalva gravou um dos seus últimos sucessos: "Bandeira branca".

Mas a saúde de Dalva a cada dia ia se tornando mais frágil. Passava mais tempo no hospital que em casa. Após um coma que durou três dias, ainda teve forças para dizer aos filhos: "Eu parto, mas vocês continuam."

Morreu às 17h do dia 30 de agosto de 1972.

Discografia selecionada

78 rpm

1939. "Pedro, Antônio e João" (Benedito Lacerda/Osvaldo Santiago), "Noites de junho" (João de Barro/Alberto Ribeiro) – Columbia

1939. "Quem mora na lua!" (Príncipe Pretinho), "Madalena se zangou" (Sinval Silva/Ubenor Santos) – Odeon

1940. "Mesma história" (Benedito Lacerda/Herivelto Martins), "Menina do vestido branco" (Príncipe Pretinho) – Columbia

1943. "Valsa da despedida" (R. Bunrs/João de Barro/Alberto Ribeiro), "Pedro, Antônio e João" (Benedito Lacerda/Osvaldo Santiago) – Odeon

1943. "Verão no Havaí" (Haroldo Lobo/Benedito Lacerda), "Mais uma história de amor" (Herivelto Martins/Humberto Porto) – Odeon

1949. "Cachopa" (Herivelto Martins/Benedito Lacerda), "Vem, meu amor" (Haroldo Lobo/Paquito) – Odeon

1949. "Quarto vazio" (Herivelto Martins), "Nossas vidas" (Herivelto Martins) – Odeon

1950. "Casamento do papai" (Fernando Martins/Carvalhinho/Marino), "Chorei, chorei, sim" (Fernando Lobo/Nestor Holanda) – Odeon

1950. "Errei sim" (Ataulfo Alves), "Segundo andar" (Alvarenga/Ranchinho) – Odeon

1950. "Ave-Maria" (Vicente Paiva/Jaime Redondo), "Mentiras de amor" (Lourival Faissal/Gustavo de Carvalho) – Odeon

1950. "Olhos verdes" (Vicente Paiva), "Tudo acabado" (J. Piedade/Osvaldo Martins) – Odeon

1950. "Sebastiana da Silva" (Rômulo Paes), "Palhaço" (Osvaldo Martins/Washington/Nelson Cavaquinho) – Odeon

1950. "Sertão do Jequié" (Klécius Caldas/Armando Cavalcanti), "Que será" (Marino Pinto/Mario Rossi) – Odeon

1951. "Esta noite serenou" (Hervê Cordovil), "A grande verdade" (Luiz Bittencourt/Mariene) – Odeon

1951. "Rio de Janeiro" (Ary Barroso), "Calúnia" (Marino Pinto/Paulo Soledade) – Odeon

1951. "Zum-zum" (Fernando Lobo/Paulo Soledade), "Consolação" (Vicente Paiva/Sebastião Gomes/Tito Mendes) – Odeon

1952. "Estrela do mar" (Marino Pinto/Paulo Soledade), "Boa noite" (Fernando Lobo/Manezinho Araújo) – Odeon

1952. "Vai na paz de Deus" (Ataulfo Alves/Antonio Domingos), "Mulher" (Marino Pinto/Paulo Soledade) – Odeon

1955. "Prece" (Alberto Ribeiro), "Saia do caminho" (Custódio Mesquita/Evaldo Rui) – Odeon

1958. "Eu errei, confesso" (Klécius Caldas/Armando Cavalcanti), "Belezas do Rio" (Gomes Cardim/Lela) – Odeon

1958. "Intriga" (Sinval Silva/Tito Climent), "Sonho de pobre" (Tito Climent) – Odeon

1961. "Ave-Maria" (Vicente Paiva/Jaime Redondo), "Não devo insistir" (Dora Lopes/Peri Ribeiro) – Odeon

1961. "Se você se importasse" (Peterpan), "Quando um amor se acaba" (Peterpan) – Odeon

1962. "Amor de solidão" (Luiz Bonfá/Maria Helena Toledo), "A tua voz" (Sergio Malta) – Odeon

1962. "Arco-íris" (Marino Pinto/Paulo Soledade), "Amor-próprio" (Marino Pinto/Carlos Washington) – Odeon

LP/Compacto/CD

1957. *Os tangos mais famosos na voz de Dalva de Oliveira* ("Yara,Yara"/"Seus olhos se fecharam"/"Confissão"/"Tristeza Marina"/"Che papusa oi!"/"Lencinho querido"/"La última copa"/"Fumando espero") – Odeon

1959. *Dalva de Oliveira canta boleros* ("Lembra"/"Sábias palavras"/"Yo tengo un pecado nuevo"/"Regálame esta noche"/"Convite"/"Se ao menos eu sonhasse"/"Longe de mim"/

"Finalmente"/"Vida da minha vida"/"Vete de mi"/"Siete notas de amor"/"Ritorna a me") – Odeon

1961. *Dalva de Oliveira* ("Ave-Maria do morro"/"Segredo"/"Estrela do mar"/"Tudo acabado"/"Que será"/"Não faças caso, coração"/"Olhos verdes"/"Saudade"/"Mãe Maria"/"Coqueiro velho"/"Sentinela"/"Tu") – Odeon

1965. *Rancho da praça Onze* ("Rancho da praça Onze"/"Hino ao amor"/"Voltarei de joelhos"/"Hoje"/"Sonho de pobre"/"Samba, samba"/"Que sabes tu"/"Junto de mim"/"A Bahia te espera"/"Fracasso"/"Sempre te amarei"/"Ser carioca") – Odeon

1967. *A cantora do Brasil* ("Máscara negra"/"Meu Deus"/"À sombra do teu sorriso"/"Sempre não"/"Eu não sabia"/"...E foi amor demais"/"Porta-estandarte"/"Se eu pudesse impedir o tempo"/"Diz-lhe"/"Ainda hás de voltar"/"Teus olhos"/"Tanta coisa amor") – Odeon

1970. *Bandeira branca* ("Oh! Meu imenso amor"/"Estão voltando as flores"/"Meu último luar"/"Primavera no Rio"/"Mentira de amor"/"Bandeira branca"/"Canção do marinheiro"/"Pequena marcha para um grande amor"/"Um homem e uma mulher"/"Baía da primeira missa"/"Onde o Rio é mais carioca"/"Chuva de verão") – Odeon

1973. *O amor é o ridículo da vida* ("Ave-Maria do morro"/"Olhos verdes"/"A Bahia te espera"/"A grande verdade"/"Que será"/"Velhos tempos"/"Bom dia"/"Estrela do mar"/"Tudo acabado"/"Dois corações"/"Mentira de amor"/"Segredo"/"Hino ao amor"/"Pastorinhas"/"Zum-zum"/"Estão voltando as flores"/"Minueto"/"Rancho da praça Onze"/"Bandeira branca") – Odeon

1987. *Dalva de Oliveira* – Série *Os ídolos do rádio vol. V* ("Caminhemos"/"Brasil saudoso"/"Tudo acabado"/"Kalu"/"Fim de comédia"/"Meu rouxinol"/"Poeira do chão"/"Sebastiana da Silva"/"A grande verdade"/"Zum-zum"/"Madri"/"Folha morta") – Collector's

1994. *Meus momentos* ("Fim de comédia"/"Tudo acabado"/"Que será"/"Ave Maria"/"Ave Maria no morro"/"Bandeira branca"/"Estão voltando as flores"/"Segredo"/"Kalu"/"Hino ao amor"/"Rancho da praça Onze"/"Máscara negra"/"Minha oração"/"Neste mesmo lugar"/"Olhos verdes"/"A Bahia te espera"/"Sabor a mim") – Odeon

2000. *Bis: Dalva de Oliveira* ("Que será"/"Palhaço"/"Fim de comédia"/"Há um Deus"/"Ave-Maria"/"Bom dia"/"Estão voltando as flores"/"E a vida continua"/"Segredo"/"A grande verdade"/"Kalu"/"Das Rosas"/"O rouxinol"/"Máscara negra"/"Tudo acabado"/"Ave-Maria no morro"/"Estrela do mar"/"Hino ao amor"/"Folha morta"/"Neste mesmo lugar"/"Coqueiro velho"/"Olhos verdes"/"Sete notas de amor"/"Errei sim"/"Você mudou demais"/"Segundo andar"/"Depois do amor"/"Bandeira branca") – EMI Brasil

Filme

Berlim na batucada (1944). Cinédia. Direção de Luís de Barros. Com Procópio Ferreira, Solange França, Fada Santoro, Delorges Caminha, Trio de Ouro.

Pif-paf (1945). Cinédia. Direção de Luís de Barros e Ademar Gonzaga. Com Marlene, Olivinha Carvalho, Walter d'Ávila, Trio de Ouro.

Caído do céu (1946). Cinédia. Direção de Luís de Barros. Com Dercy Gonçalves, Walter d'Ávila, Trio de Ouro.

Um beijo roubado (1950). Cinédia. Direção de Leo Marten. Com Cyll Farney, Maria Costa, Marlene, Dalva de Oliveira.

Maria da praia (1951). Imperador/Art-Filmes. Direção de Paulo Vanderley. Com Dary Reis, Dinah Mezzomo, Ronaldo Lupo, Luís Delfino, Dalva de Oliveira.

Noite sem homem (1968). Cinemundi. Direção de Renato Neumann. Com Ítala Nandi, Otávio Augusto, Dalva de Oliveira.

Os herdeiros (1971). Condor. Direção de Cacá Diégues. Com Sérgio Cardoso, Mário Lago, Odete Lara, Dalva de Oliveira.

CAPÍTULO 9

ELIZETH CARDOSO

Pessoas como Elizeth Cardoso jamais chegam ao fim.
Sérgio Cabral

A Enluarada, a Faxineira das Canções, a Magnífica, a Divina, a Lady do Samba, a Noiva do Samba-canção, a Mulata Maior, a Cantadeira do Amor, a Meiga Elizeth, Elisetíssima. Entre tantos (e outros) apelidos carinhosos, Elizeth Cardoso só ficava constrangida quando a chamavam de Divina. "Eu não mereço", dizia. "Quando alguém grita 'Divina' na rua, eu fico morta de vergonha e finjo que não é comigo." Um dia, Elizeth confessou à também Divina Sarah Vaughan o quanto o adjetivo a encabulava. Sarah sorriu – e deu-lhe um conselho: "Não abdique dele, foi uma conquista sua."

Elizeth Moreira Cardoso nasceu na manhã de 16 de julho de 1920, numa casa de cômodos da rua Ceará, no bairro de São Francisco Xavier, próximo à Mangueira. Seus pais – a baiana Maria José Vilar, dona Moreninha, e o carioca Jaime Moreira Cardoso, fiscal da Prefeitura do Distrito Federal – eram muitos pobres, o que era agravado pelo fato de que Jaime gastava parte do que ganhava nas ruas, com namoradas, serestas e bebida.

Logo após o nascimento de Elizeth, a família foi obrigada a se mudar para o Méier e, em seguida, para o Engenho de Dentro. Poucos meses depois, nova mudança, dessa vez para a rua Senador Eusébio, próximo à antiga praça Onze, onde Elizeth começou a estudar (na Escola Benjamim Constant). Da rua Senador Eusébio, os Cardoso iriam se transferir para a rua Ana Teles, em Jacarepaguá. Tal périplo se explica: Jaime não gostava de pagar os aluguéis.

Segundo Sérgio Cabral, biógrafo de Elizeth, é possível dizer que a estreia da cantora ocorreu no dia 23 de abril de 1926. A apresentação foi na Sociedade Familiar Dançante e Carnavalesca Kananga do Japão. Elizeth cantou acompanhada pelo conjunto musical da casa a marcha "Zizinha", de José Francisco de Freitas, Carlos Bittencourt e Cardoso de Menezes, sucesso do carnaval daquele ano.

Em razão das dificuldades financeiras da família, Elizeth foi obrigada a abandonar a escola no terceiro ano do curso primário. Tinha que trabalhar, de modo a auxiliar dona Moreninha no sustento da casa. Nessa época, e pelo motivo já apresentado, os Cardoso estavam residindo no centro do Rio, na rua São José.

Após curto período como babá, Elizeth foi trabalhar numa charutaria próxima à sua residência, ganhando 50 mil-réis por mês. Em seguida, empregou-se numa *bombonnière*, de onde foi despedida porque não resistia às guloseimas da casa. Conseguiu emprego então na Peleteria Francesa, na rua da Alfândega, indo depois para a Fábrica de Sapóleos Rex. Por fim, trocou a Rex pelo Salão Antonieta, onde exerceu a função de pedicure e cabeleireira, especializada no alisamento de cabelos.

Quando Elizeth comemorou 16 anos, Pixinguinha e outros músicos estiveram presentes ao aniversário, todos convidados por um tio da futura cantora. Tio Pedro, por quem Elizeth tinha especial carinho, adorava ouvi-la cantar – e resolveu mostrá-la aos amigos. Elizeth não se fez de rogada e, cheia de graça e buliçosa, cantou o samba "Duas lágrimas", de Benedito Lacerda e Herivelto Martins, acompanhada pelo conjunto de um jovem de 18 anos chamado Jacó Pick Bittencourt, que ficaria famoso como Jacó do Bandolim.

– Você é uma cantora extraordinária – disse ele após o número. E aproveitou para convidá-la a cantar na Rádio Guanabara.

Quem não gostou nada disso foi Jaime, que advertiu do alto dos seus quase dois metros de altura que a filha não ia cantar em lugar algum. Tio Pedro e a mulher, tia Ivone, com o integral apoio de dona Moreninha, protestaram. Seguiu-se, então, um intenso bate-boca entre eles e o pai da cantora, que diante da pressão familiar e sem possuir aliados, acabou por se curvar à vontade da filha.

– Está bem, mas eu vou junto! – gritou, enfezado. Olhou para a filha e completou: – Essa menina é muito assanhada!

• • •

Elizeth Cardoso estreou no *Programa Suburbano*, da Rádio Guanabara, no dia 18 de agosto de 1936. Do programa participava gente famosa da época, como Noel Rosa, Araci de Almeida e Marília Batista. Na ocasião, o Poeta da Vila mostrou-se simpático com a novata e, além de lhe dirigir palavras de estímulo, ensinou-a a cantar o samba "Quem ri melhor", uma de suas grandes composições.

Pobre de quem já sofreu nesse mundo
A dor de um amor profundo
Eu vivo bem sem amar a ninguém
Ser infeliz é sofrer por alguém.

A apresentação garantiu a Elizeth um programa semanal, à base de 10 mil-réis por programa. A remuneração não era lá essas coisas, mas já era um começo. Posteriormente, a cantora transferiu-se para a Rádio Educadora (programa *Samba e Outras Coisas*) e, em seguida, para a Rádio Transmissora, onde participou do programa *Rádio Novidades*. Pouco tempo depois, Elizeth passou a se apresentar na Rádio Mayrink Veiga. Apesar disso, ela ainda trabalhava no salão Antonieta, onde ganhava uns trocados indispensáveis ao sustento da família.

Na juventude, Elizeth gostava de namorar, de cantar e de dançar. No carnaval de 1937, sempre contra a vontade de Jaime, foi porta-estandarte do Turunas de Monte Alegre. Namorados, ela os teve às pencas, mas o mais famoso de todos na época foi o jogador do Flamengo e da seleção brasileira Leônidas da Silva, conhecido como "Diamante Negro".

Os dois se conheceram na Rádio Guanabara, onde ela fora cantar e ele, conceder uma entrevista. Foi, segundo palavras da própria cantora, um caso de amor à primeira vista. Esbanjando charme e elogios a Elizeth, Leônidas ofereceu-lhe carona em seu elogiadíssimo Chevrolet esporte, conversível, na cor bege. Os sinos do coração a badalar, Elizeth aceitou – e quem não aceitaria o oferecimento de um craque famoso, autor de acrobáticos gols de bicicleta? Quem não gostou nada dessa conversa foi, mais uma vez, Jaime, que exigiu da filha: "Você nunca mais vai conversar com esse crioulo!" Claro, os dois continuaram a se encontrar, burlando a vigilância do pai da cantora. Um dia, porém, Jaime, que não era tolo, descobriu tudo e ameaçou sair no braço com o craque no campo do América, onde o Flamengo ia disputar uma peleja contra o esquadrão da rua Campos Sales. Temerosa do que podia acontecer, Elizeth – sofrida e aos prantos – cortou seu namoro com Leônidas.

• • •

Os problemas financeiros da família Cardoso estavam se agravando a cada dia. Elizeth percebeu que teria de arrumar um emprego mais rentável que o do salão Antonieta. Foi mais ou menos nessa época que ela conheceu Grande Otelo, que havia participado, com muito êxito, da revista *Maravilhosa*, de Jardel Jércolis e Geisa Bôscoli, no Teatro Carlos Gomes. Na esteira desse sucesso, Otelo passou a ser convidado para atuar em circos, clubes e cinemas – e, daí, convidou Elizeth para cantar com ele o samba "Boneca de piche", de Ary Barroso e Luís Iglésias.

Grande Otelo:
Venho danado com meus calo quente
Quase enforcado no meu colarinho
Venho empurrando quase toda gente, ê, ê
Pra ver meu benzinho, ê, ê
Elizeth:
Nego tu veio quase num arranco
Cheio de dedo dentro dessas luva
Bem que o ditado diz: nego de branco, ê, ê
É sinal de chuva, ê, ê

Em 1939, Elizeth foi convidada a participar de uma excursão a Belo Horizonte como integrante da companhia teatral de Pedro Gonçalves e De Chocolat. Durante a viagem, Elizeth conheceu e começou a namorar o cavaquinista Ari Valdez, também conhecido como Tatuzinho. Ao retornar ao Rio, Elizeth soube que Jaime abandonara definitivamente a família, cabendo a ela assumir o sustento da casa.

Em outubro, Elizeth preparou-se para mais uma excursão, dessa vez a Belém. A cantora resolveu levar com ela dona Moreninha e a filha de criação, Teresa Carmela, que ela adotara no ano anterior.

A temporada em Belém foi um sucesso. E, por sugestão dos demais artistas do grupo – com o apoio de dona Moreninha –, Elizeth e Tatuzinho decidiram se casar. A igreja de Nossa Senhora do Nazaré, no centro da capital paraense, ficou lotada, o que foi uma boa publicidade para o espetáculo. Quatro dias após o casamento, o inesperado: Elizeth sofre uma crise de apendicite e é levada ao hospital – onde é operada.

Quando Elizeth deixou o hospital, soube que a companhia (Ari Valdez, inclusive) tinha partido para o Recife. E pior: ela (mais dona Moreninha e Teresa Carmela) ficara praticamente abandonada em Belém. Com pouco dinheiro, Elizeth foi socorrida por um amigo, que telegrafou para Tatuzinho exigindo que ele mandasse passagens para as três. Elas permaneceram trinta dias em Belém. Ao desembarcar na capital pernambucana, Elizeth levou um choque: o marido não só vivia bêbado como estava namorando uma jovem do lugar. Não deu outra: alguns dias após o retorno da companhia ao Rio, Elizeth e Tatuzinho estavam separados. Havia, porém, um fato a considerar: Elizeth estava grávida.

Foi aí que, por sugestão de um amigo, Elizeth foi procurar emprego no Dancing Avenida. Em seu livro *Enquanto houver dança*, Teresa Drummond observou:

> *O Dancing era lugar de muito respeito. As dançarinas não podiam se sentar à mesa de ninguém, sequer podiam corresponder aos galanteios. Mas a sociedade distorcia a imagem das profissionais de dança, rotulando-as com adjetivos pejorativos. Elizeth Cardoso – lembram os mais antigos – também foi taxi-girl. Bem vestidas, maquiadas, usando mil adereços, as dançarinas aguardavam o cavalheiro sentadas em cadeiras fixas ao redor da pista. Ao serem convidadas à contradança, levantavam-se olhando, de relance, os ponteiros do relógio suspenso. Dançavam quantos minutos o cavalheiro quisesse. Em seguida, o picotador perfurava os cartões: o dele e o dela, e cada um voltava para o seu lugar de origem.*

A carreira de Elizeth no Dancing Avenida foi um grande fracasso: ela era muito pouco convidada para dançar, inclusive porque não demonstrava alegria alguma de estar ali. De qualquer modo, amigos perfuravam seu cartão, garantindo assim alguns trocados para Elizeth.

• • •

Paulo César Valdez nasceu, conforme os registros, no dia 3 de setembro de 1940, embora haja controvérsias sobre essa data. Elizeth, porém, não teve muito tempo de descanso. Como a falta de dinheiro continuava crônica, retornou ao Dancing Avenida, onde, mais uma vez, passava a noite inteira sentada, sem que ninguém a tirasse para dançar.

As coisas estavam nesse pé quando o clarinetista Dedé, chefe do conjunto musical do Dancing, resolveu fazer um teste com as dançarinas da casa, de modo a verificar se alguma delas desejava ou poderia ser cantora. Elizeth cantou "Leva meu samba", de Ataulfo Alves – e, claro, foi aprovada, o que lhe assegurou um salário de 300 mil-réis.

Em pouco tempo, Elizeth transformou-se numa atração da casa. Em seu repertório predominavam os sambas (cantava também sambas-canções), principalmente de Ataulfo Alves, Ary Barroso, Wilson Batista e Dorival Caymmi. Como qualquer *crooner*, Elizeth tinha que fazer concessões, o que significava que, a cada noite, ela era obrigada a cantar alguns boleros e tangos, além de versões de músicas norte-americanas.

O sucesso de Elizeth repercutiu – o que lhe proporcionou um convite para cantar em São Paulo, no Dancing Salão Verde, que ficava no subsolo do edifício Martinelli, no centro da cidade. Lá, Elizeth conheceu Adoniran Barbosa, Vicente Leporace, Egas Muniz e Blota Júnior, que, na época, era diretor artístico da Rádio Cruzeiro do Sul. Blota aproximou-se da cantora, tirando-a algumas vezes para dançar. Um dia, ele convidou Elizeth para cantar no programa *Pescando Humoristas*, que, além de comediantes, procurava revelar também cantores. Elizeth aceitou e, como era de se esperar, ganhou o primeiro prêmio. (Há quem diga que Blota Júnior era apaixonado por Elizeth Cardoso, mas que ela rechaçara todas as investidas do locutor.)

Elizeth permaneceu um ano em São Paulo. De volta ao Rio, reassumiu seu lugar no Dancing Avenida, embora sem exclusividade. Em 1948, a cantora apresentou-se no Dancing Belas Artes, onde conheceu Evaldo Rui, que iria desempenhar importante papel na sua vida pessoal e artística. Evaldo era um sujeito de quase dois metros de altura, daí o apelido: Espanador da Lua. Jornalista e compositor, Evaldo Rui fez com Custódio Mesquita 34 canções, duas das quais obras-primas: "Rosa de maio" e "Saia do meu caminho".

Evaldo Rui orientou Elizeth na maneira de se comportar no palco, no uso das mãos e dos braços, no vestuário. Levou-a para a Rádio Mauá, onde ela passou a cantar no programa *Alvorada da Alegria*, que ia ao ar no horário indigesto das 5 horas da manhã. Lá, Elizeth reencontrou Jacó do Bandolim.

• • •

Mais ou menos na mesma época em que Elizeth foi trabalhar na Rádio Guanabara, ela recebeu a notícia do falecimento de Jaime devido a problemas circulatórios.

A Rádio Guanabara contratara inúmeros artistas (cantores, cantoras, músicos), pois pretendia disputar audiência com as rádios Nacional, Tupi e Mayrink Veiga. Entre os contratados, além de Elizeth, estavam Fernanda Montenegro, Chico Anísio (com 17 anos), os comediantes Nádia Maria e Antonio Carlos, entre outros. Elizeth atuou em muitos programas da emissora, especialmente o *Clube do Samba*, apresentado por Ataulfo Alves.

No início de 1950, Elizeth gravou seu primeiro disco na Star. O disco apresentava os sambas "Braços vazios", de Acir Alves e Edgard Alves, e "Mensageiro da saudade", de Ataulfo Alves. Do ponto de vista da sua carreira, o disco não significou nada, talvez apenas uma frustração. Por apresentar problemas técnicos irremediáveis, foi logo retirado de circulação. O sucesso veio na segunda gravação, realizada na Todamérica, com as músicas "Canção de amor" (Chocolate e Elano de Paula) e "Complexo" (Wilson Batista). O êxito de "Canção de amor" foi estupendo, ao ponto de transformar essa canção numa espécie de carro-chefe do repertório da cantora.

Saudade torrente de paixão
Emoção diferente
Que aniquila a vida da gente
Uma dor que não sei de onde vem

O sucesso de "Canção de amor" provocou um rebuliço na vida de Elizeth. Entre outros convites e oportunidades, ela foi chamada por Almirante (Henrique Foréis) para trabalhar na Rádio Tupi. Almirante ofereceu à Elizeth um contrato de dois anos, à base de três mil cruzeiros por mês, o que era, nas circunstâncias, um excelente salário. Participou também do primeiro programa de televisão no Rio de Janeiro (TV Tupi) e dos filmes *Coração materno*, de Gilda de Abreu, e *É fogo na roupa*, de Watson Macedo.

Em 1952, Elizeth participou de uma badalação no castelo do figurinista Jacques Fath, cujo objetivo era lançar em Paris tecidos brasileiros confeccionados com o mais puro algodão Seridó. O organizador do evento foi o senador Assis Chateaubriand, que fretou dois Constelations da Panair do Brasil, nos quais acomodou artistas, convidados e penetras. Foi uma farra (ou "uma completa loucura", como classificou um dos presentes), na qual não faltaram uma queima de fogos de artifício, passistas e negros de tanga e vinte cavalos, cada um deles montado por um convidado ilustre vestido de cangaceiro, carregando uma mulher na garupa, também vestida a caráter. Como descreveu Fernando Morais:

> *A cavalhada foi aberta pelo antropólogo Arbusse Bastide fantasiado de Lampião, levando na garupa a manequim Danuza Leão vestida de Maria Bonita, e fechada por Chateaubriand sobre um alazão e vestido "com uma cópia da fatiota de couro cru que meus antepassados usavam para capar bode no vale do Piancó". Na traseira do cavalo do jornalista ia a costureira internacional Elza Schiaparelli – que semanas antes, em visita ao Brasil, recebera a Ordem do Jagunço e que a imprensa parisiense descreveu como "delirantemente fantasiada de periquita do Guaíba". Vestindo um sumário cache-sexe, de peruca de índio e cocar na cabeça, o costureiro e anfitrião Jacques Fath pegou o microfone e anunciou que "a grande festa do Brasil estava começando".*

Em meio a tal e tamanho escracho, ao som da Orquestra Tabajara de Severino Araújo, Elizeth Cardoso, Ademilde Fonseca e Jamelão, na maior saia justa, cantaram sambas e sambas-canções sob o aplauso delirante de uma plateia movida a quilolitros de uísque e champanhe.

• • •

Em 1953, Evaldo Rui deu a Elizeth uma boa notícia: ela recebera o convite para fazer uma temporada no Golden Room. O salário oferecido era dos melhores: 10 mil cruzeiros por mês. Contudo, na mesma época, o compositor Paulo Soledade estava produzindo para a boate Casablanca o espetáculo *Feitiço da vila*, sobre Noel Rosa, e queria ter Elizeth no elenco. A princípio, a cantora e Evaldo ficaram divididos, mas, pesando prós e contras, decidiram pelo show de Soledade.

Feitiço da vila foi um sucesso de público e de crítica. Tanto que, terminada a temporada no Casablanca, o espetáculo seguiu para São Paulo, onde a estreia na boate Esplanada foi com a casa cheia.

3 de setembro de 1954. Aniversário de 14 anos de Paulo Roberto Valdez. Evaldo Rui compareceu, conversou com Elizeth, deu um presente ao filho da cantora (um porta-níqueis), bebeu uma ou duas cervejas. E foi embora.

Em Copacabana, entrou num bar, bebeu algumas doses de cachaça, conversou com alguns amigos, despediu-se. Em casa, sozinho, Evaldo bebeu mais ainda, escreveu cartas para os amigos, para a mãe, para o irmão Haroldo Barbosa. Ingeriu um vidro inteiro de Sonifene. Evaldo Rui foi levado em coma para o hospital Miguel Couto, onde chegou já morto.

O suicídio de Evaldo Rui causou um duplo sofrimento em Elizeth: primeiro, a perda em si do homem que ela amava, com quem, aliás, fazia planos de casamento. Segundo, as insinuações de parte da mídia de que ela era a culpada, pois, afinal, Evaldo era casado – e a esposa estava disposta a largá-lo caso ele não terminasse seu namoro com a cantora. Evaldo não suportava a ideia de deixar o filho, que era seu xodó. Desesperado e dividido, preferiu a morte. Na verdade, as razões do suicídio de Evaldo Rui nunca foram plenamente esclarecidas. Haroldo Barbosa disse, na época, que o irmão tinha problemas financeiros. Outros disseram que Evaldo pensava estar sofrendo de doença grave – e preferiu antecipar sua morte. Os bilhetes e cartas que Evaldo deixou limitavam-se a pedir desculpas aos parentes e amigos pelo suicídio, sem informar suas causas.

Um mês após o funeral de Evaldo Rui, Elizeth viajou para o Uruguai, onde fez uma temporada de 15 dias. Ao retornar, foi contratada pela boate Vogue. A cantora, na época, morava em Bonsucesso, bairro da zona norte do Rio de Janeiro. Como a condução era difícil e Elizeth não tinha carro, geralmente nos fins de semana dormia no hotel.

No único dia em que ela não dormiu na Vogue, preferindo ir para casa, o hotel pegou fogo, num incêndio que comoveu a cidade, mormente devido às mortes que provocou. Waldemar Schiller e sua mulher, Glorinha, morreram asfixiados no apartamento do décimo andar em que se hospedavam. O jornalista Raul Martins e o cantor norte-americano Warren Hayes, desesperados, atiraram-se da janela dos seus quartos. As fotos do incêndio são dramáticas – e mostram, ainda, o quanto o Corpo de Bombeiros estava desequipado: a escada Magirus da corporação não atingia sequer metade da altura do prédio.

Elizeth foi sempre uma pessoa extremamente discreta em relação à sua vida pessoal, mas a mídia – principalmente as revistas e os suplementos especializados – não perdia a chance de insinuar ou sugerir nomes de possíveis namorados da cantora. Elizeth se aborrecia, respondia, mas não tinha jeito: as fofocas eram uma constante na *Revista do Rádio* e na *Radiolândia*.

Curiosidades DAS DIVAS *fatos & histórias*

Contracapa do LP *Momento de amor*

Elizeth Cardoso não mereceu o título de "Primeira Dama da Canção Brasileira" impunemente. Não foi um título gritado num auditório de rádio ou de televisão, por um animador de programas, geralmente irresponsável. Foram os críticos musicais que a chamaram assim, com inteira conivência dos maestros. Recentemente, quando esteve no Brasil para participar do Festival Internacional da Canção, Quincy Jones – sem saber – chamou-a de "primeira dama da canção", ao ouvi-la durante uma das suas audições na televisão paulista.

Em abril de 1958, Elizeth gravou o famoso LP *Canção do amor demais*, que viria a ser considerado pedra fundamental da bossa nova. Elizeth interpretou canções da dupla Antonio Carlos Jobim, o Tom, e Vinicius de Moraes. Algumas delas – "Chega de saudade", "Eu não existo sem você", "Canção do amor demais" e "Outra vez" – tornaram-se clássicos da bossa nova. Foi nesse LP que se ouviu, pela primeira vez, certa batida de violão, com uma "bossa" diferente e muito própria, que, além de bonita, simplificava as melodias. O violonista logo ficou conhecido e famoso: tratava-se de um músico baiano (de Juazeiro) chamado João Gilberto Prado Pereira de Oliveira. Pouco depois, João Gilberto gravou um disco com "Chega de saudade" de um lado e o estranho baião "Bim-bom", de sua autoria, do outro, cuja letra só dizia: "É só isto o meu baião/E não tem mais nada não/O meu coração pediu assim.../Bim-bom-bim/Bom-bim-bim".

O LP *Canção do amor demais* trazia o selo da gravadora Festa, que era especializada em discos de poesias recitadas pelos autores. Elizeth tinha contrato de exclusividade com a Copacabana, mas os irmãos Vitale, convencidos por Vinicius de Moraes e Irineu Garcia, liberaram a cantora. Resolvida a questão, a única capaz de atrapalhar a gravação, mãos à obra: os ensaios ocorriam na casa do Tom, na rua Nascimento Silva 107, onde o compositor, como diz a letra do samba "Carta ao Tom", de Toquinho e Vinicius, ensinava à Elizeth as canções de *Canção do amor demais*.

O LP – que hoje é disputado por colecionadores – foi lançado no mês seguinte e, ao contrário do que se supõe, não causou comoção alguma. Afinal, Elizeth não era uma cantora de público arrebatado como Emilinha Borba, Marlene ou Angela Maria, e – diga-se – Tom e Vinicius não eram, na época, tão populares como Braguinha e Ary Barroso. A gravadora Festa, se é que se pode chamá-la de gravadora, não possuía esquema de divulgação. A crítica especializada adorou o disco – o que, pelo menos, foi um consolo.

A verdade é que, em algumas faixas do LP *Canção do amor demais*, Elizeth está muito, digamos, "circunspecta", devido possivelmente ao nervosismo. Ela, pelo que se sabe, ficou envaidecida pelo convite de Vinicius, mas não escondeu a preocupação ao ouvir as músicas. Talvez não seja equivocado dizer que, tirantes as faixas mais puxadas para o samba-canção, como "Serenata do adeus" (que, por sinal, João Gilberto detestava justamente por causa da letra), Elizeth não estava inteiramente à vontade nas canções da bossa nova. A rigor, não faziam seu gênero, embora ela fosse a grande dama da música brasileira. Tanto que João Gilberto mais de uma vez tentou induzi-la a cantar do jeito que ele julgava que a bossa nova devia ser cantada. Não deu. Elizeth simplesmente ignorou suas sugestões.

Vinicius a convidou porque estava encantado com ela. Em 1953, logo após a gravação de "Canção de amor", Vinicius, que passara quatro anos nos Estados Unidos, escreveu que "a grande dama da música popular carioca conseguiu me revirar completamente". E acrescentou: "Elizeth dava aula de canto no disco em questão e eu me pus a ouvi-la furiosamente, dezenas de vezes por dia."

Os dois se encontraram em Paris, por ocasião da festa em homenagem a Jacques Fath. O encontro foi durante um coquetel oferecido pelo embaixador brasileiro, Carlos de Ouro Preto. Funcionário da embaixada, Vinicius, esbanjando charme e sedução, aproximou-se de Elizeth e perguntou se ela era a cantora que gravou "Torrente de paixão", que para ele era o título de "Canção de amor", cuja letra Vinicius considerava fraca. No dia seguinte, Vinicius e sua mulher, Lila Bôscoli, levaram Elizeth e Ademilde Fonseca para almoçar – e conhecer as delícias da comida e do vinho da França.

Quando Elizeth estreou no espetáculo *Feitiço da Vila*, Vinicius não só esteve presente como escreveu, no semanário *Flan*, um artigo entusiasmado e – digamos – apaixonado: "Hoje, deram finalmente a Elizeth – uma mulher bonita, charmosa e elegante – e à sua voz o lugar que merecem. Carlos Machado e Paulinho Soledade tiveram o bom gosto de colocá-la em posição de destaque em seu novo show no Casablanca. Elizeth brilha muito, pois, quando canta, sua voz larga uma porção de estrelinhas no espaço em torno."

• • •

Elizeth jamais recebeu o título de Rainha do Rádio, provavelmente porque os votos deveriam vir das suas fãs – e teria ela condições de disputar com as divas da Rádio Nacional, como Emilinha, Marlene, Dalva, Angela Maria? Recebeu, porém, um título honroso, o de Rainha dos Músicos. Suas concorrentes foram Dircinha Batista, Nora Ney, Silvinha Teles e Carminha Mascarenhas. Os votantes foram os sócios do Sindicato dos Músicos do Rio de Janeiro. Além da tradicional faixa e da coroa, Elizeth ganhou um broche de ouro e platina em forma de lira.

Em fins de 1963, o maestro Diogo Pacheco manifestou-se interessado em promover uma apresentação de Elizeth interpretando as "Bachianas número 5", de Heitor Villa-Lobos. Quando o apresentador Silveira Sampaio lhe deu tal notícia, a cantora levou um tremendo susto. Susto, aliás, que se repetiu quando ouviu uma gravação da obra pela soprano Alice Ribeiro. "Esse maestro quer que eu cante essa música? Está doido de pedra!"

Dias depois, Elizeth foi franca com o maestro: lamentava muito, mas não seria possível. Propôs, então, que o projeto fosse cancelado. Diogo Pacheco percebeu o nervosismo da cantora, sorriu e informou: a apresentação já estava marcada; seria no dia 12 de outubro, no Teatro Municipal de São Paulo. Elizeth engoliu em seco e sussurrou:

– Como devo cantar?

– Como Elizeth Cardoso. Cante as "Bachianas" como se estivesse cantando uma canção de Tom e Vinicius.

A cantora percebeu que não tinha como fugir. Eneida de Moraes, mãe do arquiteto e ex-craque do Botafogo e da seleção brasileira Otávio de Moraes, com quem Elizeth namorou por muitos anos, foi uma das maiores entusiastas do projeto. Ela e Elizeth eram grandes amigas.

12 de outubro de 1964. O Teatro Municipal de São Paulo ficou lotado. Havia muita expectativa em relação ao espetáculo montado por Diogo Pacheco. Quando Elizeth acabou de cantar, houve como que uma explosão no teatro: a plateia estimada em mais de 1.800 pessoas levantou-se e, aos gritos de "Bravo!", "Bis!", aplaudiu a Divina durante 15 minutos.

O espetáculo, com pequenas alterações, repetiu-se no dia 14 de novembro no Teatro Municipal do Rio de Janeiro. E mais uma vez a estrela de Elizeth luziu.

• • •

Em 1965, Elizeth assistiu ao espetáculo *Rosa de ouro*, no qual Hermínio Bello de Carvalho lançou a cantora Clementina de Jesus, trouxe de volta aos palcos Araci Cortes, que fizera sucesso no teatro de revista nos anos 1930 e 1940, e formou um conjunto com gente que jamais participara de algo similar: Paulinho da Viola, Elton

Medeiros, Jair do Cavaquinho, Anescarzinho do Salgueiro e Nelson Sargento. O espetáculo foi apresentado no minúsculo Teatro Jovem, em Botafogo, hoje transformado num centro religioso.

Elizeth ficou tão encantada que procurou Hermínio Bello de Carvalho e manifestou sua intenção de gravar as músicas do show. Resultou daí o belíssimo *Elizeth sobe o morro*, joia da discografia brasileira. Como escreveu Hermínio Bello na contracapa do LP:

> *No trajeto de sua carreira, em que se consagrou a maior cantora moderna brasileira, Elizeth não teme, agora, esse novo estágio – o de enfrentar uma gravação despojada de qualquer sofisticação, a antítese, enfim, de um estilo que ela mesma consagrou, e do qual se afasta temporariamente. Poderia este elepê, de tão simples que é, ter sido gravado na birosca da Efigênia do Balbino, lá no Buraco Quente, ou num pagode de partido-alto no quintal da Menina e do Carlos Cachaça, poeta abençoado da Mangueira. Em quatro sessões (31 de maio, 7, 14 e 15 de junho de 1965) perpetuou-se este disco, sob a direção musical extremamente carinhosa de Moacyr Silva.*

Ainda nesse ano, Elizeth foi chamada por Paulo Machado de Carvalho Filho, diretor geral da TV Record, de São Paulo, que lhe propôs o comando de um programa. Elizeth levou um baita susto, pensou em recusar, mas, diante da insistência de amigos e da própria direção da emissora, aceitou. Nascia, assim, o *Bossaudade*, que foi a tentativa da Record de conquistar o público com mais de 30 anos.

Nem tudo, porém, foram flores na vida de Elizeth Cardoso. A cantora não era uma pessoa politizada, como a sua amiga Eneida de Moraes, que, por sinal, era do Partido Comunista Brasileiro. Política, a rigor, não lhe interessava. Elizeth, em termos de política, sempre fez opções controversas: apoiou Adhemar de Barros, apoiou e votou em Jânio Quadros. Em 1970, houve um grande show no Maracanã em comemoração ao sexto aniversário do golpe militar de 1964. Do espetáculo participaram Jair Rodrigues, Os Originais do Samba, os sambistas da Portela, do Salgueiro, da Mocidade Independente, da Mangueira – e Elizeth Cardoso. Como não podia deixar de ser, muitos dos seus amigos ficaram magoados ou irados. No *Pasquim*, o jornalista Tarso de

Castro escreveu que, "no dia 31 de março, a senhora Elizeth Cardoso fez no Maracanã o pior show de sua vida. Depois de tanta alegria, ela podia ter poupado este momento de tristeza aos seus ditos fãs".

• • •

A vida de Elizeth Cardoso pode ser resumida em poucas palavras: carreira de cantora impecável, que a levou à condição de grande dama da música popular brasileira; vida amorosa marcada, sobretudo, pela infelicidade; rotina de shows em todos os estados do Brasil e no exterior; reconhecimento do seu talento por famosos, como Sarah Vaugham, Nat King Cole, Louis Armstrong, entre muitos outros.

Durante uma viagem ao Japão, onde faria 15 apresentações, Elizeth sofreu grave crise estomacal, que a levou ao hospital. Os exames realizados mostraram que ela estava com câncer no estômago. A cantora não foi informada disso, tanto que, apesar das dores, cumpriu integralmente os compromissos. Ao retornar ao Rio, Elizeth foi se consultar com o gastroenterologista Evandro de Oliveira Sá, que recomendou que ela fosse imediatamente operada.

Em 1989, ela fez uma segunda operação – e foi informada do câncer. A cantora teve uma crise de choro. Foi consolada pela amiga Maria Helena da Silva Monteiro.

Apesar de doente, Elizeth não recusava trabalho. Em janeiro de 1990, compareceu à festa dos 60 anos de César Thedim. Fez a sua última apresentação na boate People, num show destinado a arrecadar fundos para o tratamento do filho de Nana Caymmi.

Dias depois, a cantora submeteu-se a mais uma intervenção cirúrgica na Beneficência Portuguesa. Houve complicações durante a cirurgia: sua pressão subiu muito rapidamente e um enfarte quase a matou. Sua recuperação foi espantosa – tão espantosa que, em março, foi autorizada a voltar para casa.

Os amigos que a visitavam ficavam espantados ao vê-la: ela estava magrinha, falava com dificuldade, em nada lembrava aquela mulher bonita, carnuda, sorridente que muitos chamavam de Divina, Enluarada, Magnífica, Meiga, Mulata Maior.

No dia 7 de maio de 1990, às 12h28, Elizeth Cardoso morreu.

Discografia selecionada

78 rpm

1950. "Complexo" (Wilson Batista/Magno Oliveira), "Canção de amor" (Elano de Paula/Chocolate) – Todamérica

1951. "Dá-me tuas mãos" (Erasmo Silva/Jorge de Castro), "O amor é uma canção" (José Maria de Abreu) – Todamérica

1951. "Se eu pudesse" (José Maria de Abreu/Jair Amorim), "Quem diria" (Alberto Ribeiro/José Maria de Abreu) – Todamérica

1952. "Amor, amor" (Pedro Caetano/Antonio Porto Filho "Portinho"), "Caixa postal zero-zero" (Oscar Bellandi/Luiz França) – Todamérica

1953. "Alguém como tu" (Jose Maria de Abreu/Jair Amorim), "Nem resta a saudade" (Norival Reis/Irani Oliveira) – Todamérica

1954. "A moça do retrato" (Wilton Franco/Jorge Roberto), "Tormento" (Carioca/Jeanete Adib) – Todamérica

1954. "Seresteiro" (Renato Lima/Tufic Lauar/Zé Kéti), "Palhaço" (Jota Jr./Vera Silva) – Todamérica

1954. "Só você e mais nada" (Paulo Soledade), "Caminha" (Evaldo Rui/Rolando Candiano) – Continental

1955. "Ocultei" (Ary Barroso), "Zanguei com meu amor" (Paulo Soledade) – Continental

1956. "Canção da volta" (Antônio Maria/Ismael Neto), "Linda flor (Ai Ioiô)" (Henrique Vogeler/Marques Porto/Luiz Peixoto) – Continental

1957. "Chove lá fora" (Tito Madi), "Nunca é tarde" (João Pinho) – Copacabana

1958. "É luxo só" (Ary Barroso/Luiz Peixoto), "Por acaso" (César Thedim/Nanai) – Copacabana

1960. "A canção dos seus olhos" (Pernambuco/Antônio Maria), "Ri" (Luiz Antonio) – Copacabana
1960. "Cheiro de saudade" (Djalma Ferreira/Luiz Antonio), "Até quando?" (Marino Pinto/Vadico) – Copacabana
1960. "O amor e a rosa" (Pernambuco/Antônio Maria), "Bebeco e Doca" (Ary Barroso/Luiz Peixoto) – Copacabana
1960. "Velhos tempos" (Marino Pinto/Carlos Lyra), "Cidade do interior" (Marino Pinto/Mário Rossi) – Copacabana
1961. "Balão apagado" (Marília Batista/Noel Rosa), "Notícia de jornal" (Haroldo Barbosa/Luiz Reis) – Copacabana
1961. "Deixa andar" (Jujuba), "Nossos momentos" (Haroldo Barbosa/Luiz Reis) – Copacabana
1961. "Nossos momentos" (Haroldo Barbosa/Luiz Reis), "Tentação inconveniente" (Augusto Mesquita) – Copacabana
1961. "Palhaçada" (Haroldo Barbosa/Luiz Reis), "Samba triste" (Baden Powell/Billy Blanco) – Copacabana
1963. "Briguei" (Jujuba/Paulo Valdez) – Copacabana

LP/Compacto/CD

1956. *Fim de noite* ("Culpe-me"/"Segredo"/"Na madrugada"/"Último desejo"/"Velhas memórias"/"Prece ao vento"/"Amor oculto"/"Negro telefone"/"O amor é fado"/"Feitio de oração"/"Nunca é tarde"/"No rancho fundo") – Copacabana
1957. *Música e poesia de Fernando Lobo* ("Chuvas de verão"/"Desde ontem"/"Pense bem"/"Bom é querer bem"/"Siga"/"31 de dezembro"/"Quando foi, por que foi?"/"Saudade") – Copacabana
1957. *Um compositor em dois tempos – Jubileu de prata de Herivelto Martins* ("Madrugada"/"Culpe-me"/"Quarto vazio"/"Segredo"/"Negro telefone") – Copacabana
1957. *Noturno* ("Na Baixa do Sapateiro"/"Risque"/"Chove lá fora"/"Molambo"/"Feitiço da Vila"/"Noturno"/"Se todos fossem iguais a você"/"Chão de estrelas"/"Olhos verdes"/"Promessa") – Copacabana

1958. *Canção do amor demais* ("Chega de saudade"/"Serenata do adeus"/"As praias desertas"/"Caminho de pedra"/"Luciana"/"Janelas abertas"/"Eu não existo sem você"/"Outra vez"/"Medo de amar"/"Estrada branca"/"Vida bela"/"Modinha"/"Canção do amor demais") – Festa

1958. *Naturalmente* ("É luxo só"/"Suas mãos"/"Olhe-me, diga-me"/"Praça Sete"/"Onde estará meu amor?"/"Sozinha"/"Na cadência do samba"/"Jogada pelo mundo"/"Você voltou"/"Pedestal"/"Fui procurar distração"/"E nada mais") – Copacabana

1959. *Magnífica* ("Música do céu"/"Que dizer?"/"Reverso"/"Cidade do interior"/"Herança"/"Renúncia"/"Madrugada"/"Velhos tempos"/"Velha praça"/"Aula de matemática"/"Só"/"Até quando?") – Copacabana

1960. *Sax/Voz: Elizeth Cardoso e Moacyr Silva* ("Quem sou eu?"/"La barca"/"Achados e perdidos"/"Dizem por aí"/"O amor e a rosa"/"I Surrender, Dear"/"A canção dos seus olhos"/"Meditação"/"Mulata assanhada"/"Espérame"/"É fácil dizer adeus"/"Can't I"/"Onde andará minha saudade?"/"Pretty Blue Eyes") – Copacabana

1963. *Grandes momentos com Elizeth Cardoso* ("Canção de amor"/"Caixa postal zero-zero"/"Subúrbio"/"O amor é uma canção"/"Se eu pudesse"/"Dá-me tuas mãos"/"Graças a Deus"/"Nunca é tarde"/"Venho de longe"/"Seresteiro") – Copacabana

1965. *Elizeth sobe o morro* ("Vou partir"/"Malvadeza Durão"/"Folhas no ar"/"Pecadora"/"Rosa de ouro"/"A flor e o espinho"/"Minhas madrugadas"/"Águas do rio"/"Sim"/"Meu viver"/"Ele deixou"/"Luz negra") – Copacabana

1966. *A bossa eterna de Elizeth Cardoso e Ciro Monteiro* ("Nega"; "Faço um lelelê"; "Dance mais um bocado"; "Deixa andar"/"Já vai?"/"Melancolia"/"Franqueza"/"Primeiro amor"; "Fui louco"; "Nem é bom falar"; "Mágoas de um vagabundo"; "Tenha pena de mim"; "Vai haver barulho no chatô"; "Vitória"; "Pela primeira vez"; "Até manhã"/"O que é que eu dou"; "Não ponha a mão"; "Morena boca de ouro"; "Eu sou manhoso"; "Mulata assanhada"/"Beija-me"/"Se acaso você chegasse"/"Tem que rebolar") – Copacabana

1967. *A enluarada Elizeth* ("Meu consolo é você"/"Depois de tanto amor"/"Amor e lágrimas"/"Canto de Pedra Preta"/ "Modinha"/"Carinhoso"/"Capoeira três"/"Isso é que é viver"/"Demais"/"Melodia sentimental"/"Fiz por você o que pude"; "Pranto de poeta"; "Mangueira"; "Mundo de zinco", "Semente do samba"; "Lá em Mangueira"; "Onde estão os tamborins"; "Levanta, Mangueira"; "Praça Onze"; "Despedida da Mangueira") – Copacabana

1968. *Ao vivo no Teatro João Caetano – vol. I – Elizeth Cardoso, Zimbo Trio, Jacó do Bandolim e Época de Ouro* ("Abertura Eliseteana"/"Cidade vazia"/"Derradeira primavera"/ "É luxo só"/"Estrada branca"/"Tem dó"/ "Mulata assanhada"/"Jamais"/"Feitio de oração"/"Barracão"/"Murmurando") – Museu da Imagem e do Som

1968. *Ao vivo no Teatro João Caetano – vol. II – Elizeth Cardoso, Zimbo Trio, Jacó do Bandolim e Época de Ouro* ("Noites cariocas"/"Feitiço da vila"/"Meiga presença"/"Chão de estrelas"/"Chega de saudade"/"Mundo melhor"/"Serenata do adeus"/"Tempo feliz"/"Carolina"/"Até amanhã"/"Está chegando a hora") – Museu da Imagem e do Som

1971. *Elizeth Cardoso e Silvio Caldas – nº 1* ("Serenata", "Apelo", "Arrependimento", "Canção de amor", "Quase que eu disse", "Nossos momentos", "Inquietação", "Consolação", "Meus vinte anos"/"Chão de estrelas"/"Mente ao meu coração"/"Serra da Boa Esperança"/"Andorinha"/"O amor é assim"/"Tristezas não pagam dívidas"/"Modinha") – Copacabana

1971. *Elizeth Cardoso e Silvio Caldas – nº 2* ("Tributo a Antônio Maria: 'A noite é grande'; 'Canção da volta'; 'Portão antigo'; 'Se eu morresse amanhã'; 'Ninguém me ama'; 'Suas mãos'; 'Não vá embora'; 'Menino grande'; 'O amor e a rosa'; 'Valsa de uma cidade'"/"Fita amarela"/"Tudo foi surpresa"/"Meus vinte anos"/"Juramento falso"; "Longe dos olhos"; "Chora, cavaquinho"/"Coração"/"Foi uma pedra que rolou"/"Doce veneno"/"Chuva miúda") – Copacabana

1978. *A cantadeira do amor* ("Deixa"/"Sem você"/"Quem foi?"/ "Aperto de mão"/"Acontece"/"Tranquilidade"/"Taberna da

Glória"/"Fim de semana em Paquetá"/"Século do progresso"/"Até pensei"/"Me dá a penúltima"/"Mancada"/"Pierrot desbotado"/"Bom dia, tristeza"/"Às vezes"/"O amor em paz"/"Castigo"/"Autonomia"/"Até o amargo fim"/"Maior é Deus"/"Velho arvoredo"/"Quem foi?"/"A volta"/"Voltei"/"O amanhã") – Copacabana

1983. *Uma rosa para Pixinguinha – Elizeth Cardoso, Radamés Gnattali e Camerata Carioca* ("Mundo melhor"; "Isso é que é viver"/"Fala baixinho"/"Ingênuo"/"Página de dor"/"Lamento"/"Patrão, prenda seu gado"/"Uma rosa para Pixinguinha"/"Rosa"/"Carinhoso"/"Samba fúnebre") – Funarte

1991. *Ary Amoroso – Elizeth Canta Ary Barroso* ("Inquietação"/"Faixa de cetim"; "Na batucada da vida"; "Camisa amarela"/"Folha morta"/"Trapo de gente"/"Ocultei"/"Tu"/"Pra machucar meu coração"/"Por causa desta cabocla"; "No rancho fundo"; "Caco velho"/"As três lágrimas"/"Inquietação") – Sony Music

Filme

O rei do samba (1952). Brasil Vita Filmes. Direção de Luís de Barros. Com Bené Nunes, Zé Trindade, Elizeth Cardoso.

É fogo na roupa (1953). Unida Filme. Direção de Watson Macedo. Com Ankito, Violeta Ferraz, Adelaide Chiozzo. Elizeth canta "Ingratidão", de Greco, Albanir e Rutinaldo.

Com a mão na massa (1958). Cia. Cinematográfica Franco-Brasileira. Direção de Luís de Barros. Com Silva Filho, Iris Delenar, Vicente Marchetti, Elizeth Cardoso.

Garota enxuta (1959). Cinedistri-Unida. Direção de Darcy Evangelista. Com Ankito, Grande Otelo, Nelly Martins, Elizeth Cardoso.

CAPÍTULO 10

NORA NEY

A diva da canção de fossa.

Marcelo Fróes

O noticiário era confuso e cheio de insinuações perversas. Alguns jornais falavam em tentativa de suicídio. Outros acrescentavam o detalhe definitivo: suicídio nada; mero golpe publicitário. Havia, ainda, os que juravam que a tentativa de suicídio tinha sido induzida pelo marido, o que, a rigor, transformaria o episódio numa tentativa de homicídio. O enredo lembrava os velhos filmes mexicanos: o marido ciumento obrigara a mulher - que, segundo constava, o traíra com um conhecido cantor da noite - a ingerir uma dose cavalar de barbitúricos. Caso típico de "honra ultrajada, honra lavada", conforme escreveu na ocasião um órgão de imprensa sensacionalista. Tais e tantas eram as versões que apenas um fato era evidente: ninguém sabia com certeza o que, de fato, acontecera.

A sociedade brasileira, no início dos anos 1950, era extremamente conservadora e preconceituosa. Nove entre dez pessoas consideravam o ambiente artístico uma espécie de sucursal de Sodoma e Gomorra, onde ninguém era de ninguém, os escândalos se multiplicavam, as orgias eram constantes. Astros e estrelas não passavam de gigolôs, cafajestes, homossexuais e prostitutas. O episódio, portanto, era uma confirmação de tudo o que muitos pensavam e diziam do mundo artístico.

Ninguém, porém, sabia responder à pergunta essencial: afinal, o que de fato acontecera? Tentativa de homicídio? Por que, então, o marido resolveu dar cabo da mulher? Ciúme? Ora, geralmente o ciúme leva o marido a agir impulsivamente - e não com premeditação e frieza, como o caso fazia supor. Tentativa de suicídio? Por que uma cantora pouco conhecida, de 30 anos e com apenas um disco gravado, resolveu por fim à sua vida? Desgosto? Golpe publicitário? Mas que golpe publicitário é esse que quase mata a pretensa interessada? Afinal, quem era essa tal de Nora Ney, que nos últimos dias não saía das páginas dos jornais?

Comecemos pela última pergunta.

Nora Ney chamava-se, na realidade, Iracema de Sousa Ferreira. Nasceu no Rio de Janeiro, no bairro de Olaria, em 20 de março de 1922. O sonho de ser cantora, que acalentava desde criança, foi incentivado pelo pai, Dárcio Custódio Ferreira, funcionário da Câmara dos Deputados, que deu a ela um violão, o qual a futura cantora, sozinha, aprendeu a tocar. Por essa época, os ídolos de Iracema eram Aracy de Almeida e Mário Reis, cujo estilo sóbrio de cantar ela apreciava. Iracema era uma menina rebelde: quando contrariada, saía de casa e ficava flanando pelo bairro. Quando a fome batia ou o cansaço esfriava sua cabeça, ela voltava para casa. Dárcio a esperava – e chineladas ecoavam naquele lar olariense.

Em 1937, a família Ferreira mudou-se de Olaria para o bairro do Flamengo. Iracema matriculou-se no Colégio Amaro Cavalcanti, situado no largo do Machado. Posteriormente, ela estudou e se formou em contabilidade no Educandário Rui Barbosa, na rua Gago Coutinho. Os cariocas, sempre maliciosos, costumavam dizer que o citado educandário era, na realidade, uma "boate", estilo "pagou, passou".

Durante essa fase, Iracema encontrava tempo para frequentar a Rádio Cruzeiro do Sul, onde se apresentava no programa de Napoleão Tavares, e a Rádio Mayrink Veiga, onde participava do programa do Trio de Osso (Lamartine Babo, Iara Salles e Héber de Bôscoli, todos extremamente magros, daí o apelido). Em geral, Iracema preferia cantar músicas norte-americanas, pois julgava que elas combinavam mais com seu jeito de falar e interpretar. Na época, era quase uma exigência que cantores e atores do rádio pronunciassem o "erre" vibrante (vibrato de língua), e não o chamado "erre" articulado na garganta. A maioria das cantoras da era do rádio – entre elas Angela Maria, Dalva de Oliveira e as irmãs Batista – utilizava o primeiro, pois o pressuposto era que o "erre" chiado (ou rascante) era incompatível com os microfones. Poucas eram as cantoras que usavam o segundo, o "erre" de garganta – era o caso de Elizeth Cardoso e de Nora Ney.

Ainda bastante jovem, Iracema casou-se com Cleido Maia, membro do Partido Comunista do Brasil. Tiveram dois filhos: Vera Lúcia Ferreira Maia, que, no futuro, seria eleita Miss Guanabara, e Hélio. Por influência inicial de Cleido, Iracema passou a estudar textos marxistas e, como tarefa partidária, alfabetizar operários da construção civil em seu próprio local de trabalho. Contudo, Iracema não tardou a perceber que o casamento com Cleido não tinha futuro. Cleido era, por assim dizer, um irresponsável: apesar de ganhar bem no *Diário Carioca*, onde trabalhava na seção comercial, gastava todo o seu dinheiro na rua, inclusive com namoradas. E não só isso: Cleido tornou-se cada vez mais dependente de bebidas alcoólicas, o que o fazia ser agressivo com a mulher e os filhos. Esse caldo explosivo – irresponsabilidade, namoros extraconjugais, alcoolismo e preconceito contra a profissão da mulher em doses iguais – explica o comportamento agressivo de Cleido.

Em 1946, Iracema conheceu os cantores Lúcio Alves e Miltinho e o violonista Nanai, os dois últimos membros do conjunto vocal Os Namorados da Lua. Ao mesmo tempo, Iracema tornou-se amiga da mulher de Dick Farney, o que a levou a conhecer a turma do Sinatra-Farney Fan Club, que reunia jovens do calibre de Johnny Alf, João Donato, Paulo Moura, Carlos Manga, Fafá Lemos, Klécius Caldas e Armando Cavalcanti. O Sinatra-Farney Fan Club não era propriamente um clube nem um fã-clube no sentido clássico; era, antes de tudo, um nome pelo qual se designavam as reuniões musicais que a garotada organizava no porão de uma casa da rua Moura Brito, na Tijuca.

A experiência no Sinatra-Farney Fan Club foi importante na carreira de Iracema, que, inclusive, por sugestão de Dick Farney, passou a adotar o nome de Nora *May* – isso mesmo, *May*, maio em inglês. A influência da cultura norte-americana era evidente na turma da Moura Brito, daí o *May*, o *Farney*, o *Johnny*, o *Alf*, e assim por diante.

Em 1951, Nora foi levada por Dick Farney, Lúcio Alves e Oswaldo Elias (que, na Rádio Nacional, iria fazer o personagem Metralha, no seriado *Aventuras do anjo*) para se apresentar no programa *Fantasia Musical*, comandado por José Mauro, na Rádio Tupi. Seu repertório era ainda dominado pelas canções em inglês, como "The Man I Love", de Gershwin. Como oportunidade chama oportunidade, Nora foi convidada pelo produtor Haroldo Barbosa para substituir Aracy de Almeida no programa *Viva o Samba*. Apreensiva, Nora acabou por aceitar – e resolveu cantar "Último desejo", de Noel Rosa. Impressionado com a interpretação de Nora, Haroldo Barbosa sugeriu que ela passasse a cantar músicas de Dorival Caymmi e Noel Rosa.

Ainda em 1951, o Maestro Copinha (por indicação de Caribé da Rocha) faz um convite a Nora para cantar na boate Midnight, no Copacabana Palace. Contudo, Cleido Maia foi contra: não permitiria que a mãe de seus filhos cantasse em boate. Ao recusar o convite, Nora indicou para seu lugar uma jovem chamada Dóris Monteiro, que faria sucesso.

Por insistência de Caribé, que explicou a Cleido que apenas a alta sociedade frequentava o Copacabana, o que, segundo ele, era a garantia de que o ambiente era o melhor possível, Nora foi contratada para atuar no programa *Ritmos da Panair*, que era retransmitido pela Rádio Nacional. Assim, pelas ondas da PRE-8, o nome de Nora *Ney* passou a ser conhecido em todo o Brasil. A mudança do nome foi obra do acaso: uma admiradora mineira chamada Mimi Xavier escreveu para ela chamando-a de Nora *Ney*, e não Nora *May*. Nora – e os amigos – aprovou o novo nome artístico. E o adotou.

• • •

Nora Ney conheceu o jornalista e compositor Antônio Maria em 1951 na Tupi, onde ele era locutor esportivo. Antônio Maria mostrou-lhe a música "Menino grande", que ele fizera para si mesmo. Nora gostou e prometeu: "Quando eu conseguir gravar, juro que gravo essa canção para você." E não deu outra. Em maio de 1952, chegou às lojas o primeiro disco de Nora Ney: no lado A,

"Menino grande"; no lado B, "Quanto tempo faz", de Paulo Soledade e Fernando Lobo. "Menino grande" tornou-se um dos seus maiores sucessos.

Eu gosto tanto
Do carinho que ele me faz
Faz tanto bem
O beijo que ele me traz

Ainda em agosto de 1952, Nora Ney lançou um novo 78 rpm, que se tornaria uma marca registrada de seu repertório. No lado A, ela gravou a valsa "Meu grande amor", de H. Colla, versão de Caribé da Rocha. No lado B, Nora cantou o samba-canção "Ninguém me ama", de Antônio Maria e Fernando Lobo.

Ninguém me ama
Ninguém me quer
Ninguém me chama
De meu amor

Dias antes do lançamento do disco, porém, os conflitos domésticos chegaram a um nível insuportável para Nora Ney. Na ocasião, com raro estardalhaço, os jornais estamparam em letras garrafais que a cantora fora internada em estado gravíssimo, vítima de tentativa de suicídio. Segundo as folhas, Nora teria ingerido uma dose cavalar de barbitúricos. Corria, porém, a versão de que Nora Ney fora obrigada a tal gesto pelo marido, o que configurava uma tentativa de assassinato. Sob o título "Nora Ney ainda em perigo!", a *Revista do Rádio* (nº 155, de 26 de agosto de 1952) publicou extensa matéria a respeito do episódio:

Está na lembrança de todos o incidente verificado com a estrela Nora Ney, dias passados, quando a intérprete de "Menino grande", aparentemente forçada pelo esposo, ingeriu trinta comprimidos de um entorpecente, quase perdendo a vida. O fato foi levado ao conhecimento das au-

toridades policiais, que imediatamente procuraram deter o senhor Cleido Maia, marido da cantora. Este desmentiu as versões da esposa, salientando que a mesma tomara os comprimidos independentemente da sua vontade. Nora Ney estava, então, desaparecida. Chegou-se a atribuir um romance entre a cantora e Jorge Goulart, romance que motivaria seu desajuste matrimonial. O esposo, entretanto, em declarações à imprensa, desfez as insinuações, esclarecendo que, embora disposto a promover o desquite do casal, desmentia as hipotéticas relações amorosas entre os dois artistas.

Logo após conseguir alta do hospital, Nora Ney compareceu ao distrito policial, onde contou a sua versão dos fatos. De início ela revelou que:

o esposo a obrigara à tentativa de suicídio, ameaçando-a com uma faca de pescaria: ou tomaria os entorpecentes ou seria assassinada. Optou, então, pela bebida. Citou como a razão dos ressentimentos do casal a displicência do esposo às coisas do lar, inclusive a falta de pagamento de sua moradia, muito embora ela própria lhe entregasse o dinheiro necessário. Nora Ney revelou, ainda, que o esposo a surpreendera falando, pelo telefone, a uma conhecida, no instante em que dizia de sua amargura pela displicência do marido. Este, enraivecido, provocara as cenas que culminaram em sua aparente tentativa de suicídio.

Nora Ney declarou ainda que, na Casa de Saúde Santo Antônio, fora procurada pelo marido. Cleido propôs à cantora uma reconciliação. Escaldada, Nora recusou e foi, novamente, ameaçada de morte. "Nora Ney solicitou à polícia que lhe fossem dadas garantias de vida, de vez que temia a concretização das ameaças do marido", concluiu a revista.

O episódio embutia alguns traços da sociedade da época. Primeiro, a visão que se tinha da vida artística. Dizia-se que os astros e as estrelas viviam de escândalos, traições e orgias. Claro, a mídia de então não se pautava por certas regras éticas: a separação de um casal de artistas, por exemplo, era uma prova cabal de que um dos dois traíra o outro ou, pior ainda, de que os dois eram igualmente adúlteros, um sintoma de um meio promíscuo. Segundo, a dificuldade que os casais, por mais desajustados, tinham de se separar. É preciso lembrar que, nos anos 1950, não havia divórcio – e as mulheres desquitadas eram estigmatizadas como prostitutas potenciais. Eram as mulheres largadas, estigma do qual jamais se libertariam. Condenados a uma relação conflituosa e sem amor, os casais iam aos trancos e barrancos mantendo um casamento de fachada, absolutamente falido e infeliz. Melhor isso – dizia-se – que a separação. O que Deus uniu – dizia-se – o homem não pode separar.

O episódio que envolveu Nora Ney e Cleido Maia jamais foi devidamente esclarecido. Houve quem acusasse Nora Ney de promover um golpe publicitário, que impulsionasse as vendas do disco que gravara dias antes. Houve também quem dissesse que Nora Ney estaria tendo um caso amoroso com o cantor Jorge Goulart, com quem, afinal, se casaria – e manteria um matrimônio por quase cinquenta anos, um dos mais duradouros do meio artístico.

• • •

A verdade é que essa nova fase da vida pessoal e artística de Nora Ney é indissociável da presença de Jorge Goulart.

Os dois se conheceram, segundo Rodrigo Faour, no dia 1º de maio de 1951, no Copacabana Palace. Ambos consagraram inúmeros sucessos, venderam muitos discos e cantaram em todos os estados brasileiros e em diversos países do mundo. Foram os primeiros artistas brasileiros a se apresentar na União Soviética e em outros países socialistas. Goulart e Nora não só eram marido e mulher como eram companheiros de luta política: ambos eram militantes do Partido Comunista. Em 1963, Nora Ney participou do disco compacto *O povo canta*, editado pelo Centro Popular de Cultura (CPC), da União Nacional dos Estudantes (UNE), no qual interpretou a música "João da Silva", de

Billy Blanco, cuja composição inspirava-se no folheto "Um dia na vida do Brasilino", de Paulo Guilherme Martins. (As demais músicas do citado compacto eram: "Canção do trilhãozinho", de Carlos Lyra e Francisco de Assis, "Grileiro vem, pedra vai", de Rafael de Carvalho, e "Zé da Silva é um homem livre", de Geni Marcondes e Augusto Boal.)

Em 1964, Nora e Goulart, entre muitos outros funcionários e artistas da Rádio Nacional, foram incluídos na relação de denúncia de César de Alencar como subversivos. Foram demitidos – e se autoexilaram, permanecendo durante seis anos no Leste Europeu. Na época, passaram por fortes apertos financeiros.

O exílio é sempre doloroso – e afeta de forma variada todos aqueles que o vivenciaram. O golpe militar obrigou milhares de brasileiros a viverem compulsoriamente no exterior, a conviverem com culturas diferentes, longe de parentes, de amigos, de suas origens. Os exilados sofreram muito – e alguns não resistiram. Muitos morreram, alguns se suicidaram, outros se afogaram nas drogas e na bebida. Nora Ney, em particular, foi um dos exilados que perdeu o rumo: tornou-se alcoólatra. Venceu o vício ao entrar para os Alcoólicos Anônimos.

• • •

As dificuldades políticas vividas por Nora e Goulart durante a ditadura militar e as transformações ocorridas na música brasileira no período pós-bossa nova restringiram muito o campo de atuação do casal. Em 1982, Goulart teve câncer na laringe e foi obrigado a extrair as cordas vocais. Hoje, com 82 anos, fala pela voz esofagiana.

Nora, a partir dos anos 1980, passou a atuar ao lado de outras cantoras veteranas (Carmélia Alves, Zezé Gonzaga, Ellen de Lima, Rosita Gonzales e Violeta Cavalcanti): as eternas cantoras do rádio. Em 1992, aos 70 anos, Nora sofreu um derrame que afetou suas cordas vocais, impedindo-a de voltar aos palcos.

Nora Ney faleceu no dia 28 de outubro de 2003, vítima de falência múltipla dos órgãos devido a um câncer generalizado provocado por enfisema pulmonar. Nora Ney criou um estilo especialíssimo de interpretar as músicas de forma calma, como que "dizendo" a letra. Era uma cantora cujo estilo era chamado de "diseuse". Não empostava a voz grave. Ela, de certa forma, precedeu a maneira de cantar de João Gilberto. Era uma grande dama. Além de uma cantora excepcional, tinha – como Jorge Goulart – o coração e o pensamento político do lado certo: o esquerdo.

Discografia selecionada

78 rpm

1952. "Menino grande" (Antônio Maria), "Quanto tempo faz" (Paulo Soledade/Fernando Lobo) - Continental

1952. "Amor, meu grande amor" (H. Crolla/Caribe da Rocha), "Ninguém me ama" (Fernando Lobo/Antônio Maria) - Continental

1953. "De cigarro em cigarro" (Luiz Bonfá), "Onde anda você?" (Reinaldo Dias Leme/Antônio Maria) - Continental

1955. "Madrugada três e cinco" (Ismael Neto/Antônio Maria/ Reinaldo Dias Leme), "Vamos falar de saudade" (Mário Lago/Chocolate) - Continental

1955. "Gosto, gosto de você" (Celso Guimarães), "Não diga não" (Tito Madi/Georges Henry) - Continental

1955. "O morro" (Billy Blanco/Antonio Carlos Jobim), "Dois tristonhos" (Lupicínio Rodrigues) - Continental

1956. "Só louco" (Dorival Caymmi), "Não há mais segredo" (Georges Moran/Teófilo Barros Filho) - Continental

1957. "Se o negócio é sofrer" (Mario Lago/Chocolate), "Não vou chorar" (Norival Reis/Antonio Almeida) - Continental

1957. "Saudade da Bahia" (Dorival Caymmi), "Chove lá fora" (Tito Madi) - Continental

1959. "Meu amor não me deixou" (Carlos Manga/Geraldo Serafim), "Canção do mal que se faz bem" (Mario Lago/Alcir Pires Vermelho) - RCA Victor

1961. "Desencontro" (N. Clavell/Nazareno de Brito), "Pra que voltar?" (Nonato Buzar) - Continental

LP/Compacto/CD

1955. *Canta Nora Ney* ("Onde anda você"/"Não sou mais criança"/"Menino grande"/"O que foi que eu fiz"/"Quando a noite me entende"/"Se eu morresse amanhã"/"O que vai ser de mim"/"Quanto tempo faz") – Continental

1960. *Ninguém me ama* ("Ninguém me ama"/"Felicidade"/"Preconceito"/"Bar da noite"/"De cigarro em cigarro"/"Menino grande"/"Você nasceu pro mal"/"Saudade mentirosa"/"Telecoteco nº 2"/"Contraste"/"Imenso amor"/"Mentira") – RCA Victor

1972. *Tire seu sorriso do caminho que eu quero passar com a minha dor* ("Desabafo"/"Quando eu me chamar saudade"/"Bar da noite"/"Vamos falar de saudade"/"Preconceito"/"Franqueza"/"Ninguém me ama"/"A flor e o espinho"/"Obra-prima"/"É tão gostoso, seu moço"/"Quanto tempo faz"/"Onde anda você"/"Conselho"/"De cigarro em cigarro") – Som Livre

1977. *Jubileu de Prata – Nora Ney e Jorge Goulart* ("Provei"/"Alô, padeiro"/"Ronda"/"A timidez me devora"/"Se eu morresse amanhã de manhã"/"Cinco bailes da história do Rio"/"Me dá a penúltima"/"Fim de semana em Paquetá"/"Dois tristonhos"/"Divina dama"/"Canção de quem espera"/"Brinde ao cansaço") – Som Livre

1989. *Antônio Maria – A noite é grande* ("Quando a noite me entende"/"Canção da volta"/"Madrugada"/"Manhã de carnaval") – Funarte

2000. *Amor, meu grande amor – Nora Ney e Jorge Goulart* ("Felicidade"/"Paciência, coração"/"Bar da noite"/"A volta"/"Quatro motivos"/"Nem tudo é possível"/"Deixa-me"/"Mês de Maria"/"Sem ninguém"/"Laura"/"Duas lacraias"/"Falua"/"Onde anda você"/"Fulana de Tal"/"Ninguém me ama"/"Feliz ilusão"/"Solidão"/"Além do céu"/"Amor, meu grande amor"/"No fim da estrada"/"De cigarro em cigarro") – Revivendo

2000. *A música brasileira deste século por seus autores e intérpretes – Nora Ney* ("Ninguém me ama"/"Preconceito"/"Onde anda você"/"Menino grande"/"Eu e a brisa"/"Último desejo"/"De cigarro em cigarro"/"Bar da noite"/"Neste mesmo lugar"/"Castigo"/"Vai, mas vai mesmo"/"É tão gostoso, seu moço"/"Obra-prima"/"Quando eu me chamar saudade") - SESC

Filme

Carnaval Atlântida (1953). Atlântida. Direção de Carlos Manga. Com Cyll Farney, Eliana, Grande Otelo, José Lewgoy. Nora Ney canta "Ninguém me ama".

Carnaval em Caxias (1954). Flama/Atlântida. Direção de Paulo Vanderley. Com Dóris Monteiro, Modesto de Souza, Wilson Grey, Nova Ney.

Malandros em quarta dimensão (1954). Atlântida. Direção de Luís de Barros. Com Jaime Costa, Grande Otelo, Colé, Wilson Grey, Nova Ney.

Carnaval em lá maior (1955). Maristela. Direção de Ademar Gonzaga. Com Walter d'Ávila, Randal Juliano, Renata Fronzi, Adoniran Barbosa, Nova Ney.

Vamos com calma (1956). Atlântida. Direção de Carlos Manga. Com Cyll Farney, Eliana, Oscarito, Wilson Grey, Margot Louro, Nova Ney.

CAPÍTULO 11

LINDA E DIRCINHA: AS IRMÃS BATISTA

As irmãs Batista são patrimônio nacional.
Getúlio Vargas

A cena era chocante e assustadora. No centro da sala, uma mulher gorda, o corpo coberto de feridas, os cabelos desgrenhados, dizia palavrões e ameaçava com uma espécie de borduna a todos que se aproximavam. Próximo, outra mulher, vestida com trapos, ria histericamente e dizia palavras desconexas. A um canto, encolhida e catatônica, uma terceira mulher extremamente magra permanecia calada, o olhar perdido. As três mulheres eram irmãs – e pelo menos duas tinham sido famosas: as cantoras Dircinha (63 anos) e Linda Batista (66), e Odete (70), a mais velha.

O apartamento 301 do prédio nº 625 da rua Barata Ribeiro, em Copacabana, estava semidestruído, tacos estavam soltos, as paredes rabiscadas e descascadas, janelas quebradas, móveis arrebentados. Com dificuldade, o cantor José Ricardo, o delegado Rui Dourado e soldados do Corpo de Bombeiros conseguiram levar as irmãs até uma ambulância do Inamps, que as conduziu ao Hospital Psiquiátrico Pinel. Do Pinel, Linda foi levada às pressas para a Unidade de Terapia Intensiva da Clínica Rio-Cor. A agitação e a agressividade que a dominavam eram agravadas pela arritmia e pelo diabetes. Seu estado foi considerado crítico pelos médicos que a atenderam. Dircinha e Odete foram levadas para a Casa de Saúde Doutor Eiras. Ambas estavam devastadas pela arteriosclerose e pela desnutrição em grau elevado.

Quem poderia imaginar que ali estavam duas das maiores cantoras brasileiras? Duas cantoras que desfrutaram de fama, riqueza e prestígio, que se tornaram as preferidas de Getúlio Vargas. Que cantaram e interpretaram grandes e inesquecíveis sucessos, até hoje lembrados. Como chegaram àquele ponto?

• • •

Linda Batista, cujo nome era Florinda Grandino de Oliveira, nasceu em São Paulo, em 14 de junho de 1919. Dirce Grandino de Oliveira, a Dircinha, nasceu também em São Paulo, no dia 7 de abril de 1922. Linda e Dircinha eram filhas de Emília Grandino de Oliveira, a dona Neném, e de João Batista Júnior, humorista e ventríloquo capaz de imitar 22 vozes sem abrir os lábios. Emília e Batista moravam no Rio de Janeiro, mas a avó materna exigia que as crianças nascessem na capital paulista, onde ela residia. Batista Júnior era bonachão, ao contrário de dona Neném, que era geniosa e temperamental, controladora do destino das filhas.

Batista Júnior também era um pai extremamente zeloso: procurou educar as filhas nos melhores colégios do Rio de Janeiro, como o tradicional Colégio Sion, onde elas fizeram o curso primário. Aos 10 anos, Linda começou a estudar violão com o violonista e cantor Patrício Teixeira. Nessa época, a cantora compôs sua primeira música, intitulada "Tão sozinha". Dircinha subiu aos palcos aos 6 anos de idade, ocasião em que cantou, ao lado do pai, a canção "Morena cor de canela", de Raul Roulien. Em 1930, com apenas 8 anos, Dircinha (com o nome Dircinha de Oliveira) gravou seu primeiro disco, pela Columbia.

Em 1931, Dircinha começou a participar do *Programa Francisco Alves*, na Rádio Cajuti. Linda, por sua vez, estreou no mesmo programa em 1936. Logo adiante, Linda foi contratada pela Rádio Nacional e realizou uma excursão ao Nordeste. A carreira das duas, portanto, deslanchava: ambas se destacavam em programas de rádio, participavam de filmes e de shows. Em 1938, além de atuar no filme *Banana da terra*, Linda tornou-se a principal *crooner* da Orquestra de Kolman, no Cassino da Urca, permanecendo como contratada daquela casa de espetáculos até 1946, quando, em razão de decreto presidencial, ela foi fechada. O prestígio de Linda era de tal monta que, ao ser convidada para inaugurar o Cassino da Ilha Porchat, em São Vicente, ela recebeu o maior salário até então pago a uma cantora brasileira. Na ocasião, recebeu o título de "Maioral do Samba".

Matéria publicada na *Revista do Rádio* (nº 189, de 21 de abril de 1953), cujo título era "Quem ficou rico no rádio?", assinada por Borelli Filho, dizia a respeito de Linda e Dircinha Batista:

> *As irmãs Batista não perderam tempo com o problema do pé-de-meia. Cantando desde pequenas, uma e outra substituíram a ausência do inesquecível Batista Júnior, tomando os encargos da casa. Perderam o pai e o substituíram no comando da família. Talentosas, em pouco tempo lograram magnífica situação financeira no rádio, ganhando salários que sempre estiveram iguais aos dos melhores do microfone. Depois, nos discos, obtiveram outra renda apreciável, juntando-a aos proveitos das temporadas no interior, boates etc. Têm, agora, um salário individual de 50 mil cruzeiros mínimos. Daí pra cima, nada menos. Fizeram seus patrimônios comprando um apartamento maravilhoso no Flamengo, onde dona Neném (mãe das cantoras) reúne os amigos, oferecendo-lhes uma macarronada que ninguém esquece. Possuem ambas um automóvel tipo 1952, fora outros bens e recursos. Linda, por sinal, quando recebeu os primeiros direitos pela venda dos discos com o seu "Vingança", comprou logo pra mais de 100 mil cruzeiros em joias. É preciso dizer mais?*

Há quem diga que as irmãs Batista procuraram sempre manter uma postura de estrelas – o que lhes fazia viver cenas inesquecíveis. Como a de chegar à Rádio Nacional em sofisticados automóveis, vestidas de casacos de pele e cobertas de joias. Getúlio Vargas tinha especial carinho pelas duas irmãs – com quem teria tido, em épocas diferentes, caso amoroso.

O prestígio de Linda Batista era tanto que ela foi eleita, em 1937, a primeira Rainha do Rádio, título que manteve por 11 anos consecutivos (até 1948).

• • •

Getúlio Vargas costumava dizer que as irmãs Batista eram patrimônio nacional. Exageros à parte, ambas, de fato, foram campeoníssimas de vendagem de discos nos anos 1940, 1950 e início dos anos 1960, não só pela quantidade de discos gravados como pela qualidade do repertório das duas. Numa época em que a chamada parada de sucessos era sublinhada pela música que iria ser lançada no carnaval, Linda e Dircinha interpretaram marchinhas e sambas antológicos como "Nega maluca", de Evaldo Rui e Fernando Lobo, (Linda) e "Periquitinho verde", de Nássara e Sá Roris (Dircinha).

Linda Batista era torcedora do Flamengo e afeita às bebericações noturnas. Tinha uma mesa cativa na boate Vogue, onde era vista em companhia de Ary Barroso, Antônio Maria e Sérgio Porto. Dircinha não ficava atrás da irmã: a ordem era aproveitar a vida – uma vida que elas supunham que jamais acabaria. Dircinha, como Linda, namorou muito, mas sofria de constantes crises de depressão. Durante anos, sorrateiramente, longe dos olhares da imprensa e do público, Dircinha costumava se internar em casas de saúde. Dizia-se, então, que ela estava hospedada em luxuosos hotéis de Caxambu, Poços de Caldas ou São Lourenço, em férias.

Linda e Dircinha esbanjavam ostentação. Tinham na garagem 14 automóveis, promoviam festas, possuíam inúmeros imóveis, entre os quais quatro casas de campo no eixo Petrópolis-Teresópolis, colecionavam joias e viagens internacionais. Mas o dinheiro de ambas alimentou também prazeres perigosos: no caso de Linda, a bebida e o jogo; no de Dircinha, o jogo e a bebida, nessa ordem. Com o fechamento dos cassinos, Dircinha resolveu promover em sua casa rodadas de baralho, das quais participavam Fernando Lobo, Haroldo Barbosa, Ivon Cury, Carlos Frias e Raul Brunini. Madrugada afora, perdiam-se e ganhavam-se muitos cruzeiros.

Conta-se que havia uma grande rivalidade entre as irmãs e a cantora Emilinha Borba, registrando-se, inclusive, brigas – a socos, pontapés e pedradas – entre fãs dos dois lados. Certa vez, quase ocorreu uma briga entre Linda Batista e Emilinha Borba. E tudo por causa de uma vaia com que fãs da Emilinha premiaram Dircinha. Linda saiu em defesa da irmã: "Vou encher a cara da Emilinha de porrada!", berrou, supondo que a citada vaia tinha sido uma armação da outra. Verdade ou mentira, mas avisada das intenções belicosas de Linda, Emilinha tratou de escapar pelos fundos da Nacional.

Em meados dos anos 1960, as duas começaram a viver o drama da falta de convites para cantar. A Rádio Nacional estava sob intervenção militar, as boates e o teatro de revista perdiam público, o ambiente estava péssimo. Linda e Dircinha não eram escaladas para cantar, também, pela amizade que sempre tiveram com Getúlio Vargas e Jango. No fundo, ninguém queria saber das cantoras "ultrapassadas". Como consolo, Dircinha, que falava seis línguas, trabalhou como repórter, cobrindo bailes de carnaval. Triste fim.

Os críticos de música afirmam que Dircinha era melhor cantora que Linda. É certo. Dircinha sabia postar bem a voz: tinha emissão quase perfeita. Sabia controlar o volume e possuía recursos técnicos apurados. Tudo que gravasse teria qualidade acima da média. Cantou, por exemplo, o samba-canção "Conceição" (Dunga e Jair Amorim) com tal emoção, sentimento e delicadeza que muitos ainda hoje preferem sua gravação à de Cauby Peixoto. Antônio Maria elogiou sua interpretação de "Se eu morresse amanhã de manhã". Cantava, com apuro de pronúncia, em diversos idiomas.

Linda não possuía tanta técnica quanto Dircinha. Contudo, era mais popular, tinha mais pique nas marchinhas e sambas carnavalescos, dos quais o já citado "Nega maluca" é o melhor exemplo, ao lado de outras tantas pérolas como "Enlouqueci" (Luis Soberano) e "Me deixa em paz" (Monsueto Menezes). Era, igualmente, especialista nas canções que destilavam desencontros amorosos, traições e perdas sentimentais. Foi, ao lado de Jamelão e Francisco Alves, a grande intérprete do compositor gaúcho Lupicínio Rodrigues, *expert* nesse tipo de música. A gravação que fez de "Vingança" tornou-se simbólica – e ninguém, nem mesmo o autor, a gravou com tanta categoria e carisma.

• • •

Não seria exagero dizer que as irmãs Batista, por ironia da história, tenham encerrado o ciclo das canções carnavalescas. Em 1961, Linda gravou o último grande samba, "Quero morrer no carnaval", de Luís Antonio e Eurico Campos. Em 1970, foi a vez de Dircinha fechar o ciclo das marchas, com a marcha-rancho "O primeiro clarim", de Klécius Caldas e Rutinaldo.

Quero morrer no carnaval
Na avenida Central
Sambando
O povo na rua cantando
O derradeiro samba
Que eu fizer chorando

Hoje, eu não quero sofrer
Hoje, eu não quero chorar
Deixei a tristeza lá fora
Mandei a saudade esperar
Hoje, eu não quero chorar
Quem quiser que sofra em meu lugar

• • •

No fim da vida, Linda, Dircinha e Odete só tinham um amigo, o cantor José Ricardo, que faleceu em 11 de maio de 1999, vitimado por um câncer. Ele as auxiliou o quanto pôde, mas a situação das irmãs Batista era desesperadora. Linda e Dircinha foram aos poucos se desfazendo de tudo para pagar as contas: venderam carros, imóveis, joias, mobília. Por fim, venderam objetos domésticos, como ventilador e enceradeira, para comprar comida.

As duas não eram mais chamadas para fazer shows. Um câncer na garganta martirizou dona Neném, que foi obrigada a peregrinar durante cinco anos por caros hospitais e clínicas, que as filhas, enquanto puderam, bancaram. Quando a mãe faleceu, Dircinha caiu em depressão profunda – e nunca mais saiu de casa. Um dia, ao chegar ao apartamento das irmãs, José Ricardo levou um susto: havia fezes espalhadas pelo chão. Dircinha mancava, pois as unhas dos pés estavam tão crescidas que feriam os seus dedos. Linda estava com erisipela e sofria de beribéri, doença provocada pela falta de vitamina B1. Bebia muito e informou ao cantor que não ia mais comer: só iria beber. Odete foi a primeira das irmãs a perder a razão.

Revista do Rádio, nº 364 (1º de setembro de 1956)

Buraco da Fechadura – Dircinha Batista

Não se considera supersticiosa
É devota de todos os santos, mas particularmente de São Judas Tadeu e São Jorge
Adora ler
Não troca um bom "bate-papo" por nada deste mundo
É admiradora incondicional de Érico Verissimo
Detesta mexericos
Há anos sua irmã Linda compra seus sapatos
Não toma álcool de modo algum
Acorda muito cedo (por obrigação, pois detesta fazê-lo)
Não suporta que falem mal de outros na sua presença
Almoça tarde
Considera-se leal para com os amigos e honesta e indiferente para com os inimigos
Adora vestidos rodados, com cintura justa
Não fuma além de um maço de cigarros por dia
Todos os seus vestidos são comprados por Linda
Só sai de casa depois de uma palestra com sua mãe
Dá a vida por um bom refrigerante
Adora macarronada e feijoada
Quando preocupada, tem a mania de segurar a orelha
Detesta provar vestidos
Odeia gente invejosa
Adora as poesias de Castro Alves
Não compra bilhetes, mas sonha em ganhar a sorte grande
Tem um verdadeiro horror a gente geniosa
Adora andar de automóvel, mas com uma condição: dirigindo
Seu pai teve influência decisiva em sua carreira e disso Dircinha se recorda com gratidão
Tem péssima memória para datas de aniversários e casamentos
Adora namorar por telefone
Tem admiração pelo talento do produtor Lyra Filho
Linda lhe dá presentes frequentemente (não é um amor?)

As novas gerações não conhecem as irmãs Batista. Nada sabem também sobre a tragédia dos últimos anos de vida das cantoras. Uma pena. Linda e Dircinha Batista foram duas cantoras excepcionais. Eram amadas pelo público da sua época, seus discos não esquentavam as prateleiras das lojas. Cantaram nas melhores emissoras de rádio do país. Fizeram shows em teatros superlotados, em boates de primeira linha. Construíram uma carreira de ponta, que desabou como um castelo de cartas. Tinham o mundo a seus pés.

Linda Batista faleceu no dia 17 de abril de 1988. Dircinha morreu em 18 de junho de 1999, no Hospital Dr. Eiras, onde viveu os últimos anos numa cadeira de rodas.

Discografia selecionada

Linda Batista

78 rpm

1940. "Macaco quer banana" (J. Piedade/Sá Roris), "Abre a porta" (Raul Marques/César Brasil) - Odeon

1941. "Nós queremos outra valsa" (Antenor Borges/Max Bulhões), "Comigo não" (Ciro de Souza) - RCA Victor

1941. "Quem sabe da minha vida sou eu" (Russo do Pandeiro/Alfeu de Brito), "Batuque no morro" (Russo do Pandeiro/Sá Roris) - RCA Victor

1942. "A vida é isto" (Chiquinho Charles), "Salve a batucada" (Chiquinho Sales/Buci Moreira/Carlos Souza) - RCA Victor

1942. "Bom dia" (Herivelto Martins/Aldo Cabral), "Aula de música" (Haroldo Barbosa/Herivelto Martins) - RCA Victor

1942. "Desperta, Brasil" (Grande Otelo), "Vitória amarga" (Popeye do Pandeiro/Grande Otelo) - RCA Victor

1943. "Última festa" (Sebastião Gomes/Alcides Rosa), "Não posso mais" (Sebastião Lima/Ubirajara Nesdan) - RCA Victor

1943. "Ruas do Japão" (Haroldo Lobo/Cristóvão de Alencar), "Clube dos barrigudos" (Haroldo Lobo/Cristóvão de Alencar) - RCA Victor

1944. "Roberto" (Max Bulhões/Sebastião Amaral), "Sei lá se vou" (Ari Monteiro/Ubirajara Nesdan) - RCA Victor

1944. "Coitado do Edgar" (Benedito Lacerda), "A cobra está fumando" (Benedito Lacerda/Haroldo Lobo) - RCA Victor

1945. "Cheguei da Bahia" (Denis Brean/Raimundo Chaves), "Boa pessoa" (Carneiro Filho/Alberto Maia) - RCA Victor

1946. "Seu Cornélio" (Mario Pinto/E. Frazão), "Assobia um samba" (Ary Barroso) - RCA Victor

1946. "Você sempre me dizia" (Linda Batista), "Ranchinho abandonado" (Norberto Martins/Pacheco Silva) – RCA Victor

1946. "Bonde do Caju" (Haroldo Lobo/Milton de Oliveira), "Eu-zébio perdeu nas corridas" (Haroldo Lobo/Milton de Oliveira) – RCA Victor

1947. "Enlouqueci" (Luiz Soberano/Valdomiro Pereira/João Vale), "Um baile na chacrinha" (Benjamin Batista/Marina Batista) – RCA Victor

1950. "General da banda" (Sátiro de Melo/Tancredo Silva/José Alcides), "A mão de peixe" (Donga/J. Piedade) – RCA Victor

1950. "Papai não quer" (J. Piedade/W. Goulart), "Perdão, senhor" (J. Piedade) – RCA Victor

1950. "Madalena" (Ari Macedo/Airton Amorim), "Filosofia barata" (Peterpan/Ari Monteiro) – RCA Victor

1951. "Vingança" (Lupicínio Rodrigues), "Dona divergência" (Lupicínio Rodrigues/Felisberto Martins) – RCA Victor

1951. "Me deixe em paz" (Monsueto Menezes/Airton Amorim), "Amor passageiro" (Zé Kéti/Jorge Abdala) – RCA Victor

1952. "Sim" (Haroldo Lobo/Milton de Oliveira/Badú), "O bom cabrito não berra" (Haroldo Lobo/Milton de Oliveira) – RCA Victor

1952. "Chico viola" (A. Nassara/Wilson Batista), "Prece de um sambista" (Billy Blanco) – RCA Victor

1953. "Trapo de gente" (Ary Barroso), "Risque" (Ary Barroso) – RCA Victor

1954. "Vergonha" (Ari Cordovil/Fernando Lobo), "Amor ciumento" (Aldacir Louro/Ivo Pereira/Linda Batista) – RCA Victor

1956. "A rodada é minha" (Popó/Doca/Rubens Silva), "Marcha do resfriado" (Klécius Caldas/Armando Cavalcanti/Brazinha) – RCA Victor

1958. "Calúnia" (Lupicínio Rodrigues/Rubens Santos), "O morro está doente" (Luis Antônio/Oldemar Magalhães) – RCA Victor

1959. "Não gostei do seu papel" (Linda Rodrigues/Aldacir Louro/Geraldo Serafim), "Uma grande dor" (Otolindo Lopes/Arno Provenzano/Oldemar Magalhães) – RCA Victor

1961. "Quero morrer no carnaval" (Luiz Antônio/Eurico Campos), "Olha a italiana" (Linda Batista) – RCA Victor

LP/Compacto/CD

1955. *Meus sucessos* ("Madalena"/"Nega maluca"/"Me deixe em paz"/"Enlouqueci"/"Vingança"/"Chico Viola"/"Risque"/"Trapo de gente") – RCA Victor

1988. *Linda Batista* – Série *Os ídolos do rádio – vol. XII* ("Vingança"/"Segredo das alianças"/"Palavra de honra"/"Mentira"/"Somos irmãs"/"Exaltação ao Rio"/"Interessa?"/"Bambu"/"Sinfonia do apartamento"/"Flor mestiça"/"Caro nome"/"Brasil encantado") – Collector's

Dircinha Batista

78 rpm

1930. "Dircinha" (Batista Jr.), "Borboleta azul" (Batista Jr.) – Columbia

1937. "Periquitinho verde" (A. Nassara/Sá Roris), "Não chora" (Benedito Lacerda/Darci de Oliveira) – Odeon

1938. "Tirolesa" (Paulo Barbosa/Osvaldo Santiago), "E o que ele quer" (Paulo Barbosa/Osvaldo Santiago) – Odeon

1939. "Inimigo do batente" (Wilson Batista/Germano Augusto), "Senhor do Bonfim te enganou" (Wilson Batista/Claudionor Cruz/Pedro Caetano) – Odeon

1939. "Música, maestro" (Roberto Roberti/Arlindo Marques Jr.), "É pra casar ou pra que é?" (Antonio Almeida) – Odeon

1939. "Upa, upa (Meu trolinho)" (Ary Barroso), "Nunca mais" (Ary Barroso) – Odeon

1941. "Ele diz que dá!" (Assis Valente), "Costela de cera" (Linda Batista) – Odeon

1943. "Luar de Paquetá" (Hermes Fontes/Freire Junior/João de Barro), "Oh! Suzana" (S. Foster/João de Barro) – Continental

1945. “Ele tem que respeitar” (Ciro de Souza/Cristóvão de Alencar), “Deixa pra segunda-feira” (Haroldo Lobo/Benedito Lacerda) – Continental

1945. “Eu quero é sambar” (Peterpan/Alberto Ribeiro), “Tumba-tumba” (dança brasileira)” (Peterpan/Afonso Teixeira) – Continental

1948. “Casinha branca” (Roberto Roberti/Arlindo Marques Jr.), “Seu coração e seu mestre” (Herivelto Martins/Benedito Lacerda) – Odeon

1948. “Icaraí” (Célio Ferreira/Raimundo Flores), “Humilhação” (Peterpan) – Continental

1949. “Charrete macia” (Haroldo Lobo/David Nasser), “A coroa do rei” (Haroldo Lobo/David Nasser) – Odeon

1949. “O macaquinho do realejo” (Haroldo Lobo/Milton de Oliveira), “Viva o palhaço” (Haroldo Lobo/Milton de Oliveira) – Odeon

1950. “Na baixa do sapateiro” (Ary Barroso), “Recordar é viver” (Freire Jr.) – Odeon

1950. “O sanfoneiro só tocava isso” (Haroldo Lobo/Geraldo Medeiros), “A moringa” (Fuentes/Haroldo Barbosa) – Odeon

1952. “Nunca” (Lupicínio Rodrigues), “Ponta de lança” (Lupicínio Rodrigues) – Odeon

1952. “Senhora” (Orestes Santos/Lourival Faissal), “Alguém como tu” (José Maria de Abreu/Jair Amorim) – Odeon

1954. “Rugas no meu rosto” (Klécius Caldas/Armando Cavalcanti), “A mulher que é mulher” (Klécius Caldas/Armando Cavalcanti) – RCA Victor

1956. “Zé Arigó” (Klécius Caldas/Armando Cavalcanti), “Conceição” (Dunga/Jair Amorim) – RCA Victor

1958. “Hino à mulher” (Luiz Antônio/Amado Regis), “Coisas minhas” (Lupicínio Rodrigues) – RCA Victor

1963. “O último a saber” (Klécius Caldas/Brasinha), “Ponha a mão na consciência” (Klécius Caldas/Brasinha) – Mocambo

1964. “Na hora que você precisou” (Carvalhinho/Zilda Gonçalves/Valtinho), “A índia vai ter neném” (Haroldo Lobo/Milton de Oliveira) – Mocambo

LP/Compacto/CD

1957. *Música para o mundo* ("Canção da volta"/"Aperto de mão"/"Inquietação"/"Algodão"/"I Only Have Eyes for You"/"Luna rossa"/"Les feuilles morts"/"Pecadora") – RCA Victor

1989. *Dircinha Batista* – Série *Os ídolos do rádio – vol. XI* ("Mãe Maria"/"Salve Ogum"/"Não se aprende na escola"/"Um amor de amiguinha"/"Batuque no morro"/"Quando o samba acabou"/"Brasil moreno"/"Sabiá"/"Joãozinho Boa Pinta"/"Meu Brasil"/"Senhora"/"Triana"; "Ai Mouraria"; "The Man I Love"; "Est-ce ma faute?"; "Policromia brasileira") – Collector's

2000. *Bis Cantores do rádio – Dircinha Batista* ("Nunca"/"Vulto"/"Inimigo do batente"/"Adeus"/"Acredite quem quiser"/"Rio"/"Na casa do seu Thomas"/"La vie en samba"/"A coroa do rei"/"Justiça"/"Estranho amor"/"Casinha de bambu"/"Entrego a Deus"/"Não chora"/"Periquitinho verde"/"Upa, upa (Meu trolinho)"/"Oh! Tirolesa"/"Dança do urso"/"Faraó"/"Chico Brito"/"Máscara da face"/"Mundo cego"/"É o que ele quer"/"Chama-se João"/"Violão que chora"/"Contemplando"/"Se eu tivesse um milhão"/"O sanfoneiro só tocava isso") – Copacabana/EMI Music

Filme

Alô, alô, Brasil (1935). Waldow/Cinédia/MGM. Direção de João de Barro, Alberto Ribeiro e Wallace Downey. Com Carmen Miranda, Ary Barroso, Francisco Alves, Dircinha Batista.

Alô, alô, Carnaval (1936). Waldow/Cinédia. Direção de Ademar Gonzaga. Com Carmen Miranda, Aurora Miranda, Francisco Alves, Mário Reis, Dircinha Batista.

Bombonzinho (1937). Sonofilmes. Direção de Mesquitinha. Com Mesquitinha, Oscarito, Conchita de Moraes, Dircinha Batista.

Maridinho de luxo (1938). Cinédia. Direção de Luís de Barros. Com Mesquitinha, Maria Amaro, Rodolfo Mayer, Linda Batista.

Onde estás, felicidade? (1939). Cinédia. Direção de Mesquitinha. Com Rodolfo Mayer, Mesquitinha, Paulo Gracindo, Nilza Magrassi, Dircinha Batista.

Banana da terra (1939). Sonofilmes. Direção de Rui Costa. Com Oscarito, Aloísio de Oliveira, Linda Batista, Dircinha Batista.

Laranja da China (1940). Sonofilmes. Direção de Rui Costa. Com Barbosa Júnior, Arnaldo Amaral, Dircinha Batista.

Entra na farra (1941). Régia Filmes. Direção de Luís de Barros. Com Arnaldo Amaral, Carlos Galhardo, Batista Júnior, Dircinha Batista.

Céu azul (1941). Sonofilmes. Direção de Rui Costa. Com Jaime Costa, Oscarito, Heloisa Helena, Linda Batista.

Abacaxi azul (1944). Sonofilmes. Direção de Rui Costa. Com Dercy Gonçalves, Arnaldo Amaral, Linda Batista, Dircinha Batista.

Não adianta chorar (1944). Atlântida. Direção de Watson Macedo. Com Oscarito, Grande Otelo, Catalano, Linda Batista, Dircinha Batista.

Caídos do céu (1946). Cinédia. Direção de Luís de Barros. Com Dercy Gonçalves, Walter d'Ávila, Violeta Ferraz, Linda Batista.

Esta é fina! (1948). LEB. Direção de Luís de Barros. Com Mesquitinha, Cláudio Novelli, Linda Batista, Dircinha Batista.

Um beijo roubado (1950). Cinédia. Direção de Leo Marten. Com Otávio França, Juvenal Fontes, Marlene. Linda Batista canta "Quando o coração tem a mania de mandar na gente", de sua autoria.

É fogo na roupa (1953). Unida Filme. Direção de Watson Macedo. Com Ankito, Violeta Ferraz, Heloisa Helena, Adelaide Chiozzo, Linda Batista.

Está com tudo (1953). Castelo Filmes/Unida. Direção de Luís de Barros. Com Mesquitinha, Mary Gonçalves, Ronaldo Lupo, Trio de Ouro, Linda Batista, Dircinha Batista.

Carnaval em Caxias (1954). Flama/Atlântida. Direção de Paulo Vanderley. Com José Lewgoy, Dóris Monteiro, Modesto de Souza, Linda Batista, Dircinha Batista.

Depois eu conto (1956). Cinedistri/Unida. Direção de José Carlos Burle. Com Anselmo Duarte, Eliana, Dercy Gonçal-

CAPÍTULO 12

ISAURINHA GARCIA

Quem conhece Isaurinha, ama.
Hermínio Bello de Carvalho

Paulistana do bairro do Brás, Isaura Garcia nasceu na rua Alegria, em 26 de fevereiro de 1919. Desde criança, demonstrou seu talento e vocação, cantando de mesa em mesa no bar do pai ou quando ajudava a mãe a engarrafar vinho. Um dia, sua mãe, Amélia Pancetti (irmã do famoso pintor), levou-a ao programa *A Hora da Peneira Rhodine*, da Rádio Cultura, mas a menina foi gongada. Um ano depois, em 1937, Isaura fez nova tentativa no programa de Otávio Gabus Mendes (chamava-se *Quá Quá 40*), onde interpretou "Camisa listrada", de Assis Valente, obtendo o primeiro lugar. Na época, a jovem cantora era admiradora de Carmen Miranda e Araci de Almeida, de quem aproveitava o repertório e a maneira de cantar. Tinha – e manteve por toda a vida – o sotaque italianado do Brás e da Mooca, o que acrescentava certo encanto às suas interpretações.

No ano seguinte, Isaura foi contratada pela Rádio Record. Como uma das suas principais cantoras, Isaurinha fez parte do *cast* da emissora por toda sua carreira. Formou dupla com o cantor Vassourinha, se apresentando em shows e circos. Ganhou notoriedade ao gravar um famoso comercial do Saponáceo Radium, cuja letra era quilométrica.

Eu pego às oito e quarenta e cinco
Assobiando trabalho com afinco
Cumprimento o patrão e a patroa
E assim a vida continua sempre boa

Depois do almoço então começo a faxina
E a cozinha vai brilhando sem parar
A limpeza é completa e geral
Cada panela é um espelho pra se olhar
Todo mundo me pergunta o que é
E eu digo minha gente é Saponáceo Radium
Entre os melhores saponáceos do mundo
Radium é o número um
Radium, Radium
Radium
Tão bom assim eu nunca vi nenhum.

Logo depois, Isaura teve a oportunidade de ser uma das primeiras a gravar Geraldo Pereira ("Pode ser", em parceria com Marino Pinto), que, ao lado de "Chega de tanto amor", de Mário Lago, foi o primeiro disco de sua carreira para a Columbia. Durante os anos 1940, Isaura iria gravar três dos seus maiores sucessos: em 1942, "Aperto de mão" (Augusto Mesquita, Horondino Silva e Jaime Florence); em 1945, "Mensagem" (Aldo Cabral e Cícero Nunes); em 1946, "De conversa em conversa" (Lúcio Alves e Haroldo Barbosa). Segundo depoimento da própria Isaurinha, o samba "Mensagem" (que muitos chamam de "Carteiro") transformou-se numa espécie de hino de "todos os sambas" que ela gravou.

Quando o carteiro chegou
E o meu nome gritou
Com uma carta na mão
Ante surpresa tão rude
Nem sei como pude chegar ao portão

• • •

Todos falam da Leila Diniz como exemplo de mulher à frente de seu tempo. Exemplo de mulher que jamais se deixou pautar pelos preconceitos de seu tempo. Mulher que vivia na contramão dos falsos pudores, mulher que acreditava na alegria de viver, que sempre foi leal aos próprios valores. Foi amada e odiada – e secretamente invejada por quem não tinha coragem de se libertar do moralismo rasteiro. Quem assim fala de Leila Diniz descreve um ser humano excepcional.

Mas, antes dela, Isaurinha foi uma pioneira no comportamento ousado, dizendo palavrões com naturalidade, bebendo e fumando, amando pelo prazer de amar e de querer bem, pela sensação gostosa de ser desejada. Suas frases terminavam, em geral, com o tradicional "ôrra" do Brás – que, às vezes, vinha com um acréscimo: "Ôrra, meu!"

Um dia, Isaurinha literalmente saiu no braço com Dalva de Oliveira, que, de quebra, ainda acertou a cabeça do marido, Herivelto Martins, com um cinzeiro. A história dessa briga é emblemática para todos os envolvidos.

Isaurinha, sempre que vinha ao Rio, hospedava-se na casa de Dalva e Herivelto, na Urca. Isaura e Dalva eram amigas – e a paulistana adorava o ambiente descontraído da casa da amiga, onde à noite os amigos compareciam, havia sempre um violão, comes e bebes fartos. Isaura adorava cantar – acompanhada ao violão por um sempre simpático e charmoso Herivelto.

Como se sabe, o autor de "Cabelos brancos" era um sedutor. Uma tarde, a irmã de Dalva, Nair, estranhou o silêncio da casa – e, abrindo a porta do quarto do casal sem ser vista, flagrou Herivelto e Isaurinha na cama. Nervosíssima, Nair trancou-se no próprio quarto e, durante horas, amargou a dúvida do que fazer quando Dalva chegasse. Não deu outra: Nair contou à irmã o que tinha visto. A reação de Dalva foi explosiva: partiu para cima de Isaurinha, atirou o cinzeiro no marido e jogou as roupas e malas de Isaurinha pela janela. Detalhe: enquanto Herivelto jurava que tudo não passara de um terrível mal-entendido, Isaurinha limitava-se a dizer: "Dei mesmo, e daí?"

Isaurinha gostava de cantar em boates, mas não sentia prazer. Gostava porque podia conversar com o público como se fosse uma festa familiar. Não gostava era de ficar acordada até as 2h, horário em que geralmente começavam os shows. Preferia se apresentar em clubes, em teatros, nas rádios. O certo é que Isaurinha, no fim da década de 1940, já era uma cantora de expressão nacional. Embora permanecesse residindo em São Paulo, ela recebia constantes convites para se apresentar no *Programa César de Alencar*, na Rádio Nacional do Rio de Janeiro. Nessa época, fez várias excursões pelo país. Devido ao seu modo muito particular de cantar, recebeu do radialista Blota Júnior o slogan de "A Personalíssima".

• • •

A especialidade de Isaurinha era o samba-canção. Contudo, cantava todos os gêneros, do samba à bossa nova – tudo, claro, com a interpretação carregada de sotaque paulistano. Teve inúmeros casos amorosos, mas três se destacaram: Teófilo de Almeida Sá, dirigente da Rádio Record, com quem viveu por 15 anos – e foi por ele humilhada muitas vezes na frente de estranhos (Isaura o chamava de "Teófilo Lá-vai-pedrada"); Reinaldo Soares, também diretor da Record, que a trocou por outra mulher; e Walter Wanderley, pianista e organista com quem se casou e teve uma filha, Mônica. Foi, talvez, o grande amor de sua vida.

Isaurinha conheceu Walter Wanderley em 1957, durante uma excursão ao Recife. Ela tinha 38 anos e ele, 26. Foi uma paixão fulminante de parte a parte. Walter abandonou a província e, em São Paulo, passou a tocar na boate Oásis e no Captain's Bar, do hotel Comodoro. Os dois viveram uma relação extremamente conturbada, uma verdadeira guerra, cujos principais contendores foram, de um lado, os ciúmes de Isaurinha e, de outro, a volubilidade de Walter, à qual se somava sua amizade inseparável às garrafas de Johnny Walker e a outros complementos, digamos, mais fortes. A relação de desencontros, escândalos e agressões físicas entre Isaurinha e Walter Wanderley fazia a cantora sofrer, pois o amor dela pelo marido era imenso. Em 1958, desesperada, Isaurinha tentou o suicídio, conforme conta a *Revista do Rádio* (nº 456, de 7 de junho de 1958):

> *Foi realmente uma tentativa de suicídio de Isaurinha Garcia. Eram, aproximadamente, 11h (do dia 23 de maio) quando a cantora foi socorrida no Hospital das Clínicas, em São Paulo. Ela estava inconsciente e logo os médicos verificaram que havia tentado contra a vida. A notícia correu célere e as emissoras do Rio e de São Paulo divulgaram a notícia. Em contato com os nossos representantes na capital paulista, pudemos apurar que Isaurinha Garcia tentara, de fato, o suicídio, ingerindo*

barbitúricos. Seu irmão, José Garcia, informou à Revista do Rádio *que a cantora estivera na boate Baiuca com o noivo (Walter Wanderley) até às 5h da madrugada do dia 23. Daquele momento em diante é que ocorreram as desinteligências entre Isaurinha e Walter, que redundaram no seu gesto de desespero.*

Superado o episódio (não os seus traumas, evidentemente), Isaura e Walter, acompanhados dos padrinhos Alfredo Borba (compositor e crítico de música) e Antônio Marcílio (baterista do conjunto de Walter), foram, no dia 10 de março de 1959, ao registro civil do bairro da Consolação. Diante do magistrado, disseram seus nomes, assinaram as folhas: estavam casados. As brigas continuaram, mas Walter Wanderley tornou-se acompanhante e arranjador exclusivo da mulher.

Em 1963, Walter passou a acompanhar e a fazer arranjos para Claudette Soares, cujo repertório não era o mesmo que o de Isaurinha. Como era de se esperar, Walter apaixonou-se por Claudette – e ela por ele. Resultado: Isaurinha ficou sem marido.

Walter, em 1966, transferiu-se para os Estados Unidos, onde viveu até o final de sua vida. Morreu em 1986, com 54 anos. Walter fez enorme sucesso nos Estados Unidos, mas, aos poucos, o álcool dilacerou sua saúde e prejudicou sua carreira. Perdeu grandes oportunidades, mas deixou uma obra significativa.

Isaurinha, muito zombeteira, chamava o marido de "Warte" – acentuando a pronúncia típica do Brás e da Mooca. Isaurinha, como Leila Diniz, gostava de dizer palavrão – e não escolhia hora nem lugar. Quando Walter Wanderley a largou para ficar com Claudette Soares, Isaurinha não pestanejou: encheu o mundo de gritos e xingamentos. Um dia, foi entrevistada por Hermínio Bello de Carvalho. E falou sobre a sua separação. Dedicou ao ex-marido todos os palavrões conhecidos e desconhecidos, mas reconheceu:

– Hermínio, o Warte era um grandíssimo filho da puta, mas que "piroca" ele tinha! Meu Deus!

• • •

Isaurinha (ela preferia ser chamada de Isaura) Garcia não se definia como uma cantora, mas como uma intérprete. Em sua opinião, grandes cantoras eram Angela Maria e Elis Regina, vozes admiráveis. Por isso Isaurinha era tão exigente na escolha do repertório – e o critério que adotava era o de sentir a música como se ela tivesse sido feita exclusivamente para ela. "Se eu não sentir o que estou cantando", dizia, "eu não canto direito."

Em depoimento ao *Pasquim* (ano VIII, nº 376, de 10 a 16/9/1976), Isaurinha observou que uma música em especial combinava com ela. Trata-se de "Preciso aprender a ser só", de Marcos Valle.

Ah, se eu te pudesse fazer entender
Sem teu amor eu não posso viver
Que de nós dois o que resta sou eu
Eu assim tão só
E eu preciso aprender a ser só

Isaurinha Garcia teve uma carreira impressionantemente regular, apesar dos percalços. Momentos de glória e de ostracismo ocorreram, mas nenhum dos opostos predominou. Não foi uma grande vendedora de discos, como Angela Maria, Dalva ou as irmãs Batista, mas gravou muitos, zelando sempre pela qualidade do repertório. Foi rainha dos carteiros, dos motoristas, do carnaval e soberana do rádio de São Paulo, o que prova o quanto era admirada por ouvintes e crítica. Hermínio Bello de Carvalho escreveu sobre ela uma frase definitiva: "Quem conhece Isaurinha, ama. Quem não conhece, que Deus o perdoe."

Nos últimos anos, Isaurinha viveu só, cercada de cachorros, gatas e um papagaio que ela chamava de Lourinho. "Os bichos me dão ternura", dizia. Um dia, pediu à filha, Mônica: "Quando eu morrer, quero que me cubram de margaridas." Foi uma notável cantora – um ser humano que amou, sofreu e viveu intensamente, mas legou a todos nós a imensa alegria de ouvi-la.

Isaura Garcia, a Personalíssima, morreu no dia 30 de março de 1993, de insuficiência renal e cardíaca, em São Paulo, onde sempre viveu.

Discografia selecionada

78 rpm

1941. "Chega de tanto amor" (Mario Lago), "Pode ser?" (Geraldo Pereira/Marino Pinto) – Columbia

1942. "Consciência" (Herivelto Martins/Príncipe Pretinho), "Partida precipitada" (Herivelto Martins/Marino Pinto) – Columbia

1943. "Os produtos de minha terra" (Custódio Mesquita), "Aperto de mão" (Augusto Mesquita/Horondino Silva/Jaime Florence) – RCA Victor

1944. "Pretinho" (Custódio Mesquita/Evaldo Rui), "Linda flor (Ai Ioiô)" (Henrique Vogeler/Luiz Peixoto/Marques Porto) – RCA Victor

1946. "A saudade continua" (Marino Pinto/Valdemar Gomes), "Camilo" (Antônio Morais/Badu) – RCA Victor

1946. "Mensagem" (Aldo Cabral/Cícero Nunes), "Edredon vermelho" (Herivelto Martins) – RCA Victor

1946. "Século do progresso" (Noel Rosa), "Último desejo" (Noel Rosa) – RCA Victor

1946. "Velho descarado" (Gade/Cristóvão de Alencar), "Nego" (Osvaldo Moles/Hervê Cordovil) – RCA Victor

1947. "Prêmio de consolação" (Jaime Florence/Augusto Mesquita), "De conversa em conversa" (Lúcio Alves/Haroldo Barbosa) – RCA Victor

1948. "Carinhoso" (Pixinguinha/João de Barro), "No Rancho Fundo" (Ary Barroso/Lamartine Babo) – RCA Victor

1950. "Pé de manacá" (Hervê Cordovil/Mariza P. Coelho), "Pode ficar" (Hervê Cordovil/Vicente Leporace) – RCA Victor

1959. "Foi à noite" (Antonio Carlos Jobim/Newton Mendonça), "Quatro paredes" (Geraldo Queiroz/Arnaldo Passos) – Odeon

1952. "Beijo frio" (Augusto Mesquita), "Sejam felizes" (Augusto Mesquita) – RCA Victor

1952. "Isto é amor" (Augusto Mesquita/Jaime Florence/Orlando Silveira), "Já chorei tanto" (Hélio Sindo/José Gama de Souza) – RCA Victor

1952. "Festa junina" (Denis/Osvaldo Guilherme), "Nunca" (Lupicínio Rodrigues) – RCA Victor

1954. "Verdade cruel" (Luiz Chacon), "Cachorro de madame" (Denis Brean/Osvaldo Guilherme) – RCA Victor

1959. "Feiura não é nada" (Billy Blanco), "E daí!..." (Miguel Gustavo) – Odeon

1960. "Meditação" (Antonio Carlos Jobim/Newton Mendonça), "Sede de amor" (Mario Albanese) – Odeon

1954. "Doce de coco" (Jacó Bittencourt/João Pacífico), "Sou paulista" (Jaime Florence/Augusto Mesquita) – RCA Victor

1955. "Escuta" (Ivon Curi), "Mensagem" (Cícero Nunes/Aldo Cabral) – RCA Victor

1956. "Amar e sofrer" (Billy Blanco), "Chorei, chorei" (Adoniran Barbosa/J. Nunes/Raguinho) – RCA Victor

LP/Compacto/CD

1957. *A Personalíssima* ("Contrassenso"/"Se Deus me desse"/"Sossegadinha"/"Um gosto e seis vinténs"/"Contando estrelas"/"Mocinho bonito"/"Tucuruvi"/"Deixa pra lá") – Odeon

1959. *Sempre Personalíssima* ("Saia do meu caminho"/"Se você visse"/"De conversa em conversa"/"Prêmio de consolação"/"Mensagem"/"Aperto de mão"/"E daí?"/"Podia ser eu"/"Meditação"/"A banca do distinto"/"Sede de amor"/"Feiura não é nada") – Odeon

1963. *Sambas da madrugada* ("Samba da madrugada"/"Ah, se eu pudesse"/"Teus versos"/"Roseira que não dá rosa"/"Nós e o mar"/"Cadê o amor"/"Samba do crioulo"/"Sempre assim"/"O bolo"/"Se vale a pena"/"Carinho perdido"/"Ilusão à toa") – Odeon

1969. *Isaura Garcia* ("Mensagem"/"Barulho no morro"/"Nunca"/"Duas mulheres e um homem"/"Zé do contra"/"Escuta"/"Pé de manacá"/"Edredon vermelho"/"Pode ficar"/"Adivinhe coração"/"Aperto de mão"/"Dizem") – RCA Camden

1969. *A Personalíssima* ("Velha amizade"/"Seresteiro"/"Cicatrizes"/"Rancho fundo"/"Linda flor (Ai Ioiô)"/"Teu retrato"/"De conversa em conversa"/"Sofres porque queres"/"Século do progresso"/"Amor impossível"/"Duro nega"/"Deixa o povo falar") – RCA Camden

1969. *Ary Barroso e Billy Blanco na voz de Isaura Garcia* ("Viva meu samba"/"Camelô"/"Pano legal"/"Pistom de gafieira"; "Estatuto de gafieira"; "Estatuto de boate"/"Maria, Mária, Mariá"/"Praça Mauá"/"Folha morta"/"Camisa amarela"/"Três lágrimas"/"Risque"; "Pra machucar meu coração"/"Inquietação"/"Tu")"; "Continental

1970. *Papo furado – Isaura Garcia e Noite Ilustrada* ("Nega manhosa"; "O que é isso?"; "Ando cismado"; "Me deixa em paz"; "Você vai se quiser"/"Pra que obedecer?"/"Meu choro pra você"/"Você não quer, nem eu"/"Recado"; "Sem saída"; "Pretensão"; "Fechei a porta"; "Quem ri melhor"; "Atire a primeira pedra"/"Quem te viu, quem te vê"; "Laurindo"; "Rosalina"; "Coitado do Edgard"/"Pra você"/"Meu guarda-chuva"; "Onde andarás"; "Advertência"; "Preciso aprender a ser só"; "Não quero mais"; "Mudando de conversa"; "Pra seu governo"; "Eu agora sou feliz"; "Deixa estar") – Continental

2000. *Bis Cantores do rádio – Isaura Garcia* ("Mensagem"/"Mocinho bonito"/"Saia do caminho"/"Meditação"/"Água de beber"/"Corcovado"/"Saudade querida"/"Chorou, chorou"/"Duas mulheres e um homem"/"Hoje é pra mim"/"Questão de moral"/"Melancolia"/"Foi a noite"/"Cansei de ilusões"/"Edredon vermelho"/"Contrassenso"/"De conversa em conversa"/"E daí?"/"Palhaçada"/"A pedida é samba"/"Não sabemos"/"Que é que eu faço"/"Receita de saudade"/"Barulho no morro"/"O sorriso do Paulinho"/"Errinho à toa"/"Mania de Maria"/"Na base do tapa") – Copacabana/EMI Music

Filme

Caídos do céu (1946). Cinédia. Direção de Luís de Barros. Com Dercy Gonçalves, Walter d'Ávila, Violeta Ferraz, Linda Batista, Isaurinha Garcia.

Estou aí (1949). Fenelon Produções. Direção de Cajado Filho. Com Emilinha Borba, Colé, Celeste Aída, Isaurinha Garcia.

Carnaval em lá maior (1955). Maristela. Direção de Ademar Gonzaga. Com Walter d'Ávila, Randal Juliano, Nora Ney, Isaurinha Garcia.

CAPÍTULO 13

INEZITA BARROSO

Ela é uma personagem especialíssima, única, no cenário da música brasileira.
Rosa Nepomuceno

Rua Lopes Chaves, Barra Funda, década de 1930.

Todos os dias a menina calçava os patins e ficava de lá para cá, na calçada, esperando o momento de ver o moço alto, moreno, de óculos, chegar, à tardinha. Ele morava numa casa de esquina, próximo à casa da tia da menina. A menina já tinha ouvido falar no moço: ele era escritor, jornalista, professor, um homem importante – tudo aquilo que ela desejava para si. O moço às vezes sorria para ela; em outras ocasiões, passava em silêncio, pensativo, como se nada ou ninguém mais existisse. Um dia, uma manobra mais ousada nos patins quase a fez cair. O moço, que ia passando no momento, assustou-se e disse: "Cuidado, mocinha! Assim você se machuca."

O moço chamava-se Mário de Andrade. A menina, Inês Madalena Aranha de Lima – um dia, ela passaria a usar o nome artístico de Inezita Barroso. Os dois terão, no futuro, algo em comum: ela, como ele, viria a se tornar profunda conhecedora da cultura popular, referência expressiva sobre o universo cultural do sertão, do cerrado, do pantanal, dos mais remotos cantos do país, onde se fez e se faz a legítima música de um povo. Que ela não se cansa de curtir e cantar.

Nascida em 4 de março de 1925, Inezita começou a cantar e a estudar violão aos 7 anos. Aos 11, começou a aprender piano. Estudou no tradicional Colégio Caetano de Campos, na praça da República, centro de São Paulo. Incentivada pelos pais e professores, Inezita participava ativamente das festas escolares, declamando, cantando e tocando violão. Nunca pensou, porém, que viria a ser, um dia, uma profissional da música. Até porque os pais de Inezita, membros de tradicionais famílias de São Paulo, jamais apoiariam qualquer decisão da filha nesse sentido.

A música tornou-se a opção profissional da jovem no final da década de 1940. Em 1947, Inezita ingressou na Faculdade de Filosofia da Universidade de São Paulo (USP), onde se matriculou no curso de biblioteconomia. Nesse mesmo ano, casou-se com o advogado cearense Adolfo Cabral Barroso, que lhe deu grande força para seguir a carreira artística. Em viagem ao Recife logo após o casamento, Inezita conheceu a embolada, o coco, o baião, o xote, o frevo, o maracatu. Ficou encantada, tanto que a viagem, inicialmente prevista para ser de três dias, durou dois meses. Inezita percebeu naqueles sons e ritmos o sentido da sua carreira.

• • •

Foi o compositor Evaldo Rui que levou Inezita Barroso a encarar, pela primeira vez, os microfones da Rádio Bandeirante, em 1950. Muito elogiada, recebeu um convite para participar da transmissão inaugural da TV Tupi, canal 3, no mesmo programa em que atuou a dupla Tonico e Tinoco. No mesmo ano, tomou parte no filme *Ângela*, da Vera Cruz, dirigido por Tom Payne e Abílio Pereira de Almeida. Realizou ainda recitais no Teatro Brasileiro de Comédia, no Teatro de Cultura Artística e no Teatro Colombo.

Em 1953, voltou a atuar no cinema, nos filmes *Destino em apuros*, de Ernesto Remani, e *Mulher de verdade*, de Alberto Cavalcanti, com o qual levou o prêmio Saci de melhor atriz. No mesmo ano, gravou, nos estúdios da RCA no Rio de Janeiro, uma das canções inesquecíveis de seu repertório, a divertida "Moda da pinga" (ou "Marvada pinga"), lançada primeiro como de autoria de Laureano, depois de Cunha Júnior, e, por fim, de Raul Torres e Laureano.

Co'a marvada pinga é que eu me atrapaio
Eu entro na venda e já dou meu taio

Pego no copo e dali num saio
Ali mesmo eu bebo ali mesmo eu caio
Só pra carregá é que eu dô trabaio, oi lá!

Na ocasião, Inezita sugeriu gravar no lado B a canção "Ronda", de Paulo Vanzolini. Os produtores levantaram as sobrancelhas:

– "Ronda"? Que música é essa?

Inezita explicou:

– É um samba paulista. É muito bonito.

Os produtores não acreditaram:

– Como samba paulista? São Paulo não tem samba!

Inezita foi salva pelos músicos do Regional de Canhoto (Waldyro Frederico Tramontano), que a acompanhavam:

– Toca aí o "Ronda" pra gente ouvir.

Inezita pegou o violão. E todos ouviram – e aprovaram – um samba paulista de alta qualidade.

De noite eu rondo a cidade
A te procurar sem encontrar
No meio de olhares espio em todos os bares
Você não está

Em 1954, Inezita trabalhou nos filmes *É proibido beijar*, de Ugo Lombardi, e *O craque*, de José Carlos Burle. Recebeu o prêmio Roquete Pinto como a melhor cantora de rádio da música popular brasileira. Mesmo entoando gêneros diversos, que iam desde o erudito "O canto do mar", de Guerra Peixe, ao samba "Estatutos da gafieira", de Billy Blanco, trafegando ainda pela tradição afro-brasileira ("Funeral de um rei nagô", de Hekel Tavares e Murilo Araújo) ou pela canção amazônica ("Curupira", de Valdemar Cavalcanti), Inezita aos poucos se identificou com a música caipira ou, como dizem alguns, de raiz. Em razão disso, passou a apresentar semanalmente programas de músicas e temas folclóricos na TV Record, de São Paulo.

Ao longo dos anos 1960, Inezita gravou nada menos que quarenta 78 rpm e seis LPs – e ainda arranjou tempo para escrever o livro *Roteiro de um violão*. São dessa época alguns dos seus maiores sucessos, como

"Moda do bonde camarão" (Cornélio Pires e Mariano da Silva), "Engenho novo" (Hekel Tavares), "Trem de Alagoas" (W. Henrique e Ascenso Ferreira) e "Lampião de gás" (Zica Bergami), que juntamente com a citada "Moda da pinga" se tornaria uma de suas canções mais solicitadas pelo público.

Lampião de gás
Lampião de gás
Quanta saudade
Você me traz
De sua luzinha verde azulada
Que iluminava a minha janela
Da almofadinha lá na calçada
Palheta branca, calça apertada

Mais que uma cantora, Inezita é uma estudiosa do folclore brasileiro. Em 1986, tornou-se titular da cadeira de Folclore Brasileiro na Universidade de Mogi das Cruzes, interior de São Paulo, e no Centro Universitário da Capital (Unicapital) e, em diversas oportunidades, viajou pelo interior do Brasil recolhendo músicas, enredos, sons e curiosidades sobre as mais variadas formas de manifestação da cultura brasileira. Percorreu certa vez, montada num jipe, mais de 7 mil quilômetros ouvindo canções, conversando com caipiras, sertanejos, motoristas de caminhão e lavadeiras de beira de rio.

Construiu, por isso mesmo, uma visão extremamente crítica da chamada música caipira de mercado, estilo Chitãozinho & Xororó, Leandro & Leonardo e Zezé de Camargo & Luciano. Considera, por exemplo, guitarra elétrica na música caipira uma aberração e dupla sertaneja com chapéu de caubói norte-americano uma absoluta pobreza de espírito. Mais de uma vez lamentou que a cultura popular autêntica passe sempre ao largo da programação da Rede Globo. Há trinta anos Inezita apresenta o programa *Viola Minha Viola* na TV Cultura de São Paulo.

Resumo do programa *Viola Minha Viola*, de 23 de agosto de 2009

Viola Minha Viola prestou homenagem ao rei do baião Luiz Gonzaga. Inezita Barroso abriu o programa cantando "Moda da mula preta", de Raul Torres. O convidado Targino Gondim cantou "Numa sala de reboco", de Luiz Gonzaga e José Marcolino; "Amor da minha vida", de Luiz Gonzaga; além de "Juazeiro", de Luiz Gonzaga e Humberto Teixeira. Sebastião Marinho e Andorinha cantaram "Sextilhas". O Trio Sabiá soltou a voz com "Moreninha tentação", de Sylvio Moacyr de Araújo e Luiz Gonzaga; e "Nessa estrada da vida", de Valdi Geraldo e Aparecido José. Já a Banda de Pífanos de Caruaru cantou "A vida de viajante", de Luiz Gonzaga e Hervê Cordovil; e "Assum preto", de Luiz Gonzaga e Humberto Teixeira. Inezita Barroso encerrou o programa cantando "Asa branca", de Luiz Gonzaga e Humberto Teixeira, com a Banda de Pífanos de Caruaru.

Inezita Barroso valoriza o entrelaçamento da música folclórica (a caipira, inclusive) com a música popular, mas rejeita as descaracterizações, como a americanização da cultura de raiz. Mas as leis do mercado tendem a dominar as manifestações culturais, reconhece ela. Lamenta: "É triste ver que o Brasil é o único país do mundo onde se tem que brigar para cantar a música da terra." Grande Inezita!

Curiosidades DAS DIVAS — *fatos & histórias*

Naquele tempo

Nos anos 1950, o largo da Carioca era bem diferente do que é hoje. Em comum apenas o convento e a igreja de Santo Antônio, os camelôs e a intensa circulação de pessoas. O Edifício Central não havia ainda sido construído. Nem os prédios do Conjunto Cultural da Caixa Econômica Federal, do BNDES e da Petrobras. Não havia o metrô, mas, em compensação, havia o Tabuleiro da Baiana, velho terminal dos bondes da zona sul. Naquele tempo, o largo era cercado de lojas, algumas de tecidos, como a Kalil M. Gebara, a Leiteria Carioca e uma grande loja de discos (Casa Carlos Wehrs? Casa Garson?), aonde, com a complacência do gerente e de funcionários, um grupo de jovens ia "gazetear" ou, como se dizia, "matar aula". A maioria dos jovens se fechava na cabine de vidro (semelhante às cabines telefônicas que Clark Kent usava para se transformar no Super-Homem) para ouvir Elvis Presley e Bill Haley and His Comets, cujo "Rock Around the Clock" era uma espécie de hino da juventude rebelde (sem causa) dos anos 1950. Sozinho, e sob olhares debochados e piadas dos outros "gazeteiros", um jovem se trancava na cabine vizinha para ouvir os discos de Inezita Barroso. Ela na época apresentava um programa semanal na TV Tupi – e apenas o pai do menino sentava-se com ele para vê-la cantar. O pai não se encontra mais, porém o menino ainda hoje, cinquenta anos depois, curte ouvir a grande cantora do folclore brasileiro.

Como tudo no Brasil, as representações populares são sempre preteridas, independentemente da qualidade, em favor das representações ajustadas à lógica do mercado. Nos anos 1960, o rock, o iê-iê-iê e a bossa nova ocuparam o espaço musical brasileiro. O folclórico tornou-se ultrapassado e o regional tornou-se velho. Firme nas suas convicções, Inezita, que na época estava na TV Record, viu seu programa ser retirado do ar. O que passou a prevalecer foram a Jovem Guarda e o Fino da Bossa. Inezita ficou de 1961 a 1968 sem gravar, sob a alegação de que suas músicas não vendiam.

Inezita, porém, não baixou a guarda. Voltou-se, mais uma vez, para o Brasil profundo, em busca de histórias, músicas, ritmos e sons. Correu o país em todas as direções. Nos intervalos de suas viagens, gravou programas especiais para diversos países, entre os quais União Soviética, Uruguai, França, Itália, Paraguai, Israel e Estados Unidos. Em 1968, finalmente, gravou *O melhor de Inezita* e, no ano seguinte, o antológico *Clássicos da música caipira - vol. 1*. Com esse disco, Inezita ganhou o troféu do I Festival de Folclore Sul-Americano, em Salinas, Uruguai: mais um para a sua galeria de mais de duzentos prêmios recebidos ao longo de sua carreira.

• • •

Em 1972, Inezita lançou o segundo volume dos *Clássicos da música caipira*. Em 1975, lançou o LP *Inezita em todos os cantos*, com músicas como "Negrinho do pastoreio", "Asa branca" e números folclóricos recolhidos na Bahia, em Mato Grosso, em Pernambuco, no Rio de Janeiro e em Minas Gerais. Entre 1985 e 1992, porém, quando a música sertaneja comercial chegou ao poder tendo como figuras de proa os já citados Chitãozinho & Xororó, Leandro & Leonardo e Zezé de Camargo & Luciano, uma nova fase de sombra se abateu sobre a cantora e a verdadeira música caipira.

A rotina atual de Inezita é a de uma batalhadora cultural: programas de rádio, na TV Cultura (*Viola Minha Viola*), palestras e debates sobre folclore, aulas e pesquisa. Nos últimos anos, a carreira de Inezita tomou novo impulso. "A retomada não é minha. É do público", comentou, entusiasmada com o interesse que o povo vem demonstrando pela autêntica música caipira.

A respeito de Inezita Barroso escreveu Lúcio Rangel:

> *Tanto canta admiravelmente canções gaúchas como sambinhas cariocas dos repinicados, sabendo valorizar todos eles, procurando ajustar a sua voz aos diversos gêneros, adaptando a pronúncia das diversas regiões do Brasil, num esforço contínuo*

de alcançar cada vez maior autenticidade e emprestar maior caráter às diversas peças. (...) Desprezando certos elogios fáceis que lhe não sobem à cabeça, negando-se a assinar fabulosos contratos, Inezita é capaz de largar tudo, tomar um jipe e enfrentar as condições menos favoráveis de uma viagem – a lama e a chuva, as estradas ainda rudimentares dos sertões da Bahia e de Minas Gerais –, para colher motivos musicais ingênuos, mas deliciosos.

Inezita é, ainda hoje, a voz mais autêntica do Brasil na música popular.

Discografia selecionada

78 rpm

1953. "Isto é papel, João?" (Paulo Ruschell), "Catira" (Adaptação: R. de Souza) – RCA Victor
1953. "Moda da pinga" (Cunha Jr.), "Ronda" (Paulo Vanzolini) – RCA Victor
1954. "Os estatutos da gafieira" (Billy Blanco), "Soca pilão" (Inezita Barroso/José Roberto/J. Prates) – RCA Victor
1954. "Iemanjá" (Nelson Ferreira/Luiz Luna), "Pregão da ostra" (J. Prates) – RCA Victor
1954. "Redondo Sinhá" (Luiz Carlos Lessa), "Mestiça" (Gonçalves Crespo) – RCA Victor
1954. "Taieiras" (Guerra Peixe), "Retiradas" (Osvaldo de Souza) – RCA Victor
1954. "Coco do Mané" (Luiz Vieira), "Roda a moenda" (Haroldo Costa) – RCA Victor
1955. "Meu casório" (D.P.), "Nhá Pope" (D.P.) – RCA Victor
1955. "Benedito Pretinho/Meu barco" e "Veleiro" (Hekel Tavares/Olegário Mariano), "Na fazenda do Ingá" (Zé do Norte) – RCA Victor
1955. "Dança de caboclo" (Hekel Tavares/Olegário Mariano), "Maracatu elegante" (José Prates) – RCA Victor
1955. "Funeral de um nagô" (Hekel Tavares/Murilo Araújo), "Curupira" (canção amazônica) (Valdemar Henrique) – Sinter
1955. "Moleque Vardemá" (Billy Blanco), "Prece a São Benedito" (Hervê Cordovil) – Continental
1958. "Lampião de gás" (Zica Bergami/Hervê Cordovil), "Engenho novo" (Hekel Tavares/Hervê Cordovil) – Copacabana
1961. "A voz do violão" (Francisco Alves/Horácio Campos), "Moda do bonde camarão" (Mariano da Silva/Cornélio Pires) – Copacabana

LP/Compacto/CD

1955. *Inezita Barroso* ("Prece a São Benedito"/"Banzo"/"Nana Nanana"; "Papa curumiassu"; "Sapo cururu"; "Fiz a cama na varanda"/"Funeral de um rei nagô"/"Maria Júlia"/"Viola quebrada"/"Minêro tá me chamano"/"Tirana de Vila Nova") – Copacabana

1958. *Vamos falar de Brasil* ("Retiradas"/"Peixe vivo"/"Engenho novo"/"Zabumba de nego"/"Lampião de gás"/"Ismália"/"Festa do congado"/"Temporal"/"Luá, lua"/"Azulão"/"Seresta"/"Moda da pinga") – Copacabana

1959. *Canto da saudade* ("Canto da saudade"/"Cantiga"/"Fiz a cama na varanda"/"Na serra da Mantiqueira"/"Modinha"/"Na Baixa do Sapateiro"/"Luar do sertão"/"Maringá"/"De papo prô á"/"Sodade ruim"/"Meu limão, meu limoeiro"/"Sussuarana") – Copacabana

1960. *Eu me agarro na viola...* ("Eu me agarro na viola"/"Urutáu"/"Canção da guitarra"/"Meu baralho"/"A troco de quê"/"Moda da mula preta"/"Moda do bonde camarão"/"A voz do violão"/"Moda da onça"/"Moda do boi amarelinho"/"Leilão") – Copacabana

1961. *Inezita Barroso* ("Sertão de areia seca"/"Tamba-tajá"/"Roda carreta"/"Na minha terra tem"/"Casa de caboclo"/"Carreteiro"/"Viola quebrada"/"Maria Júlia"/"Minêro tá me chamano"/"Galope à beira-mar"/"Moleque Waldemar") – Copacabana

1962. *Recital de Inezita Barroso* ("Cantilena"/"Uirapuru"/"Boi bumbá"/"Nhapopê"/"O que ouro não arruma"/"Chove chuva"/"Areia do mar"/"Temas de capoeira"/"Prenda minha"/"Caninha verde"/"Três pontos de santo"/"Taieiras") – Copacabana

1966. *Vamos falar de Brasil, novamente* ("Cais do porto"/"Palavra de peão"/"Festa de Ogum"/"Burro chucro"/"Nação nagô"/"Serenata"/"Soca pilão"/"Maracatu elegante"/"Oração de guerreiro"/"Piaba"/"Peixinho do mar"/"Dança negra") – Copacabana

1970. *Modinhas* ("Foi uma noite calmosa"/"Gondoleiro do amor"/"Modinha"/"A casinha da colina"/"Último adeus de amor"/"Nhaporé"/"Róseas flores da alvorada"/"Canção da felicidade"/"Coração perdido"/"Conselhos"/"Hei de amar-te até morrer"/"A casa branca da serra") – Copacabana

1972. *Clássicos da música caipira* ("Rio de lágrimas"/"Saudades de Matão"/"O amor é firme"/"Campo Grande"/"Poeira"/"Moda do bonde camarão"/"Divino Espírito Santo"/"Peão bicharedo"/"Chitãozinho e Xororó"/"Rei do café"/"Destinos iguais"/"O menino da porteira") – Copacabana

1975. *Modas e canções* ("Luar do sertão"/"De papo prô á"/"Maringá"/"A voz do violão"/"Prenda minha"/"Fiz a cama na varanda"/"Pingo d'água"/"Tristezas do Jeca"/"Cavalo preto"/"Meu limão, meu limoeiro"/"Azulão"/"Festa de Ogum") – Copacabana

1975. *Inezita Barroso* ("Pontos de Ogum"/"Rosa"/"Seleção de sambas"/"Temas de cururus"/"Seleção de maracatus"/"É a ti flor do céu"/"Negrinho do pastoreio"/"Divisão do boi"/"Amo-te muito"/"Capoeira do Salomão"/"Marabá"/"Vô deitá no colo dela"/"Asa branca") – Copacabana

1996. *Voz e viola – Inezita Barroso e Roberto Corrêa* ("Felicidade"/"Flor do cafezal"/"Fiz uma viagem"/"Perfil de São Paulo"/"Peixe vivo"/"Tamba-tajá"/"Chalana"/"Pagode em Brasília"/"Prece ao vento"/"O menino de Braçanã"/"Romaria"/"Sussuarana"/"Festa do peão"/"Lampião de gás") – RGE

1999. *Sou mais Brasil* ("Viola enluarada"/"A saudade mata a gente"/"Isso é papel, João?"/"Cuitelinho"/"Nhapoê"/"Coco do Mané"/"Procissão de sexta-feira santa"/"Ave Maria"/"Segura, Zé"/"Moda da pinga"/"No bom do baile"/"Pingo d'água"/"Meu casório"/"Lampião de gás") – CPC-UMES

2000. *Perfil de São Paulo: Inezita Barroso e Izaías e seus Chorões* ("Lampião de gás"/"Ronda"/"Chorando em São Paulo"/"Serenata"/"Rapaziada do Brás"/"Moda do bonde camarão"/"Sampa"/"Viola quebrada"/"Saudade de Guará"/"Canção da guitarra"/"Diabólico"/"A moda dos pau d'água"/"Saudade de Rubineia"/"O batateiro"/"Na serra da Mantiqueira"/"Dadá dá o tom"/"Moda da pinga"/"Flor do cafezal"/"Perfil de São Paulo") – Intercd Records

2001. *A música brasileira deste século por seus autores e intérpretes: Inezita Barroso* ("Marvada pinga"/"Ronda"/"Último desejo"/"Quem há de dizer"/"Cais do porto"/"Meu boi Surubim"/"Tamba-tajá"/"Berceuse da onda que leva o pequeno náufrago"/"Estatutos da gafieira"/"Divino Espírito Santo"/"Tristeza do Jeca"/"Azul cor de anil"/"Rio de lágrimas"/"Taieira"/"Bumba meu boi"/"Lampião de gás") – SESC/SP

Filme

Ângela (1951). Vera Cruz. Direção de Tom Payne. Com Eliane Lage, Alberto Ruschel, Ruth de Souza, Inezita Barroso.

Destino em apuros (1953). UCB. Direção de Ernesto Remani. Com João Alberto, Arrelia, Paulo Autran, Inezita Barroso.

O craque (1953). Multifilmes. Direção de José Carlos Burle. Com Carlos Alberto, Eva Wilma, Herval Rossano, Inezita Barroso.

É proibido beijar (1954). Vera Cruz. Direção de Ugo Lombardi. Com Tônia Carrero, Mário Sérgio, Ziembinski, Renato Consorte, Inezita Barroso.

Mulher de verdade (1955). Kino Filmes. Direção de Alberto Cavalcanti. Com Colé, Adoniran Barbosa, Inezita Barroso. Inezita ganhou o prêmio Saci de melhor atriz, além do prêmio Governador do Estado de São Paulo.

Carnaval em lá maior (1955). Maristela. Direção de Ademar Gonzaga. Com Walter d'Ávila, Renata Fronzi, Isaurinha Garcia, Inezita Barroso.

O preço da vitória (1959). Ubajara Filmes. Direção de Osvaldo Sampaio. Com Maria Dilnah, Maurício Moray, Inezita Barroso.

Desejo violento (1978). CAM Filmes. Direção de Roberto Mauro. Com Mário Cardoso, Ana Maria Nascimento e Silva, Inezita Barroso.

BIBLIOGRAFIA GERAL

ABREU, Brício de. *Esses populares tão desconhecidos*. Rio de Janeiro: E. Raposo Carneiro, 1963.

AGUIAR, Jorge. *Nada além: a vida de Orlando Silva*. São Paulo: Globo, 1995.

AGUIAR, Ronaldo Conde. *Almanaque da Rádio Nacional*. Rio de Janeiro: Casa da Palavra, 2007.

ALBIN, Ricardo Cravo. *O livro de ouro da MPB*. Rio de Janeiro: Ediouro, 2004.

ALENCAR, Edigar de. *O carnaval carioca através da música*. 3ª ed. Rio de Janeiro: Francisco Alves, 1979.

ANDRADE, Moacyr. *Angela Maria: a estrela da canção*. Encarte de caixa de CDs. RCA-BMG: Ariola Discos.

ARAGÃO, Nilde Hersen. *40 anos sem Dolores Duran*. Rio de Janeiro: Conquista, 1999.

AUGUSTO, Sérgio. *Este mundo é um pandeiro*. São Paulo: Companhia das Letras, 1989.

AZEVEDO, L.H. Correa de. *150 anos de música no Brasil*. Rio de Janeiro: José Olympio, 1956.

___________. *Música e músicos do Brasil*. Rio de Janeiro: Casa do Estudante, 1950.

BANDEIRA, Manuel. *Poesia completa e prosa*. Rio de Janeiro: Nova Aguilar, 1990.

BLANCO, Billy. *Tirando de letra e música*. Rio de Janeiro: Record, 1996.

BOTEZELLI, J.C. (Pelão) e PEREIRA, Arley. *A música brasileira deste século por seus autores e intérpretes*. São Paulo: SESC, 2001.

CABRAL, Sérgio. *A MPB na era do rádio*. São Paulo: Moderna, 1996.

__________. *Elizeth Cardoso: uma vida*. Rio de Janeiro: Lumiar, 1990.

__________. *No tempo de Ary Barroso*. Rio de Janeiro: Lumiar, s/d.

CÂMARA, Leide. *Dicionário da música do Rio Grande do Norte*. Natal: AMP, s/d.

CARDOSO, Sylvio Tullio. *Dicionário biográfico da música popular*. Rio de Janeiro: edição do autor, 1965.

CARDOSO, Tom. *Tarso de Castro*. Rio de Janeiro: Planeta, 2005.

CARVALHO, Hermínio Bello de. Contracapa do LP *Elizeth sobe o morro*. Copacabana, 1965.

__________. Encarte da caixa de CDs *Elizeth Cardoso: faxineira das canções*. Biscoito Fino, 2003.

__________. Encarte do CD *Sou apenas uma senhora que ainda canta*. Biscoito Fino, 2002.

CASTRO, Ruy. "Dolores Duran". In: *Ela é carioca*. São Paulo: Companhia das Letras, 1999.

__________. *Chega de saudade*. São Paulo: Companhia das Letras, 1990.

__________. *Saudades do século 20*. São Paulo: Companhia das Letras, 1995.

__________. *Tempestade de ritmos: jazz e música popular no século XX*. São Paulo: Companhia das Letras, 2007.

DINIZ, André. *Almanaque do choro: a história do chorinho, o que ouvir, o que ler, onde curtir*. Rio de Janeiro: Jorge Zahar, 2003.

__________. *Almanaque do samba: a história do samba, o que ouvir, o que ler, onde curtir*. Rio de Janeiro: Jorge Zahar, 2006.

Discografia brasileira 78 rpm (1902 -1964). 4 volumes. Rio de Janeiro: Funarte, 1982.

DUBA, José. *Recordações... Coletânea de sucessos musicais eternos selecionados por José Duba*. Rio de Janeiro: s/ed., s/d.

EFEGÊ, Jota. *Meninos, eu vi*. Rio de Janeiro: Funarte, 1985.

Enciclopédia da música brasileira – Popular, erudita e folclórica. São Paulo: Art Editora/Publifolha, 1998.

EPAMINONDAS, Antônio. *Brasil brasileirinho*. Rio de Janeiro: Instituto Nacional do Livro, 1982.

FACULDADES INTEGRADAS ESTÁCIO DE SÁ. *A vida de Marlene*. Rio de Janeiro: Rio Cultura, s/d.

FAOUR, Rodrigo. *Revista do Rádio*. Rio de Janeiro: Relume Dumará, 2002.

FERREIRA, Felipe. *O livro de ouro do carnaval brasileiro*. Rio de Janeiro: Ediouro, 2004.

FERRETI, J.L. Encarte do disco *Ídolos da MPB – Emilinha Borba*. Continental, 1976.

FONSECA, João Elísio. *A estrela Dalva*. Rio de Janeiro: Espaço e Tempo, 1987.

FRÓES, Marcelo. *Jovem Guarda: em ritmo de aventura*. São Paulo: Editora 34, 2000.

GOLDFEDER, Miriam. *Por trás das ondas da Rádio Nacional*. Rio de Janeiro: Paz e Terra, 1981.

GOMES, Bruno Ferreira. *Custódio Mesquita: prazer em conhecê-lo*. Rio de Janeiro: Funarte, 1986.

HOLANDA, Nestor de. *Memórias do Café Nice: subterrâneos da música popular e da vida boêmia do Rio de Janeiro*. Rio de Janeiro: Conquista, 1970.

HOMEM DE MELLO, Zuza e SEVERIANO, Jairo. *A canção no tempo: 85 anos de músicas brasileiras, volumes 1 e 2*. São Paulo: Editora 34, 1997.

Jornal do Brasil. 1º de março de 1986.

LISBOA JÚNIOR, Luiz Américo. *81 temas da música popular brasileira*. Itabuna: Agora, 2000.

LOBO, Fernando. *À mesa do Villariño*. Rio de Janeiro: Record, 1991.

LOGULLO, Eduardo. *Meu mundo caiu: a bossa e a fossa de Maysa*. Osasco: Novo Século, 2007.

MACIEL, Luiz Carlos e CHAVES, Ângela. *Elas e eu – Memórias de Ronaldo Bôscoli*. Rio de Janeiro: Nova Fronteira, 1994.

MARCONDES, Marcos Antônio (ed.). *Enciclopédia da música popular brasileira: erudita, folclórica e popular*. 2ª ed. São Paulo: Art Editora/Publifolha, 1999.

____________. *Enciclopédia da música brasileira popular, erudita e folclórica*. São Paulo: Art Editora & Publifolha, 1998.

MARIA, Antônio. "Notas sobre Dolores Duran". In: Santos, Joaquim Ferreira dos (org.). *Benditas sejam as moças: crônicas de Antônio Maria*. Rio de Janeiro: Civilização Brasileira, 2002.

____________. *Com vocês, Antônio Maria* (seleção de texto de Alexandra Bertola). Rio de Janeiro: Paz e Terra, 1994.

MARIZ, Vasco. *A canção brasileira*. Rio de Janeiro: Ministério da Educação, 1959.

MATOS, Maria Izilda Santos de. *Dolores Duran: experiências boêmias em Copacabana nos anos 50*. Rio de Janeiro: Bertrand Brasil, 1997.

MORAES, Eneida de. *História do carnaval carioca*. Rio de Janeiro: Civilização Brasileira, 1958.

MORAIS, Fernando. *Chatô - O rei do Brasil*. São Paulo: Companhia das Letras, 1994.
NEPOMUCENO, Rosa. *Música caipira: da roça ao rodeio*. São Paulo: Editora 34, 1999.
NETO, Lira. *Maysa: só numa multidão de amores*. São Paulo: Globo, 2007.
NEVES, José Roberto Santos. *Maysa*. 2ª ed. Vitória: Ed. do Autor, 2008.
Nova história da música popular brasileira. "Dolores Duran/Tito Madi". São Paulo: Abril Cultural, 1978.
NUNES, Mário. *40 anos de teatro*. 4 vols. Rio de Janeiro: Serviço Nacional do Teatro, 1959.
PAIVA, Salvyano Cavalcanti de. *História ilustrada dos filmes brasileiros: 1929 -1988*. Rio de Janeiro: Francisco Alves, 1989.
___________. *Viva o rebolado!* Rio de Janeiro: Nova Fronteira, 1991.
Pasquim, ano VIII, nº 376, de 10 a 16 de setembro de 1976.
PORTO, Sérgio. Contracapa do LP *Momento de amor*. Copacabana, 1968.
RANGEL, Lúcio. *Samba, jazz & outras notas*. Organização, apresentação e notas de Sérgio Augusto. Rio de Janeiro: Agir, 2007.
Revista do Rádio, nº 155, 26 de agosto de 1952.
Revista do Rádio, nº 183, 10 de março de 1953.
Revista do Rádio, nº 189, 21 de abril de 1953.
Revista do Rádio, nº 336, 16 de fevereiro de 1956.
Revista do Rádio, nº 364, 1º de setembro de 1956.
Revista do Rádio, nº 420, de 28 de setembro de 1957.
Revista do Rádio, nº 422, de 12 de outubro de 1957.
Revista do Rádio, nº 430, de 7 de dezembro de 1957.
Revista do Rádio, nº 434, 4 de janeiro de 1958.
Revista do Rádio, nº 438, de 1º de fevereiro de 1958.
Revista do Rádio, nº 450, de 26 de abril de 1958.
Revista do Rádio, nº 456, 7 de junho de 1958.
Revista do Rádio, nº 456, 7 de junho de 1958.
Revista do Rádio, nº 461, 12 de julho de 1958.
Revista do Rádio, nº 464, 2 de agosto de 1958.
Revista do Rádio, nº 464, de 2 de agosto de 1958.
Revista do Rádio, nº 466, 10 de agosto de 1958.
Revista do Rádio, nº 468, 30 de agosto de 1958.
Revista do Rádio, nº 476, 1º de novembro de 1958.
Revista do Rádio, nº 498, 4 de abril de 1959.
Revista do Rádio, nº 513, 18 de julho de 1959.
Revista do Rádio, nº 513, de 18 de julho de 1959.
Revista do Rádio, nº 541, 30 de janeiro de 1960.

RIBEIRO, Pery. *Minhas duas estrelas: uma vida com meus pais Dalva de Oliveira e Herivelto Martins*. São Paulo: Globo, 2006.

SANTOS, Joaquim Ferreira dos. *Antônio Maria*. Rio de Janeiro: Relume Dumará, 1996.

___________. *Um homem chamado Maria*. Rio de Janeiro: Objetiva, 2006.

SEVERIANO, Jairo. *Uma história da música popular brasileira: das origens à modernidade*. São Paulo: Editora 34, 2008.

___________. *Yes, nós temos Braguinha*. Rio de Janeiro: Funarte, 1987.

SILVA, Walter. *Vou te contar: histórias de música popular brasileira*. São Paulo: Códex, 2002.

SOUZA, Tárik de. *Tem mais samba: das raízes à eletrônica*. São Paulo: Editora 34, 2003.

TINHORÃO, José Ramos. *Música popular: do gramofone ao rádio e TV*. São Paulo: Ática, 1981.

___________. *Pequena história da música popular: da modinha à canção de protesto*. Petrópolis: Vozes, 1978.

VASCONCELOS, Ary. *Panorama da música popular brasileira*. 2 volumes. Rio de Janeiro: Martins, 1965.

Veja, nº 881, 24 de julho de 1985.

VIANNY, Alex. *Introdução ao cinema brasileiro*. Rio de Janeiro: Ministério da Educação e Cultura/Instituto Nacional do Livro, 1959.

VIEIRA, Jones e NORBERTO, Natalício. Encarte de *Sinfonia de pardais: uma homenagem a Herivelto Martins*. Som Livre, 1999.

___________. *Herivelto Martins: uma escola de samba*. Rio de Janeiro: Editora Ensaio, 1992.

VIVACQUA, Renato. *Música popular brasileira: histórias de sua gente*. Brasília: Thesaurus, s/d.

ÍNDICE ONOMÁSTICO

Abicalil, Jorge 62
Abreu, Ester de 60
Abreu, Gilda de 167
Abreu, José Maria de 74, 111, 130, 133, 175, 207
Abreu, Zequinha de 70, 74, 150
Aguero 64
Alberto, Carlos 48, 235
Aleksitch 89
Alencar, César de 14, 23, 59, 60, 115, 125, 132, 189, 214
Alf, Johnny 90, 184
Almeida, Abílio Pereira de 225
Almeida, Antonio 72, 102, 112, 133, 191, 206
Almeida, Aracy de 24, 183, 185
Almeida, Henrique 124
Almeida, Joel de 126
Almirante (Henrique Foréis) 114, 167
Alvarenga e Ranchinho 142, 154
Alves, Acir 166
Alves, Ataulfo 14, 147, 148, 150, 154-5, 165-6
Alves, Carmélia 62, 64, 124, 189, 208
Alves, Edgard 166
Alves, Francisco 92, 197, 200, 208, 232
Alves, Laércio 153
Alves, Lúcio 38, 111, 184-5, 213, 218
Alves, Tânia 132
Amaral, Arnaldo 114, 209
Amorim, Jair 51, 93, 111, 175, 200, 207
Andrade, Lauro Pais de 23
Andrade, Mário de 224
Andrade, Moacyr 84
Anísio, Chico 30, 52, 166
Anísio, Francisco 32
Antonio, Luís 14, 126, 200, 205
Aquino, Flávio de 26
Aragão, Nilde Hersen 21
Araújo, Armando Silva 122
Araújo, Murilo 226, 232
Araújo, Severino 71, 167
Armstrong, Louis 85, 174
Assis, Francisco de 189
Auric, Georges 64
Azanza, Miguel 46
Azevedo, Waldir 16, 71-2, 74
Babo, Lamartine 7, 135, 183, 218
Bacurau, Zé 58
Baena, Othon 22, 32
Bandeira, Antonio 26
Bandeira, Luís 124, 134
Bandeira, Manuel 35-6, 47
Barão Von Stuckart 24
Barbosa, Adoniran 134, 165, 193, 219, 235
Barbosa, Haroldo 111, 134, 168, 176, 185, 199, 204, 207, 213, 218
Barcellos, Jayme 132
Barcellos, Manuel 14, 125
Barreiros, Eurico 70, 74
Barros, Adhemar de 145, 173
Barros, Luís de 116, 124, 136, 157, 179, 193, 208-9, 221
Barroso, Ary 14, 21, 58, 80, 83-4, 90, 92, 100, 111, 129, 135, 140, 150, 155, 163, 165, 170, 175-6, 179, 199, 204-8, 218, 220, 238
Barroso, Cláudia 124
Barroso, Inezita 15-6, 24, 224-235
Bastide, Arbusse 167
Batista Júnior, João 197-8, 209
Batista, Dircinha (Dirce Grandino de Oliveira) 13, 16, 38, 78, 114, 171, 195-209
Batista, Linda (Florinda Grandino de Oliveira) 13, 16, 24, 38, 78, 195-209, 221
Batista, Marília 162, 176
Batista, Wilson 33, 81, 165-6, 175, 205-6
Bebeto 44
Bergami, Zica 16, 227, 232
Bergman, Ingrid 109
Bertoni, Armando 121
Bethânia, Maria 90
Bittencourt, Carlos 161
Bittencourt, Lana 52, 124
Bittencourt, Sérgio 47
Blanc, Aldir 72-3
Blanco, Billy 25-7, 32, 38, 80, 176, 189, 191, 205, 219-20, 226, 232
Blota Júnior 165, 215
Boal, Augusto 189
Bonfá, Luiz 51, 88, 155, 191
Bonnaiutti, Vitória De Martino *ver Marlene*
Bonnet, Ana Gabriela 46
Borba, Alfredo 216
Borba, Edith da Silva 98
Borba, Emilinha (Emília Savana da Silva Borba) 13-4, 60, 83, 97-117, 125, 127, 129-30, 170, 199, 221
Borba, Eugênio Jordão 98
Borelli Filho 106, 198
Borges, Edson 30
Bosco, João 72
Bôscoli, Geisa 163
Bôscoli, Héber de 183
Bôscoli, Lila 171
Bôscoli, Ronaldo 44-6, 51
Braga, Gilberto 48, 53
Braga, Rubem 125
Braguinha *ver João de Barro*
Brasinha 14, 112, 207, 228
Brasini, Mário 131
Brean, Denis 204, 219
Brito, Nazareno de 191
Brunini, Raul 199

Bruno, Antônio 51
Bruno, Lenita 60
Buarque, Chico 90, 135, 137
Büchner, Georg 48, 53
Burle, José Carlos 52, 95, 114-6, 136, 209, 226, 235
Butman, Simão 124
Cabral, Aldo 204, 213, 218-9
Cabral, Sérgio 159-60
Caldas, Klécius 16, 92-3, 112, 150, 155, 184, 195, 200, 205, 207
Caldas, Silvio 24, 142, 178
Campana, Alberico 25
Campos, Eurico 200, 206
Campos, Paulo Mendes 22
Cardoso, Elizeth (Elizeth Moreira Cardoso) 13, 15, 26, 38, 44, 71, 159-79, 184
Cardoso, Jaime Moreira 160
Carlos, Antonio 52, 166
Carmela, Teresa 163-4
Carpinteiro, Manuel Nuno 152
Carrero, Tônia 48, 53, 136, 235
Carrilo, Álvaro 101
Cartola 14, 132
Carvalho, Eustórgio de *ver Mister Eco*
Carvalho, Hermínio Bello de 62-3, 132, 172-3, 216-7
Carvalho, Joubert de 135
Carvalho, Olivinha 60, 157
Carvalho, Rafael de 189
Castro, Jorge de 33, 111-2, 134, 175
Castro, Ruy 109, 122
Castro, Tarso de 173-4
Catumbi, Heitor 59
Cavalcanti, Armando 16, 92-3, 150, 155, 184, 205, 207
Cavalcanti, Flávio 47
Cavalcanti, Rosil 72, 74
Cavalcanti, Violeta 62, 64, 189
Cavaquinho, Nelson 148-9, 154
Caymmi, Dorival 38, 83, 90-2, 165, 185, 191
Caymmi, Nana 90, 174
Cazuza 90
César, Clímaco 59, 60, 64
César, Fernando 30, 51, 64, 92
César, Paulo 60, 91
Chagas, Nilo 134, 142, 150
Chateaubriand, Assis 71-2, 167
Chaves, Alice 27, 32
Chediak, Almir 129
Chiozzo, Adelaide 115-7, 179, 209
Chitãozinho & Xororó 227, 230
Chocolate 83, 91, 166, 175, 191
Cipó 62
Clair, Janete 48, 53
Clark, Lígia 26
Clemente, Tito 150-2
Cole, Nat King 174
Colla, H. 186
Copinha 124, 185
Corte Real, Roberto 38
Cortes, Araci 172
Costa Filho, Artur Sousa 98, 106
Costa, Domício 27, 32
Costa, Heleninha 60
Costa, Pereira da 71
Costa, Victor 59
Cruz, Claudionor 71, 206
Cruz, Dias da 82, 91
Cunha Júnior 225
Cunha, Abelim Maria da *ver Maria, Angela*
Cunha, Albertino Coutinho da 78
Cuoco, Francisco 48
Cury, Ivon 91, 199
D'Angelo, Daniel 89
D'Ávila, Ema 142
D'Ávila, Walter 52, 136, 157, 193, 209, 221, 235
Daltro, Fred 151
Dantas, Zé 126
Day, Doris 109
De Chocolat 163
Delfim, Laudemar Gedeão 69
Delfino, Luís 52, 94, 136, 157
Dener 47
Di Cavalcanti 26
Dietrich, Marlene 109, 121
Diniz, Leila 47, 213-4, 216
Djavan 90
Donato, João 184
Dourado, Rui 196
Drummond, Roberto 98
Drummond, Teresa 164
Duboc, Jane 16, 63, 65
Dumont, José 132
Dunga 200, 207
Duran, Dolores (Adiléia da Silva Rocha) 15, 20-33, 38
Dutra, Carmela 123
Dutra, Eurico Gaspar 81, 123
Eça, Luizinho 44
Ekcstine, Billy 22
Elias, Oswaldo 185
Emílio, Artur 98, 100, 103, 108
Esteves, Djalma 14, 111
Evans, Bill 22
Faissal, Lourival 91-2, 95, 101, 109, 111-2, 133, 154, 207
Faissal, Roberto 27, 32
Falcão, Esdras 70
Falcão, Wilson 64
Faour, Rodrigo 106, 188
Farc, Abraão 132
Farney, Dick 38, 122, 184-5
Fath, Jacques 71, 167, 171
Fenelon, Moacyr 132, 136
Ferrão, R. 22, 32
Ferreira, Abel 121
Ferreira, Ascenso 227
Ferreira, Dárcio Custódio 183
Ferreira, Djalma 101, 151, 176
Ferreira, Iracema de Sousa *ver Ney, Nora*
Ferreira, Nelson 64, 232
Ferreira, Procópio 151, 157
Fitzgerald, Ella 22
Florence, Jaime 92, 213, 218-9
Florence, Jayme 16
Fonseca, Ademilde (Ademilde Ferreira Fonseca Delfim) 15, 60, 68-75, 125, 167, 171
Fonseca, Maria Amélia da 69
Fonseca, Raimundo Ferreira da 69
Fontes, Juvenal 114, 209
Foréis, Henrique *ver Almirante*
Fortuna, Albertinho 124
Fraga, Ody 48, 53
França, Edson 30
Frazão, Erastóstenes 111, 124, 204
Frazão, Hamilton 132
Freire, Roberto 49
Freitas, José Francisco de 161
Frias, Carlos 199
Gade 218
Gaia 60
Galahrde, J. 22, 32
Galeno, Ricardo 41, 91
Galhardo, Carlos 142, 209
Garcez, Lucas Nogueira 37
Garcez, M. 124, 133
Garcia, Isaurinha 16, 211-21, 235
Gariner 64
Gata Mansa, Marisa 124
Gentil, Romeu 102, 111-2, 115, 133
Gilberto, João 170-1, 190
Giovannini 64
Gnatalli, Radamés 60, 99
Gomes, Diamantina 142
Gonçalves, Dercy 117, 136, 145, 157, 209, 221
Gonçalves, Pedro 163
Gonzaga, Ademar 124, 136, 157, 193, 208, 221, 235
Gonzaga, Luiz 72, 81, 101, 111, 114-5, 126, 133, 228
Gonzaga, Maria José *ver Gonzaga, Zezé*
Gonzaga, Zezé (Maria José Gonzaga) 13, 16, 55-65, 189
Gonzaguinha 90
Gonzales, Rosita (Jussara de Melo Vieira) 23, 62, 64, 189
Goulart, Jorge 15, 24, 27, 99, 113, 124, 187-8, 190, 192
Gouveia, Evaldo 51, 93
Gracindo, Paulo 14, 49, 60, 108, 125, 136, 209
Grande Otelo 94, 114-5, 117, 163, 179, 193, 204, 209
Guarnieri, Gianfrancesco 131, 134, 137
Guastini, Raul 125
Gudin, Eduardo 90
Guerrero, Lalo 64
Guilherme, Osvaldo 219
Guita, Milton 141
Gustavo, Miguel 92, 134, 219
Hart, Lorenz 22, 39
Hayes, Warren 169
Henrique, W. 227
Hernandez, Rafael 101, 111
Hesse, Hermann 36

Holanda, Nestor de 15, 22, 24, 28-30
Iglésias, Luís 163
Inglês, Roberto 150
Jacó do Bandolim (Jacó Pick Bittencourt) 161, 166, 178
Jair do Cavaquinho 173
Jamelão 71, 167, 200
Jararaca 122, 142
Jércolis, Jardel 163
Jesus, Clementina de 172
João de Barro (Braguinha) 14, 70, 74, 101-2, 111-2, 124, 133-5, 154, 206, 208, 218, 244
João do Vale 32, 126, 133
Jobim, Antonio Carlos (Tom Jobim) 32, 38, 134, 169, 191, 218-9
Jota Júnior 14, 126, 133-4, 175
Juliano, Randal 43, 193, 221
Kelly, João Roberto 74, 102
Kéti, Zé 94, 126, 134, 175, 205
Kubitschek, Juscelino 84
Lacerda, Benedito 69, 70, 74, 148-9, 154, 161, 204, 206-7
Lacerda, Carlos 72
Lacerda, Wanda 131
Ladeira, César 116, 142
Lamego, Roberto 83
Larue, J. 64
Latari, Vitório 81-2
Laureano 16, 226
Lazolli, Alberto 60
Leandro & Leonardo 227, 230
Leão, Danuza 167
Lecuona, Ernesto 58
Legey, Milton 83, 92
Leite, Nestor 22
Lemos, Caio 70
Lemos, Fafá 184
Leporace, Vicente 165, 218
Lima, Ellen de 62, 64, 189
Lima, Helena de 124
Lima, Inês Madalena Aranha de 224
Lima, Miguel 72
Lobo, Edu 90
Lobo, Fernando 15-6, 22, 24-7, 38, 49, 126, 148, 154-5, 176, 186, 191, 199, 205
Lóes, Dilma 132
Lofler, Carlos Alberto 36
Logullo, Eduardo 44, 46
Lombardi, Ugo 226, 235
Lopes, Dora 27, 32, 112, 155
Louiguy 64
Luiz, Cláudio 60
Lyra, Carlos 21, 30, 134, 176, 189
Macedo Neto 27-29
Macedo, Maria Fernanda Virgínia da Rocha 278
Macedo, Watson 65, 94, 115-7, 167, 179, 209
Machado, Carlos 47, 122-3, 171
Machado, Djenane 48
Madi, Tito 175, 191, 209
Magalhães, Oldemar 102, 112, 205
Maia, Cleido 184-5, 187-8
Maia, Vera Lúcia Ferreira 184
Manga, Carlos 116-7, 184, 191, 193
Mangano, Silvana 109
Marcílio, Antônio 216
Marcondes, Geni 189
Maria, Angela (Abelim Maria da Cunha) 13-4, 24, 38, 60, 78-95, 99, 170, 171, 183, 217
Maria, Antônio 15, 19, 22, 24, 27, 30, 36, 38, 43, 50-1, 112, 175-6, 178, 185-6, 191-2, 199, 200
Maria, Nádia 117, 166
Maria, Neusa 60
Mário Carioca *ver Oliveira, Mário de*
Marlene (Vitória De Martino Bonnaiutti) 13-4, 52, 83, 99, 102-4, 109, 115, 117, 120-37, 150, 157, 170-1, 209
Marnet, Bruno 64
Marques, Paulo 27, 32, 82, 91
Martins, Gilberto 81, 90
Martins, Herivelto 14-5, 86, 90-2, 140, 142, 149, 154, 161, 176, 204, 207, 214, 218
Martins, Oswaldo 146, 148-9
Martins, Paulo Guilherme 189
Martins, Raul 169
Martins, Roberto 111, 124
Marzullo, Antônio 142
Mascarenhas, Carminha 65, 124, 171
Matarazzo, Amália Ferreira 37
Matarazzo, André 37, 39
Matarazzo, Andréa 37
Matarazzo, Francisco 37
Matogrosso, Ney 90
Matos, Maria Izilda Santos de 15, 21
Mauro, José 185
Mayo, Helena de 81
Maysa (Maysa Figueira Monjardim) 16, 35-53
Medeiros, Amauri 51, 91
Medeiros, César 44
Medeiros, Elton 172
Melo, Dilú 72, 74
Mendes, Mário 58
Mendonça, Newton 51, 218-9
Menescal, Roberto 44, 46, 48, 51
Menezes, Cardoso de 161
Menezes, Monsueto 14, 134, 200, 205
Menezes, Paulo 83, 92
Mesquita, Augusto 16, 74, 82, 91-2, 176, 213, 218-9
Mesquita, Custódio 64, 135, 155, 166, 218
Miceli, Salvador 27, 32
Milito, Hélcio 44
Mille, Cecil B. de 60
Miltinho 184
Miranda, Carmen 38, 98, 104, 114, 142, 208, 212
Miranda, Luperce 58
Mister Eco (Eustórgio de Carvalho) 24, 47
Molina, Rafael Trujillo 84
Monja *ver Monjardim, Alcebíades Guaraná*
Monjardim, Alcebíades Guaraná (Monja) 37, 39, 43, 49
Monjardim, Inah Figueira 37, 39, 41, 43, 49
Monjardim, Maysa Figueira *ver Maysa*
Monteiro, Ari 82, 91, 112, 204-5
Monteiro, Ciro 82, 177
Monteiro, Dóris 38, 124, 185, 193, 209
Monteiro, Maria Helena da Silva 174
Montenegro, Fernanda 166
Moraes, Eneida de 172-3
Moraes, Otávio de 172
Moraes, Vinicius de 14, 26, 29, 51, 90, 92, 134, 170
Morais, Fernando 154
Moreu 64
Mota, D. Carlos Carmelo de Vasconcelos 37
Moura, Paulo 27, 184
Muniz, Egas 165
Murce, Renato 23, 69, 80, 94
Nagib, Julio 64
Nanai 44, 175, 184
Nascimento, Milton 90
Nasser, David 86, 91-2, 147-8, 151, 207
Nazareth, Ernesto 70, 74
Neto, Ismael 27, 38, 175, 191
Ney, Nora (Iracema de Sousa Ferreira) 13, 15, 27, 38, 60, 62, 64, 88, 124, 171, 183-93
Nunes, Armando 64, 74
Nunes, Cícero 91, 213, 218-9
Nunes, Max 153
Nunes, Oswaldo 127
Oliveira, Alice do Espírito Santo de 140
Oliveira, Aloysio de 47
Oliveira, Dalva de (Vicentina Paula de Oliveira) 13-4, 80, 82-3, 85, 140-57, 183, 214
Oliveira, Darci de 70, 74, 206
Oliveira, Dirce Grandino de *ver Batista, Dircinha*
Oliveira, Emília Grandino de 197
Oliveira, Florinda Grandino de *ver Batista, Linda*
Oliveira, Idalina de 43
Oliveira, José do Patrocínio (Zé Carioca) 38
Oliveira, Mário de (Mário Carioca) 140
Oliveira, Vicentina Paula de *ver Oliveira, Dalva de*
Oraide (mãe de Zezé Gonzaga) 57

Ouro Preto, Carlos de 171

Pacheco, Diogo 172, 205
Paiva, Vicente 81, 122, 145-6, 148, 154-5
Pamplona, Haroldo Paim 151
Pancetti, Amélia 212
Panicali, Lírio 60
Papoula, Oswaldo Boi de 79
Paquito 102, 111-2, 115, 154
Patachou 24
Pato Branco 71
Paula, Elano de 166, 175
Paulinho da Viola 172
Payne, Tom 225, 235
Paz, Alberto 112
Pedro, Antonio 131
Pedrosa, Bráulio 48, 53
Peixe, Guerra 60, 226, 232
Peixoto, Cauby 88-9, 116, 200
Peixoto, Luís 130
Peixoto, Luiz 62, 64-5, 92, 133, 175-6, 218
Pêra, Marília 48
Pereira, Geraldo 213, 218
Perez, G. 32
Péricles 64
Perlingeiro, Aerton 43
Pernambuco 51, 176
Peterpan 14, 101, 111-2, 115, 133, 155, 205, 207
Piaf, Edith 16, 132
Pica-pau *ver Silva, Walter*
Piedade, J. 146, 154, 204
Pinheiro, Nonato 25-6
Pinto, Marino 15, 134, 146, 148-9, 155, 176, 213, 218
Pires, Cornélio 227, 232
Pixinguinha 79, 161, 218
Pongetti, Henrique 41
Ponte Preta, Stanislaw *ver Porto, Sérgio*
Pontes, Ipojuca 132, 136
Pontes, Paulo 15, 20-1
Porter, Cole 39
Portinho (Antonio Porto Filho) 64, 175
Porto Filho, Antonio *ver Portinho*
Porto, Marques 62, 64-5, 92, 175, 218
Porto, Sérgio (Stanislaw Ponte Preta) 22, 24, 199
Príncipe Pretinho 142, 154, 218
Quadros, Jânio 84, 173
Rabello, Raphael 61
Rachel, Teresa 132
Rangel, Helber 132
Rangel, Lúcio 26, 230
Raposo, Maria Helena 27
Rascel 64
Ratinho 142
Redondo, Jaime 148, 154-5
Renato, Carlos 47
Ribamar 21, 30
Ribamar, José 15
Ribeiro, Alberto 7, 101-2, 111, 154-5, 175, 207, 208
Ribeiro, Alice 172
Ribeiro, Almir 44
Ricardo, José 196, 201
Ricardo, Sérgio 51
Rocha, Adiléia da Silva *ver Duran, Dolores*
Rocha, Armindo José da 22
Rocha, Caribé da 124-5, 133, 185, 186, 191
Rocha, Josefa Silva da (Zefinha) 22
Rodgers, Richard 22, 39
Rodolpho (pai de Zezé Gonzaga) 57
Rodrigues, Jair 173
Rodrigues, Lupicínio 16, 38, 90, 191, 200, 205, 207, 219
Roland, Nuno 59, 124
Roris, Sá 199, 204, 206
Rosa, Noel 21, 135, 141, 162, 168, 176, 185, 218
Rossi, Mário 147, 155, 176
Rui, Evaldo 16, 64, 134, 155, 165-6, 168, 175, 199, 218, 225
Russo, Othon 64, 83, 91, 112
Sá, Evandro de Oliveira 174
Sá, Teófilo de Almeida 215
Sacha 24
Salerno, Graziela de 58
Salgueiro, Anescarzinho do 173
Salles, Iara 183
Sampaio, Raul 150
Santana, Manoel 126, 133
Santoro, Dante 59
Santos, Ênio 60, 115
Santos, Lulu 90
Santos, Moacir 60
Santos, Orestes 207
Santos, Venilton 128
Sanz, José 26
Sargento, Nelson 173
Saroldi, Luiz Carlos 62
Scatena, José 39, 40-1
Schiaparelli, Elza 167
Schiller, Waldemar 169
Seixas, Américo 83, 91
Sherman, Maurício 131
Silva, Erasmo 81, 175
Silva, Horondino 16, 213, 218
Silva, Ismael 79
Silva, Leônidas da 162
Silva, Mariano da 227, 232
Silva, Moacyr 14, 101, 109, 111-2, 173, 177
Silva, Moreira da 59
Silva, Orlando 142
Silva, Walter (Pica-pau) 20
Sinatra, Frank 22
Sivuca 71
Soares, Claudette 216
Soares, Reinaldo 215
Soberano, Luis 91, 200, 205
Sodré, Odaléa 59
Soledade, Paulo 112, 148-9, 155, 168, 171, 175, 186, 191
Souza, Carlos Monteiro de 112
Sumac, Yma 85
Tambiah, Stanley 128
Tapajós, Paulo 62, 72
Tavares, Hekel 226-7, 232
Tavares, Jorge 15
Tavares, Napoleão 183
Tavares, Paulo 43-4
Teixeira Filho 64
Teixeira, Celso 132
Teixeira, Humberto 70, 101, 111, 115, 126, 133-4, 148, 228
Teixeira, Patrício 197
Telles, Mário 44
Telles, Silvinha 44, 88, 171
Thedim, César 44, 174-5,
Thiré, Carlos 26
Tom Jobim *ver Jobim, Antonio Carlos*
Tonico e Tinoco 225
Toquinho 131, 170
Torelli, Aparício 144
Torelli, Lurdes 144
Torres, Raul 16, 225, 228
Tramontano, Waldyro Frederico 226
Urban, Marisa 47
Valdez, Ari 163-4
Valdez, Paulo César 165
Valentino, Rodolfo 89
Valle, Marcos 90, 217
Vanzolini, Paulo 226, 232
Vareto, Ércole 60
Vargas, Getúlio 77, 78, 83, 106, 196, 198, 200
Vassourinha 212
Vaugham, Sarah 174
Velásquez, Consuelo 101, 112
Veloso, Caetano 90
Vera Lúcia 60
Vermelho, Alcyr Pires 59-60, 191
Vieira, Jussara de Melo *ver Gonzales, Rosita*
Vieira, Luís 126
Vieira, Luiz 32, 133-4, 232
Villa-Lobos, Heitor 172
Vilar, Maria José 160
Vilela, César 47
Vogeler, Henrique 62, 64-5, 92, 175, 218,
Wanderley, Walter 215-6
Welles, Orson 99, 114
Windsor, Márcia de 47
Xavier, Mimi 185
Young, Victor 60
Zacharias 124
Zé Carioca *ver Oliveira, José do Patrocínio*
Zezé de Camargo & Luciano 227, 230

BIBLIOTECA DO PROFESSOR

Este livro integra a coleção do projeto Biblioteca do Professor, uma das ações do programa Rio, uma cidade de leitores, promovido pela Secretaria Municipal de Educação da cidade do Rio de Janeiro. O objetivo é incentivar a leitura literária entre os professores da Rede.

Também fazem parte desta coleção:

2009

Felicidade clandestina – Clarice Lispector - Ed. Rocco
As cem melhores crônicas brasileiras – Joaquim Ferreira dos Santos (Org.) - Ed. Objetiva
Leite derramado – Chico Buarque - Ed. Companhia das Letras
Quase memória - Carlos Heitor Cony – Ed. Alfaguara
Poesia completa – Mario Quintana - Ed. Nova Fronteira
O Albatroz Azul – João Ubaldo Ribeiro - Ed. Nova Fronteira
A soma dos dias – Isabel Allende - Ed. Bertrand Brasil
O menino do pijama listrado – John Boyne - Ed. Companhia das Letras
O amor nos tempos do cólera - Gabriel García Márquez - Ed. Record
O vendedor de passados – José Eduardo Agualusa - Ed. Gryphus

2010

O melhor das comédias da vida privada - Luis Fernando Verissimo – Ed. Objetiva
A chave de casa -Tatiana Salem Levy – Ed. Record
As melhores crônicas de Rachel de Queiroz - Seleção Heloisa Buarque de Hollanda - Ed. Global
Os últimos lírios no estojo de seda - Marina Colasanti - Ed. Leitura
Como se não houvesse amanhã – Henrique Rodrigues (Org.) – Ed. Record
Noites tropicais – Nelson Motta – Ed. Objetiva
Escola de gigantes – Susana Fuentes – Ed. 7 Letras
Ferreira Gullar – Alfredo Bosi (Seleção) – Ed. Global
Diário de escola - Daniel Pennac – Ed. Rocco
Crime e castigo - Fiodor Dostoievski – Ed. 34
Invictus - conquistando o inimigo - Nelson Mandela e o jogo que uniu a África do Sul - John Carlin - Ed. Sextante
Fazes-me falta - Inês Pedrosa - Ed. Alfaguara
Ensaio sobre a cegueira – José Saramago – Ed. Companhia das Letras
Confesso que vivi – Pablo Neruda – Ed. Bertrand Brasil

2011

Conversa sobre o tempo - Luis Fernando Verissimo e Zuenir Ventura - Ed Agir
A educação pela pedra - João Cabral de Melo Neto - Ed. Alfaguara
Não há silêncio que não termine - Ingrid Betancourt – Ed. Companhia das Letras
Singué sabour. Pedra-de-paciência - Atiq Rahimi - Ed. Estação Liberdade
Grande Sertão:veredas – João Guimarães Rosa – Ed. Nova Fronteira
Viva o povo brasileiro – João Ubaldo Ribeiro – Ed. Ponto de Leitura
A ilha sob o mar – Isabel Allende – Ed. Bertrand Brasil
O enigma do oito – Katherine Neville – Ed. Rocco
Cordilheira – Daniel Galera – Ed. Companhia das Letras
1822 – Laurentino Gomes – Ed. Nova Fronteira
Mal Secreto – Inveja – Zuenir Ventura – Ed. Objetiva
1961: O Brasil entre a ditadura e a guerra civil – Paulo Markun, Duda Hamilton – Ed. Benvirá
O Guardião de livros – Cristina Norton – Ed. Casa da Palavra
O morro dos ventos uivantes – Emily Brontë – Ed. Lua de Papel

2012

Tenda dos milagres - Jorge Amado - Ed. Companhia das Letras
Romance D'a Pedra Do Reino E O Principe Do Sangue Do Vai-E-Volta - Ariano Suassuna - Ed. Jose Olympio
Chaplin – Uma vida - Stephen Weissman - Ed. Larousse
Steve Jobs - A Biografia - Walter Isaacson – Ed. Companhia das Letras
Melhores poemas de Cecília Meireles - Cecília Meireles – Org. Maria Fernanda
Ed. Global
Tropical sol da liberdade - Ana Maria Machado - Ed. Alfaguara
A lista de Schindler: a verdadeira história - Mietek Pemper - Ed. Geração Editorial
O Nome da Rosa - Umberto Eco - Ed. Best Bolso
Histórias que os jornais não contam – Moacyr Scliar – Ed. Agir
As Divas do Rádio Nacional – Ronaldo Conde Aguiar – Ed. Casa da Palavra

Eduardo Paes
PREFEITO
Claudia Costin
SECRETÁRIA MUNICIPAL DE EDUCAÇÃO

1ª edição julho de 2010
impressão Sermograf
papel de miolo offset 90g/m²
papel de capa cartão Supremo 250g/m²
tipografias Minion Pro e Cooper Std

AS DIVAS
DO RÁDIO NACIONAL
As vozes eternas da Era de Ouro
RONALDO CONDE AGUIAR